Como se faz um bispo

J.D. Vital

Como se faz um bispo
segundo o alto e o baixo clero

CIVILIZAÇÃO BRASILEIRA

Rio de Janeiro
2012

Copyright © J.D. Vital, 2012

PROJERO GRÁFICO
Evelyn Grumach e João de Souza Leite

DIAGRAMAÇÃO DE MIOLO
Editoriarte

CIP-BRASIL. CATALOGAÇÃO NA FONTE
SINDICATO NACIONAL DOS EDITORES DE LIVROS, RJ

Vital, J. D.
V82c   Como se faz um bispo : segundo o alto e o baixo clero / J.D. Vital.
— Rio de Janeiro : Civilização Brasileira, 2012.
il.

ISBN 978-85-200-1089-1

1. Bispos — História. 2. Igreja Católica — Bispos — História. I. Título.

                    CDD: 262.12
12-2014   CDU: 27-726.2

EDITORA AFILIADA

Texto revisado segundo o novo Acordo Ortográfico da Língua Portuguesa.

Direitos desta edição adquiridos pela
EDITORA CIVILIZAÇÃO BRASILEIRA
Um selo da
EDITORA JOSÉ OLYMPIO LTDA.
Rua Argentina 171 — 20921-380 — Rio de Janeiro, RJ — Tel.: 2585-2000

Seja um leitor preferencial Record.
Cadastre-se e receba informações sobre nossos lançamentos e nossas promoções.

Atendimento e venda direta ao leitor:
mdireto@record.com.br ou (21) 2585-2002

Impresso no Brasil
2012

Em memória de

Dom Luciano Pedro Mendes de Almeida e dom José Carlos dos Santos.

Monsenhor Gerardo Magela Pereira, sua irmã, dona Betinha, e Maria Tomé; Monsenhor Avelino Marques.

Padre Antônio Lemos Gonçalves, padre Dino Barbiero, padre Alberto Antoniazzi e padre Heitor de Assis.

Dona Lulu e papai; dona Clara e sua irmã Maria; dona Vicentina e Arnaldo, Dulcinha e Luzia de Piquito; tia Dora, dona Carmita, dona Chiquinha de Cacá e Maria de Celina; dona Idalina, "Baronesa de Camargos", e Donita de Chiquinho Bebiano; dona Fifina, Dirceu, João Batista e seu Juca.

Minha madrinha, Sá Gabriela, dona Maria de Dico, dona Laura e Lilia; dona Hilda e Chico Marques; dona Maria Luiza e João Agripino; dona Ladinha e Zeca Perpétuo; dona Amélia e Maurílio; dona Loló e Joanita; dona Ana e Ziu; Carla Cheli, dona Joana Luzia, Emílio João Syrio e dona Carolina.

Benedito Gregório dos Santos, Miguel Vital, Flávio Viegas, Roberto Drummond, Vicente Perez Caldeira, Benedito Acácio de Jesus, Tarcísio de Moura Henriques, Murilo Badaró, Guilherme e Chiquito Moreira, Márcio Almeida, Ângelo Prazeres, Urias Botelho, Walduck Wanderley, Wilkie Rodrigues, Antonino Tiago de Almeida e Rubens Silveira.

Requiescant in pace! (Descansem em paz!)

Para Elmás e meus filhos Vital,
Gabriel, Thiago e Bárbara.

Meus agradecimentos a todos os membros do alto e do baixo clero que me ajudaram neste livro-reportagem.

São tantos que, para não incorrer em injustiça, seguirei o exemplo do papa quando nomeia cardeais "*in pectore*": guardarei seus nomes no coração. Alguns deles estão presentes ao longo destas páginas.

Mas devo um agradecimento especial a amigos que lançaram seu olhar sobre o texto: o padre João Batista Libanio, SJ, doutor em teologia e professor da Faculdade Jesuíta de Filosofia e Teologia — Faje, que me assistiu com orientações e bibliografia; frei Oswaldo Rezende, OP, ex-diretor da Escola Dominicana de Teologia, em São Paulo. Sou grato a Leonardo Boff, teólogo, filósofo e escritor, pela paciência em me ouvir e explicar a Igreja.

Agradeço aos jornalistas Alcindo Ribeiro, copidesque de talento, Manoel Marcos Guimarães, José Maria Mayrink e Carmo Chagas, leitores atentos, e a Ariel Palacios, correspondente de *O Estado de S. Paulo* e da Globo News em Buenos Aires.

Roteiro sonoro

Este livro é para ser lido ao som do canto gregoriano dos monges beneditinos do Rio de Janeiro entoando "Stabat Mater Dolorosa". E das monjas beneditinas do Mosteiro da Santíssima Trindade, de Belo Horizonte, invocando "Veni Creator Spiritus". Dos franciscanos da Pompeia, em Belo Horizonte, cantando "Adoro Te, devote", letra do dominicano santo Tomás de Aquino, cuja audição mexia com as lágrimas do padre jesuíta Henrique Vaz, um filósofo de primeira nascido em Ouro Preto.

Ouvindo "Tu es Petrus", de Luigi Perosi. Padre José Maurício, em "Credo in unum deum", executado pelo Coral de Porto Alegre. "Ave Verum Corpus", de Mozart, regido por Leonard Bernstein, coro e orquestra de Bayerischen Rundfunks, ou cantado por Andrea Bocelli, nos funerais de Pavarotti. Ou, ainda, coro e orquestra da Escola de Música de São Brás do Suaçuí, Minas Gerais, regência de Elias Barros, concerto em homenagem a Mozart.

Experimente escutar Enigma em "Sadeness". Luciano Pavarotti, em Três Tenores, concerto de 1994, solista de "Ave Maria", de Schubert, e de "Tu scendi dalle stelle", esta, então, uma canção de Natal popular nos seminários com vínculos italianos. "Preghiera di Mosè", de Rossini, na interpretação da Orquestra Filarmônica Italiana e do coro Quodlibet de Mogliano Veneto. Ou ainda executado pelo organista Reinaldo José Dias de Castro em alguma igreja de Minas Gerais, preferencialmente no órgão do Caraça.

"Magnificat", com Mina. "Panis Angelicus", Milton Nascimento e Rouxinóis de Divinópolis, órgão de Túlio Mourão. "Missa dos Quilombos", de dom Pedro Casaldaliga, com Milton Nascimento e dom Helder Câmara.

"Nigra sum sed formosa", de Giovanni da Palestrina, moteto a cinco vozes, gravado na Capela Sistina em 2005. "Air", de J.S. Bach, ao embalo dos velhos harmônios das igrejas barrocas de São João del-Rei, Diamantina ou Sabará. Também o som da Banda de Música Santa Cecília, de Barão de Cocais, tocando nas ladeiras de Ouro Preto o segundo movimento da abertura de O *Guarani*, de Carlos Gomes.

"Ave Maria guarani", "O oboé de Gabriel" e a trilha completa do filme A *missão*, composta por Ennio Morricone. Orquestra e Coro de Câmara da Escola de Música de São Brás do Suaçuí, em "And the glory, the glory of the Lord", de Händel.

Com a organista Josineia Godinho, "Largo", de Händel, no órgão da Sé de Mariana. Este órgão, construído em Hamburgo, Alemanha, por Arp Schnitger, chegou ao Brasil em 1753 — presente da Coroa portuguesa ao primeiro bispo de Mariana.

"Adagio", de Tommaso Albinoni, com a Orquestra Filarmônica de Berlim regida por Herbert von Karajan. Coro (inicial e final) da "Paixão Segundo São Mateus", de Bach.

Toda a Grande Missa em Dó Menor, de Mozart, é uma obra-prima. O longo solo composto por ele para o "Et incarnatus est", na voz do soprano Annick Massis, é como uma longa meditação sobre o mistério da encarnação.

Mozart, de novo: Sinfonia Concertante K. 364, segundo movimento (Andante), parte I: Yehudi Menuhin (violino), que também rege a Bath Festival Orchestra, e Rudolf Barshai (viola). O coro do New College, Oxford, Inglaterra cantando "Agnus Dei", de Samuel Barber. "Lacrimosa", do "Dies Irae" — "Requiem", última música de Mozart, que morreu antes de concluí-la: Coro da Ópera de Viena e Orquesta Filarmônica de Viena dirigida por Karl Böhm, que vi regendo a Nona Sinfonia de Beethoven no La Scala de Milão, em 1975.

Você não terá dificuldades de encontrar a maior parte dessas sugestões nas lojas de discos antigos e raros. Um modo prático e barato é procurá-las no YouTube, onde há multiplicidade de interpretação. Algumas citações não estão registradas: elas habitam a memória movediça da saudade e do delírio juvenil.

Sumário

TERMINOLOGIA 13
APRESENTAÇÃO 23

1. Bispo burro 29
2. Via-sacra para a mitra 41
3. A fábrica da Via Aurelia, 527 67
4. West Point da Igreja 77
5. O QG do império 89
6. O grande sacerdote negro 105
7. Fabricantes de bispos 121
8. Invidia clericalis 143
9. Bula secreta 153
10. A Cúria Romana e seus adversários 167
11. O voo do Espírito Santo 191
12. A mulher e o bispo 205
13. O núncio, o bacalhau e a capivara 217
14. Na corte papal e nos cursinhos pontifícios 229
15. Consultas ao eleitorado 247
16. O general rebaixado a coronel 257
17. Salário de bispo 265
18. Propaganda enganosa 279
19. Santos, mas pecadores 287
20. Cabeça de intelectual 295
21. Segredos e mistérios 307
22. Lágrimas na Basílica 317
23. Sem medo do Santo Ofício 325
24. A conversão dos bispos 333

REFERÊNCIAS BIBLIOGRÁFICAS 357
SITES 361

Terminologia

Ad limina Apostolorum — Visita obrigatória que, a cada cinco anos, o bispo faz a Roma, aos túmulos dos apóstolos Pedro e Paulo e ao papa.
Affectus clericalis — Corporativismo clerical.
Aggiornamento — Atualização, expressão italiana símbolo dos objetivos do Concílio Vaticano II.
Anel episcopal — De rubi, simboliza a fidelidade à Igreja.
Arcebispo — Metropolitano ou metropolita, uma espécie de "bispo maior", segundo o cardeal Arns. Além de governar sua arquidiocese, ele preside a província eclesiástica e exerce certa influência sobre as dioceses de sua área, chamadas sufragâneas.
Arquidiocese — Província eclesiástica reunindo várias dioceses. Um exemplo claro aconteceu em 13 de abril de 2011. O papa Bento XVI erigiu, nessa data, três novas províncias eclesiásticas (arquidioceses) no Rio Grande do Sul e nomeou seus arcebispos metropolitanos. As novas arquidioceses foram desmembradas da arquidiocese de Porto Alegre, que manteve como sufragâneas apenas as dioceses de Caxias do Sul, Novo Hamburgo, Osório e Montenegro. Foram elevadas a províncias eclesiásticas e tiveram seus bispos promovidos a arcebispos as seguintes dioceses gaúchas:

Santa Maria, que agora abrange as dioceses sufragâneas de Uruguaiana, Cruz Alta, Santo Ângelo, Santa Cruz do Sul e Cachoeira do Sul. Seu arcebispo é dom Hélio Adelar Rubbert; Passo Fundo, com o arcebispo dom Pedro Ercílio Simon, liderando as sufragâneas de Vacaria, Frederico Westphalen e Erexim; Pelotas, abrangendo as dioceses de Bagé e Rio Grande, e que tem como arcebispo dom Jacinto Bergmann.

Na prática, os bispos sufragâneos têm autonomia total em suas dioceses e a mudança é mais de ordem administrativa.

Báculo — O cajado para pastorear o rebanho; é um dos símbolos do episcopado.

Bispo — *Epískopos*, em grego, significa supervisor, inspetor. É um padre que recebeu a plenitude da ordem sacerdotal. É chamado de Ordinário quando nomeado para uma diocese.

Bispo auxiliar — É nomeado pelo papa para ajudar a diocese, a pedido do bispo diocesano.

Bispo coadjutor — É aquele auxiliar com direito de suceder o bispo diocesano, na falta dele.

Bispo emérito — O aposentado, por motivo de doença, ou por ter completado 75 anos.

Bispo titular — Aquele sem diocese de fato, como os auxiliares, coadjutores e oficiais da Cúria Romana, que recebe o título de uma diocese antiga já extinta. Isso porque na Igreja não há bispo sem diocese. "É uma ficção", segundo o redentorista dom Lelis Lara.

Bula — Pergaminho manuscrito em latim e em letras góticas, com o sinete do papa. É um documento pontifício usado pela Santa Sé para a criação de uma diocese e a nomeação de um bispo, ou a divulgação de matéria importante, como a bula *Inter Coetera*, de Alexandre VI, de 1493, que dividia as terras do Novo Mundo entre a Espanha e Portugal, para desagrado dos lusitanos, antes do Tratado de Tordesilhas. As bulas são conhecidas por suas palavras latinas iniciais.

Cabido de cônegos — Colégio de padres encarregado das funções litúrgicas mais solenes na catedral. Alguns cabidos da Alemanha, da Áustria e da Suíça gozam, até hoje, do privilégio de eleger seus bispos. Em outros países, como o Brasil, o núncio apostólico costuma ouvir alguns de seus membros para a nomeação do bispo.

Capitis deminutio — Redução da capacidade. Expressão usada também para desprestígio.

Cardeal — Bispo com direito de eleger e de ser eleito papa; recebe o chapéu cardinalício durante o consistório.

TERMINOLOGIA

Casula — Manto sobre a alva ou a túnica, constituindo-se de uma veste branca, comprida até os pés.
Catedral — A igreja onde fica a "Cátedra", isto é, a cadeira usada pelo bispo quando preside cerimônias.
Clergyman — Terno, com colarinho romano.
CNBB — Conferência Nacional dos Bispos do Brasil. É uma instituição permanente que reúne os bispos da Igreja Católica no país. Fundada no Palácio São Joaquim, no Rio de Janeiro, em 14 de outubro de 1952, teve como um de seus principais articuladores dom Helder Câmara, seu primeiro secretário-geral. O primeiro presidente foi o cardeal dom Carlos Carmelo Motta, arcebispo de São Paulo.
Colégio episcopal — O conjunto de todos os bispos, com o papa presidindo. Juntos com o papa, os bispos têm corresponsabilidade na condução da Igreja. Esse é o princípio da colegialidade, estabelecido pelo Concílio Vaticano II, e que constitui o único dogma desse concílio, conforme a Constituição Dogmática Lumen Gentium.
Concílio ecumênico — Convocado pelo papa, reúne o colégio episcopal, composto por todos os bispos do mundo, para deliberar sobre assuntos da Igreja.
Concordata — Convênio assinado entre a Santa Sé e os governos. Note-se que, no documento assinado em 1933, os bispos deviam prestar juramento de fidelidade ao III *Reich* de Hitler.
Em italiano:
ARTICOLO 16
I Vescovi, prima di prendere possesso delle loro Diocesi, presteranno nelle mani del Luogotenente del Reich (Reichsstatthalter) nel competente Stato oppure del Presidente del Reich un giuramento di fedeltà secondo la formula seguente:
"Davanti a Dio e sui Santi Vangeli, giuro e prometto, come si conviene ad un Vescovo, fedeltà al Reich Germanico e allo Stato... Giuro e prometto di rispettare e di far rispettare dal mio clero il Governo stabilito secondo le leggi costituzionali dello Stato. Preoccupandomi, com'è mio dovere, del bene e dell'interesse dello Stato Germanico, cercherò, nell'esercizio del sacro ministero affidatomi, di impedire ogni danno che possa minacciarlo."

Côngrua — Remuneração para o sustento dos padres. Espécie de salário mensal.
Cruz peitoral — Usada dependurada sobre a roupa.
Cum et sub Petro — "Com e sob Pedro", ou seja, adesão completa ao papa, sucessor do apóstolo Pedro.
Cúria diocesana — Órgão de assessoria pastoral, administrativa e jurídica do bispo, presidido por um padre denominado vigário-geral.
Cúria Romana — Conjunto de órgãos de assessoria do papa, em Roma, que o ajuda no governo da Igreja.
De Martyrologio Romano — Livro com narrativas sobre os mártires romanos. No Caraça, era lido, em latim, do púlpito no refeitório por um seminarista, no final da refeição. No Seminário Menor de Mariana, a leitura era feita em português.
Defensor Civitatis — Defensor da Cidade de Roma, durante a ocupação das tropas nazistas.
Delenda Cartago — "Cartago precisa ser destruída." Frase com que o senador romano Catão terminava seus discursos e que se tornou símbolo de obsessão.
Dicastério — Os diversos órgãos de administração da Igreja, que integram a Cúria Romana, como a Secretaria de Estado, as congregações, os tribunais eclesiásticos e as comissões pontifícias.
Dictatus Papae — A fala do papa. A expressão é atribuída a Gregório VII, conhecido pelo autoritarismo.
Diocese — Jurisdição eclesiástica, área geográfica da administração da Igreja. Na definição do Concílio Vaticano II, uma Igreja particular. As dioceses são criadas pelo papa, segundo as necessidades pastorais. Não se aceita influência das autoridades governamentais na escolha do lugar para sediar um novo bispado. Mas padre Cícero Romão Batista, o Padim Ciço, teria movido mundos e fundos para convencer o Vaticano a optar por Juazeiro do Norte, seu núcleo político e religioso, na disputa com Crato como sede de uma nova diocese, desmembrada da arquidiocese de Fortaleza. Padre Cícero teria tentado arrecadar 150 contos de réis — uma fortuna, na época — para viabilizar o patrimônio da nova diocese. Ele acreditava que esse valor seria

TERMINOLOGIA

suficiente, já que a diocese de Florianópolis teria patrimônio de 100 contos de réis. O padre milagreiro até se reuniu, em 1909, com o internúncio, dom Alessandro Bovona, no Rio de Janeiro, para tratar do assunto. Mas foi derrotado pela oposição do arcebispo do Ceará, dom Joaquim José Vieira, e pelo cardeal do Rio de Janeiro, dom Arcoverde, ferrenhos adversários nos relatórios enviados ao Santo Ofício. (*Padre Cícero — Poder, fé e guerra no sertão*, de Lira Neto, Companhia das Letras, 2009.)

Direito canônico — É o sistema jurídico da Igreja Católica, válido apenas para a Igreja Latina. A Igreja Católica do Rito Oriental tem outro ordenamento jurídico. O Código de Direito Canônico não é o sistema jurídico do Estado do Vaticano: ele abrange os católicos de todas as partes do mundo. O código em vigor, promulgado em 25 de janeiro de 1983 pelo papa João Paulo II, tem sete livros.

Dom — Tratamento reservado aos bispos católicos no Brasil e em Portugal. Na Itália, esse tratamento é dado aos padres. Vem do latim *Dominus*, Senhor.

Ecce Sacerdos Magnus — "Eis o grande sacerdote", hino com que o bispo é saudado pela assembleia dos fiéis.

Ecce Sacerdos Magnus
qui in diebus suis placuit Deo:
Ideo jurejurando fecit illum Dominus
crescere in plebem suam

Eparquia — Diocese na Igreja Oriental.

Ex-cathedra — Falar de cadeira, com autoridade.

Ferraiolo — Capa ampla de cor violácea, usada sobre a batina em dias especiais, como nas visitas *ad limina*. Em desuso, atualmente.

Flos florum — "A fina flor entre as flores", expressão equivalente à francesa "la crème de la crème".

Frei — Ou frade, do latim *frater*, irmão. Freira, feminino de frei. Membro de uma congregação religiosa. Ambos dominicanos, frei Oswaldo Rezende é padre; frei Betto, não.

Imprimatur — Em português, imprima-se. É a autorização dada pelo bispo para a impressão de textos religiosos.

Incardinado — O clérigo que está lotado numa diocese ou congregação religiosa.

Insígnias episcopais — Mitra, báculo, anel e solidéu são as importantes. As demais são apenas sinais convencionais, como:

Barrete violáceo, com tufo vermelho.

Batina preta com 33 botões violáceos na frente e cinco em cada manga; forro das mangas, meias, solidéu e faixa de cor violácea.

Invidia clericalis — Inveja clerical.

L'État c'est moi — "O Estado sou eu", frase atribuída ao rei Luís XIV, da França, que resume a supremacia absoluta do monarca no seu país.

Missa versus populum — O padre celebra virado para o povo.

Mitra — Espécie de capacete de tecido, com duas fitas pendentes nas costas, para proteção do bispo.

Monsenhor — Título honorífico concedido pelo papa a alguns padres, em reconhecimento a bons serviços prestados à Igreja. Na Itália, é o tratamento dispensado aos bispos, em lugar de dom, reservado aos padres.

Murça — Meia capa usada sobre a sobrepeliz e debaixo da cruz peitoral.

Niger, sed sapiens — Negro, mas sábio; é expressão inspirada, provavelmente, no verso do *Cântico dos Cânticos*, cantado em latim (*nigra sum sed formosa*) nas Vésperas Dominicais, em referência a Nossa Senhora:
Eu sou negra, mas formosa,
Ó filhas de Jerusalém,
Como as tendas de Cedar,
Como os pavilhões de Salomão.

Núncio apostólico — Representante da Santa Sé junto ao governo e à Igreja local. Ele não faz parte da Conferência Nacional dos Bispos dos países em que atua. Nos países em que não é reconhecido como decano do corpo diplomático, como até recentemente nos Estados Unidos, ele recebe o nome de pronúncio ou internúncio, com *status* de ministro de segunda classe. Em outros países, há legados pontifícios.

Ordens Maiores — Depois que Paulo VI extinguiu o subdiaconato, restaram apenas três: diaconato, presbiterato e episcopado.

Ordens Menores — Recebidas pelo seminarista, após a tonsura (coroinha, em forma de círculo, rapada atrás da cabeça, com a ajuda de um

TERMINOLOGIA

copo). Eram quatro: ostiário, leitor, exorcista e acólito. Essas ordens foram abolidas pelo papa Paulo VI, após o Concílio Vaticano II, por não representarem consagração definitiva do clérigo.

Ordinariato Militar — Cuida dos militares das Forças Armadas do país.

Pálio — Faixa de cor branca de 5 centímetros de largura, usada pelo arcebispo sobre os ombros. Com duas pontas pendentes, no peito e nas costas, bordadas com seis cruzes. É entregue pelo papa somente aos arcebispos. É feito de lã de dois cordeiros brancos criados por monges trapistas e confeccionado pelas monjas beneditinas do Mosteiro de Santa Cecília, em Roma.

Pastor Angelicus — Pastor Angélico, como era chamado Pio XII por parte da mídia.

Patriarca — A origem do patriarcado se encontra na Igreja primitiva. O patriarca é o bispo de uma diocese que foi o centro de irradiação inicial da evangelização, como Jerusalém, Antioquia, Alexandria. O papa, como bispo de Roma, é patriarca do Ocidente, e é esse título que lhe confere poder de jurisdição sobre todas as dioceses oriundas de Roma. É também um título meramente honorífico dos bispos de algumas sedes episcopais, como Veneza e Lisboa.

Prelazia pessoal — Estrutura semelhante à da diocese, instituída pelo papa para atender a determinadas necessidades, por exemplo, em regiões missionárias. A Prelazia do Xingu, criada em 1934 pela bula *Animarum Bonum Postulat*, do papa Pio XI, e confiada à Congregação dos Missionários do Preciosíssimo Sangue, tem como bispo dom Erwin Kräutler.

Presbítero — Em grego, idoso. É o padre. Padre secular é aquele que vive no mundo, não tem votos de pobreza, como padre religioso que pertence a uma congregação religiosa.

Primaz — Bispo da sede mais antiga de uma região ou país, como a arquidiocese de São Salvador, na Bahia, primaz do Brasil. A diocese baiana foi criada em 25 de fevereiro de 1551 pelo papa Júlio III. Seu primeiro bispo, dom Pero Fernandes Sardinha, foi devorado pelos índios caetés em 1556, quando seu navio naufragou no litoral de Alagoas. Foi elevada a arquidiocese em 16 de novembro de 1676 pelo papa Inocêncio XI. A segunda sede episcopal do Brasil, a do Rio de Janeiro, foi erigida como prelazia em 1575 e somente elevada a diocese em 1676.

Principal consagrante — O bispo que preside a ordenação do novo bispo. É auxiliado por dois outros bispos coconsagrantes. A Igreja exige um trio de bispos para a sagração do novo bispo. Geralmente, outros bispos participam da cerimônia, mas apenas como convidados.

Ritos — Ricas manifestações da tradição litúrgica, como os ritos latino ou romano, armênio, sírio, ucraniano, bizantino, copta, caldeu e etíope.

Santo Ofício — A Sagrada Congregação da Inquisição Romana e Universal, instituída em 1542 pelo papa Paulo III para combater as heresias, reprimir os delitos de fé, proibir livros perigosos e nomear inquisitores em toda a Igreja, foi transformada em Congregação do Santo Ofício em 1908 pelo papa Pio X. Em 1965 foi renomeada Congregação para a Doutrina da Fé, pelo papa Paulo VI, no Concílio Vaticano II.

Segreto pontifício — Em italiano, sigilo exigido por Roma para casos importantes, como o inquérito para a nomeação dos bispos.

Sínodo dos Bispos — Assembleia de bispos, escolhidos pelo papa, para discutir determinados assuntos e aconselhá-lo.

Solidéu — Pequeno chapéu, como o quipá dos judeus.

Sub grave — Sob pena grave, punido como pecado mortal.

Terna — Lista tríplice de candidatos no processo de nomeação de novo bispo, conduzido pelo núncio apostólico e pela Congregação para os Bispos.

Tu autem, Domine, miserere nobis — "Senhor, tenha piedade de nós"; expressão que, nos seminários, sinalizava o final da leitura no refeitório, o início do recreio ou a forma de acordar a turma no dormitório. Em resposta à fala do padre ou do regente, os seminaristas diziam *Deo gratias* — graças a Deus.

Tutti bocciati — Em italiano, todos levaram bomba.

Ultramontanismo — Doutrina que subjuga as igrejas locais à Cúria Romana, reforçando a autoridade absoluta do papa.

TERMINOLOGIA

Veni, Creator Spiritus, mentes tuorum visita imple superna gratia,/ quae tu creasti pectora — Hino, em latim, cantado em momentos solenes, como a ordenação de um bispo, ou na abertura de assembleias eclesiásticas, para implorar a iluminação das mentes pela graça divina.

Veste coral episcopal — Batina de cor violácea, com mangas vermelhas; *rochetto* ou sobrepeliz (túnica branca, em geral rendada, usada sobre a batina, com caimento até os joelhos).

Via Crucis — A Via-sacra.

Vitto e allogio — Em italiano, alimentação e hospedagem.

Apresentação

José Maria Mayrink*

Por maior que seja a expectativa e por mais insistentes que sejam os palpites — ou torcidas — é muito difícil antecipar a nomeação de um bispo, mesmo no caso das dioceses mais importantes, porque o Vaticano impõe o segredo pontifício, condicionando a divulgação do nome do eleito à sua aprovação pelo papa. O cuidado é tanto que a Santa Sé costuma voltar atrás, adiando ou substituindo a escolha, quando a notícia vaza antes da hora. No caso do Brasil, às 12 horas de Roma, por tradição às quartas-feiras, quando o anúncio se faz pelos canais oficiais da Igreja.

Há exceções, porque a artimanha da imprensa consegue, às vezes, se aproveitar do descuido de fontes fidedignas para confirmar, de véspera, quem foi nomeado. Aconteceu, por exemplo, no caso do cardeal dom Odilo Pedro Scherer, em abril de 2007, quando o jornal *Folha de S.Paulo* bancou o seu nome, na madrugada do comunicado oficial de que seria ele o novo arcebispo de São Paulo. Dom Odilo era o mais cotado, quase todos apostavam nele, e, meio caminho andado, o repórter só se deu ao trabalho de jogar verde para colher maduro, telefonando na virada da noite a um dos bispos auxiliares da arquidiocese.

Em episódios mais recentes, *O Estado de S. Paulo* previu e antecipou a escolha de dom Murilo Krieger para arcebispo de Salvador, em janeiro de 2011, e, meses depois, de dom Sérgio da Rocha para arcebispo de Brasília. No primeiro caso, dom Murilo constava de uma lista de favoritos organizada por um ex-assessor da Conferência Nacional dos Bis-

---

* Mineiro de Jequeri, ex-seminarista, 50 anos de jornalismo, José Maria Mayrink é repórter especial de *O Estado de S. Paulo*.

pos do Brasil (CNBB). Não era o mais cotado, mas corria por fora, com boas chances, o que permitiu incluí-lo nas opções prováveis. Com dom Sérgio da Rocha, era quase certeza. Então arcebispo de Teresina, no Piauí, ele saiu "eleito" da Assembleia Geral da CNBB, realizada em maio de 2011, em Aparecida. Seu nome ia de boca em boca entre os mais de 300 bispos presentes, apesar do segredo pontifício.

"Meu nome consta da lista tríplice, mas quem vai para Brasília é dom Sérgio", afirmou com segurança dom Anuar Battisti, arcebispo de Maringá, quando interpelado pelo repórter do *Estado*. Àquela altura, era quase impossível manter a escolha em sigilo, sobretudo porque, como revelou dom Aldo Pagotto, arcebispo da Paraíba, o núncio apostólico, dom Lorenzo Baldisseri, havia consultado todos os titulares de arquidioceses sediadas em capitais sobre quem, na avaliação deles, deveria ser transferido para Brasília. Com certeza, pela importância da cidade, que, além da Nunciatura Apostólica e da sede da CNBB, é o centro do poder do governo federal. Pego de surpresa, quando o jornalista disse que todos apostavam nele, dom Sérgio saiu pela tangente. "Bondade sua", respondeu, desconversando.

Como se vê pelo exemplo do arcebispo de Brasília, o Núncio Apostólico pode estender o leque de consultas na hora de reunir os nomes que pretende encaminhar à Congregação para os Bispos, em Roma — supostamente uma lista tríplice, com dados e informações que permitam ao papa fazer a sua escolha. Nem sempre a opção é pelo primeiro dos três selecionados pela Nunciatura, porque o papa compara perfis e, eventualmente, pede informações complementares. Se o Espírito Santo entra em ação nesse processo, a Providência Divina se serve da inteligência e de critérios humanos para apontar a melhor solução. Tem havido equívocos na renovação do episcopado moderno, como sempre houve no passado, mas não são demasiadamente frequentes.

O segredo pontifício é apenas um aspecto, talvez o mais vistoso, do emaranhado de veredas que levam à nomeação de um bispo católico. A complexidade do processo justifica as palavras do cardeal-arcebispo de São Paulo, dom Odilo Sherer, quando ele afirma, no primeiro capítulo deste livro, que é difícil fazer um bispo, embora seja fácil escrever sobre

APRESENTAÇÃO

a questão, porque as normas e os procedimentos (roteiro, condições e exigências) constam do Código de Direito Canônico.

Daí a modéstia — ou o cioso cuidado — de J.D. Vital, competente autor de *Como se faz um bispo*, ao advertir os leitores de que ele também não será capaz de responder à pergunta e de traçar uma receita segura ao fim dos 24 capítulos e das mais de 300 páginas deste livro. Se não sabe, ou se não se sente capaz de apontar os atalhos com segurança, pelo menos chega perto. Poucos pesquisadores dos mistérios da estrutura da Igreja, sejam leigos, sejam eclesiásticos, sejam até bispos, poderiam competir com Vital nessa empreitada em que se meteu. Além da competência profissional, tem, em relação a competidores subordinados à Igreja, historiadores ou teólogos, a vantagem de escrever com a liberdade de jornalista, de fazer perguntas indiscretas e de chegar a conclusões próprias, sem se preocupar com uma previsível, mas não temida, censura.

Trata-se de um livro-reportagem, com as qualidades, as limitações e os eventuais equívocos de páginas escritas por um autor independente — por um leigo, termo usado aqui em contraposição a clérigo —, sobretudo porque se situa no tempo, com remissões à História, mas circunscrito à época que a Igreja vive hoje, meio século após o Concílio Ecumênico Vaticano II, encerrado em dezembro de 1965. Como repórter, Vital ouviu dezenas de depoimentos e mergulhou na pesquisa de documentos, alguns inéditos, para montar a engrenagem da construção de um bispo. As páginas deste livro respeitam, portanto, um contexto devidamente marcado.

Ex-seminarista com passagem por instituições de ensino e de vivência comunitária em Belo Horizonte e em Roma, Vital conhece a nomenclatura do meio, entende o comportamento dos personagens, identificando suas aspirações, seus sonhos e fracassos. A descrição da rotina na vida dos seminários, nas décadas passadas, e, respeitadas as mudanças, nos dias de hoje, ajuda a compreender os labirintos desse mundo fechado e a cabeça dos personagens. Para quem passou por alguns dos seminários citados, como o Coração Eucarístico de Belo Horizonte, o Nossa Senhora da Morte e o São José, em Mariana, e o do Caraça, todos em Minas, as páginas dedicadas à história dessas instituições são um agradabilíssimo passeio da memória de volta a tempos marcantes na formação de cada um.

A história dos bispos brasileiros e de supostos candidatos ao episcopado que não chegaram a receber a mitra guarda lances inesperados, curiosos e, às vezes, folclóricos, que poucos memorialistas seriam capazes de registrar. Algumas revelações se tornam públicas. O cardeal dom Paulo Evaristo Arns, arcebispo emérito de São Paulo, contribuiu para esse acervo de preciosidades ao completar 90 anos, em 14 de setembro de 2011, quando lembrou que recusou três vezes o episcopado antes de ser convencido pelo argumento de que o papa Paulo VI não abria mão de seu nome. A informação já estava na autobiografia *Da esperança à utopia*, publicada em 2001, mas dom Paulo avançou detalhes: disse que só concordou com a nomeação quando Paulo VI substituiu o verbo *voglio* (quero, em italiano), um tanto impositivo, por um *desidero* (desejo), que lhe daria, em tese, a possibilidade de recusar. O papa, argumentou, não poderia exigir, com o verbo *voglio*, que ele recebesse o sacramento.

O segredo pontifício protege situações embaraçosas — e supostamente impeditivas para a escolha de um candidato — em casos como o acontecido no Maranhão, em meados do século passado, quando o testamento de um monsenhor já idoso surpreendeu seus companheiros no clero. Quando ele morreu, encontrou-se na arca de seus guardados o enxoval completo para uma esperada nomeação de bispo: báculo, mitra, anel, solidéu, batina e meias episcopais. "Surpreendido em nossa humildade pela elevação ao episcopado", dizia o texto de um discurso a ser lido no dia da posse, quando o sonho se tornasse realidade. O sonho não se confirmou, a história virou piedoso folclore.

Se o Espírito Santo entra em ação para a confirmação dos escolhidos, o processo de seleção passa também por atalhos tortuosos, como a *invidia clericalis* (a inveja clerical), que dificulta e com certa frequência impede a ascensão de candidatos a bispo. Vital cita exemplos, apontando personagens e, quando possível, revelando as fontes de informação. A imagem de alguns dos implicados, incluindo bispos e núncios, sai arranhada desses episódios. Mesmo quando o autor só conta o milagre,

APRESENTAÇÃO

sem dar o nome do santo, pessoas bem informadas do meio eclesiástico sabem de quem se trata.

É possível que certas coisas não agradem a todos, mas *Como se faz um bispo* será de grande valia para aqueles que se interessam pela história e pela vida da Igreja, pois ajudará a entender a ação pastoral e a atuação política da Instituição, na medida em que traça um retrato bastante fiel do perfil do episcopado.

CAPÍTULO 1 Bispo burro

Este livro nasceu no carnaval de 2002. Na verdade, na Quarta-feira de Cinzas, 13 de fevereiro. No escritório de padre Alberto Antoniazzi, que ficava no segundo andar do Seminário Coração Eucarístico, em Belo Horizonte, Minas Gerais.

Sempre quis saber como se faz um bispo. Por que alguns padres são feitos bispos, como meus contemporâneos de seminário — Alberto Taveira, de Belém, e Paulo Sérgio Machado, de São Carlos — e outros não, ainda que eu os imaginasse merecedores da mitra episcopal.

Nessa segunda turma, eu incluía o orionita Antônio Lemos Gonçalves, o jesuíta João Batista Libanio, os padres José Cândido da Silva e Éder Amantéa, do clero de Belo Horizonte, e o próprio Antoniazzi — todos eles pontas de lança no time dos melhores presbíteros da Igreja no Brasil.

Antes de tudo, um aviso aos leitores, na linha de salvaguardas do Código do Direito do Consumidor. Não quero enganar ninguém. Apesar do título, você verá ao final do livro, caso tenha boa dose de paciência, que não sei como se faz um bispo.

Ninguém sabe como a Igreja Católica faz um bispo. É um mistério, me disse logo no início deste trabalho o jornalista, escritor e ex-seminarista Carlos Heitor Cony, autor do comovente livro *Informação ao crucificado*. No livro, Cony narra sua saída do Seminário do Rio Comprido e termina com a frase que atormentou a minha adolescência: "E eis que vos dou a informação: para mim, Deus acabou."

Um mistério. Mas não devia ser assim. Porque o *making of* dos bispos não é segredo. Pelo contrário, segue um manual público. Com regras e procedimentos bem definidos no Código de Direito Canônico. Porém, não é assim que funciona.

Há dez anos, sempre que surge a oportunidade, faço a mesma pergunta a membros do alto e do baixo clero. No dia 23 de junho de 2010, vi um padre de *clergyman* aguardando o carro no estacionamento do aeroporto internacional de Brasília. Reconheci-o pela cabeça branca, o corte à escovinha: era dom Odilo Pedro Scherer, cardeal arcebispo de São Paulo.

Dom Odilo poderia ajudar na elucidação desse mistério infinito que envolve a nomeação dos bispos. Afinal, ele trabalhou durante sete anos em Roma, como oficial da Congregação para os Bispos. Mal comparando: se a fórmula secreta da Coca-Cola é de conhecimento de um círculo restrito de altos executivos da empresa na cidade americana de Atlanta, a chave do segredo pontifício para se fazer um bispo tem de estar depositada naquele dicastério romano.

Fiz a pergunta a dom Odilo porque sou repórter, e, como ensinou o jornalista paulista Audálio Dantas, o repórter é aquele que pergunta. O cardeal foi simpático, porém lacônico, a respeito de minha pretensão de escrever sobre o tema. "Escrever é fácil. A norma, os procedimentos, está tudo lá", disse, referindo-se ao Código de Direito Canônico. E já entrando no carro que viera apanhá-lo, concluiu: "Difícil é fazer."

O núncio apostólico dom Lorenzo Baldisseri foi mais claro. A seleção de candidatos a bispo é obra do Espírito Santo. Você verá, ao longo deste livro-reportagem, que o Espírito Santo entra em ação quase duas centenas de vezes, a cada ano, ajudando a recompor o colégio universal dos bispos. Para suprir as vagas deixadas pelos que morrem e por aqueles forçados a deixar seus cargos nas dioceses por terem atingido o limite de idade.

Daí que o anúncio dos novos bispos é uma rotina administrativa da Cúria Romana. Não passa, praticamente, uma semana sem que o papa nomeie um — seja para repor as vagas abertas pela saída do titular, seja para chefiar uma diocese recém-criada.

Em 8 de fevereiro de 2011, por exemplo, o Vatican Information Service comunicou à imprensa dois atos pontifícios: o papa Bento XVI aceitou a renúncia, por limite de idade, de dom Ernesto Vecchi, bispo auxiliar da arquidiocese de Bolonha, na Itália; e nomeou o padre Sanctus Lino Wanok, nascido em 1957, em Atyak-Yamo, Uganda, novo bispo de Nebbi, diocese ugandense com território de 5.098 quilômetros quadrados, 600 mil habitantes, 494 mil católicos, 61 sacerdotes e 57 religiosos.

Na Quaresma de 2011, início de abril, o Vaticano precisava proceder ao provimento de 154 cargos (bispos, arcebispos, núncios) ao redor do mundo. Como a diocese norte-americana de Rapid City, em Dakota do Sul, vaga desde que seu bispo, dom Blase Joseph Cupich, fora nomeado, em 30 de junho de 2010, para a diocese de Spokane, no estado de Washington. (No final de maio de 2011, o papa Bento XVI resolveu o problema de Rapid City, nomeando para lá um novo bispo, monsenhor Robert Dwayne Gruss, até então reitor da Catedral do Sagrado Coração, em Davenport.)

No passado, isso era mais difícil de acontecer porque os bispos eram eleitos pela assembleia dos fiéis. Sem a interferência do papa. Os defensores da mudança do sistema vigente nas nomeações episcopais gostam de citar um episódio ocorrido no ano 374, após a morte do bispo ariano Aussenzio, de Milão. A comunidade, reunida em assembleia para escolher um nome, foi surpreendida por um garoto que indicou um candidato para o cargo. *"Ambrogio, vescovo!"*, o menino gritou em italiano.

Aurélio Ambrósio, ainda catecúmeno e se preparando para ser batizado, foi aclamado bispo. Ele descendia de duas famílias senatoriais romanas — a família Aureliana, por parte materna, e Simmaco, pelo lado do pai, que era prefeito de Treviri quando ali nasceu o futuro bispo de Milão entre os anos 334 e 339. A família o queria na vida pública romana e o mandou para as melhores escolas de Roma.

Já estava em plena carreira política, como governador do norte da Itália, quando teve oportunidade de mediar, com sabedoria, os conflitos em voga, que envolviam arianos e católicos. Foi então que o menino gritou seu nome. Conta-se que em uma semana Ambrósio recebeu o batismo, foi ordenado padre e sagrado bispo. Coube a santo Ambrósio operar a conversão de santo Agostinho, mais tarde bispo de Hipona, no norte da África.

Ao longo dos séculos, o sistema de nomeação dos bispos variou ao sabor das tradições, da influência dos cabidos das principais catedrais europeias, e sobretudo do poder concedido pelos papas aos monarcas ou a gente graúda.

Foi assim com o primeiro bispo do Brasil, dom Pero Fernandes Sardinha, devorado em banquete antropofágico pelos índios caetés. Ele nasceu em Évora, Portugal, em 1497. Estudou teologia e belas-artes nas universidades de Salamanca e Paris. O rei português dom João III o nomeou para cargos eclesiásticos na Índia e o fez primeiro bispo da Bahia, em 1551. O bispo Sardinha foi comido pelos índios em 1556, na costa de Alagoas, quando seu navio, *Nossa Senhora da Ajuda*, bateu em recifes e naufragou no pontal de Coruripe.

O imperador Pedro II não abriu mão do direito de apresentar nomes ao episcopado. Um deles, o lazarista dom Viçoso. Durante visita em abril de 1881 ao Colégio do Caraça, em Minas Gerais, dom Pedro II bateu boca com o padre Chavanat, contrário ao *placet* — direito do imperador de censurar documentos papais em todo o império.

Vigorava em solo brasileiro o regime de padroado acordado entre a Santa Sé e a Coroa portuguesa, em que a Igreja vivia à sombra e à custa do tesouro real. Até uma mulher, que não pertencia à realeza, exercia direitos de padroado, segundo o historiador padre Pedro Maciel Vidigal (*No seminário e no clero*, Canal Zero, 1993).

O Concílio Vaticano II pôs abaixo os resquícios finais do padroado português que permitia ao governo lusitano entregar o chapéu cardinalício ao cardeal primaz de Lisboa. Ainda hoje, no entanto, padres e bispos continuam recebendo salários do Estado em diversos países. Na Argentina, por exemplo, eles são funcionários públicos.

O boletim informativo altera o número de bispos e torna obsoleto o *Anuário Pontifício*, que a Tipografia Vaticana imprime em fins de janeiro a cada ano. A publicação atualiza, anualmente, o *mailing list* com todos os nomes do episcopado mundial, a *nomenklatura* eclesiástica. O colégio universal dos bispos, segundo o *Anuário Pontifício de 2011*, compunha-se de 5.056 membros em 2009, dos quais 169 nomeados naquele ano. Segundo o Anuário de 2012, o número de bispos subiu para 5.104

em 2010. O colégio episcopal é o estado-maior da Igreja para a governança de 1,18 bilhão de fiéis batizados no mundo.

O *Anuário Pontifício*, editado pela Libreria Editrice Vaticana, é vendido nas livrarias localizadas nas galerias comerciais da Piazza San Pietro, em Roma. O catatau, que mais parece um missal romano, com marcador de páginas em fita vermelha, custa 70 euros e tem mais de 2.300 páginas.

Em 1º de abril de 2011, cem bispos tinham idade entre 40 e 47 anos, segundo o site americano Catholic Hierarchy, que oferece informações atualizadas, quase que diariamente, do "quem é quem" na Igreja Católica. Outros cem bispos variavam entre 90 anos e oito meses e 105 anos.

O cardeal dom Eugenio Sales, arcebispo emérito do Rio de Janeiro, não entrou na lista. Tinha só 90 anos e quatro meses. O cardeal dom Paulo Evaristo Arns, arcebispo emérito de São Paulo, também ficou de fora: 90 anos em setembro. O cardeal dom Serafim Fernandes de Araújo, arcebispo emérito de Belo Horizonte, chegaria aos 87 anos em agosto, e o cardeal dom José Freire Falcão, arcebispo emérito de Brasília, faria 86 anos em outubro. Os bispos vivem muitos anos. Não se sabe se o celibato tem influência em seus altos níveis de longevidade.

No Brasil, a figura do bispo é tão importante que, mesmo quem não pode, gostaria de ser. Em Minas, terra de prelados notáveis, como dom Antônio Viçoso e dom Silvério Gomes Pimenta, contam-se muitas histórias de bispos.

Mas essa é especial e vem ao caso: no Rio de Janeiro, então capital da República, Francisco Campos era conhecido como o autor da "Polaca", a autoritária Constituição brasileira de 1937 que legitimou o Estado Novo e a ditadura do presidente Getúlio Vargas, de quem foi ministro da Justiça.

Mas em Pompéu, onde se situava sua Fazenda Indostão, e em Dores do Indaiá, sua terra natal, ele era apenas o Chico Campos. Poderoso, mas simples como um frade. Chico Campos gostava de prosear com os conterrâneos e amigos de infância quando descansava na cidade em que nascera.

A intelectualidade brasileira o chamava de Chico Ciência. Os adversários o criticavam por colocar seus conhecimentos jurídicos a serviço de Vargas. Em dia de arroubo sentimental, ele quis resolver a situação de um velho companheiro de grupo escolar, seu parceiro de truco nas tardes sonolentas de Dores do Indaiá, eternamente desempregado.

"Peça, amigo, o emprego que quiser que você o terá", afirmou na roda de uma venda maltratada e recatada do interior de Minas. O amigo fez suspense. Pediu tempo para pensar, que mineiro não é bobo, não age com precipitação.

Os companheiros já o imaginavam dono de cartório. Ou delegado de polícia. Nas vésperas do término das férias do ministro da Justiça, o amigo compareceu pontualmente à reunião na venda. "Ô Chico, já que eu posso escolher, eu quero ser bispo de Luz."

Chico Campos não sobreviveu para presenciar nos tempos atuais quanto ser bispo deixou de ser um troféu quimérico colocado nas grimpas da serra do Caraça. Parece que o acesso ao título de bispo se vulgarizou de tal modo que hoje a pessoa simples não sabe distinguir um bispo da Igreja Católica de um bispo dos programas evangélicos na TV.

Neste livro, só trato do bispo católico. No cânone 378, a Igreja define os requisitos de um candidato: ter fé sólida, bons costumes, piedade, zelo, prudência, boa reputação, pelo menos 35 anos de idade e cinco de ordenação sacerdotal e ter doutorado ou mestrado (ou notório saber) em Sagrada Escritura, teologia ou direito canônico em algum instituto aprovado pelo Vaticano.

De acordo com os números divulgados pelo Vaticano, em 2010 havia 412.236 padres no mundo. É nessa seara que o Espírito Santo sopra seu sopro renovador, escolhendo as cabeças elegíveis a futuras mitras.

Você saberá, nestas páginas, o que dizem conservadores e progressistas sobre o atual sistema de nomeação de bispos, modelado por Roma durante os pontificados dos papas João Paulo II e Bento XVI.

Alguns progressistas afirmam que o Vaticano quer bispos submissos à autoridade papal, em flagrante involução do princípio da colegialidade episcopal inaugurado pelo Concílio Vaticano II. Os conservadores asseguram que, apesar dos problemas, o sistema atual ainda é o melhor e mais confiável. Nesse ponto, eles contam com o respaldo de Peter Drucker, considerado o inventor da moderna gestão empresarial.

Submissos ou profetas, os bispos são personagens especiais na vida da Igreja. Impõem respeito e temor reverencial. "Possa sua face aterrorizar os inimigos da verdade", dizia o celebrante na sagração do bispo, no rito antigo, pré-Concílio Vaticano II.

No passado, a safra de grandes nomes no episcopado foi generosa. Hoje em dia, a fase é minguante. Mas o bispo continua sendo o centro das atenções onde a Igreja se estabelece.

De forma jocosa, o bispo emérito de Oliveira, dom Francisco Barroso Filho, que mora em Ouro Preto, explica o segredo do carisma episcopal. Que deixa todo bispo, invariavelmente, bem situado na consideração de sua gente, independentemente de sua estatura intelectual. É que, segundo ele, por obra e graça do Espírito Santo, não existe bispo burro. "Se ele for inteligente, é um sábio. Se não, ele é um santo."

Escrever sobre sábios e santos, com o perdão de dom Odilo, não é fácil. Corre-se o risco, permanentemente, de errar. Mas padre Alberto Antoniazzi, que era santo e sábio, procurou tranquilizar-me a respeito de meus temores de, não sendo especialista, cometer erros e heresias ao escrever sobre a escolha dos bispos — tema que ele próprio descreveu como "palpitante na Igreja de hoje". Ele disse: "Não se preocupe, jornalista não corre o risco de ser excomungado..."

O cardeal dom Serafim Fernandes de Araújo, arcebispo emérito de Belo Horizonte, me advertiu para uma prática do bom jornalismo: não tomar partido, ouvir sempre os dois lados.

Procurei seguir o conselho de Sua Eminência, mas não é simples chegar ao alto clero. O cardeal dom Odilo Pedro Scherer não respondeu a meu e-mail. Sugerido por frei Betto, seu confrade dominicano, dom Tomás Balduino, emérito de Goiás Velho, também não me deu resposta.

Já o cardeal dom Paulo Evaristo Arns foi amável e atencioso: recebeu-me na sacristia do Convento de São Francisco, em São Paulo, respondeu a perguntas e ainda me presenteou com seu livro *O que é Igreja*, que trata do tema deste trabalho.

Também o bispo emérito de Itabira–Coronel Fabriciano, dom Lellis Lara, deu grande contribuição a este repórter. Ele me ofereceu sua coletânea *Cadernos de Direito Canônico*, em que, como ex-consultor jurídico-canônico da CNBB, ajuda a decifrar o mistério episcopal.

Solicitado a se manifestar sobre a nomeação de bispos no mundo atual, o arcebispo emérito de Milão, cardeal Martini, mandou sua secretária me avisar, por carta, que passara a se dedicar exclusivamente à "Lectio Divina", sobretudo em Jerusalém, onde costuma passar temporadas. "Lectio Divina" é a expressão latina que designa a leitura da Bíblia.

O teólogo suíço Hans Küng também não pôde responder a minhas perguntas. Mas escreveu-me em 2007, em alemão, dizendo que lera meu e-mail atenciosamente e, por ele, me agradecia. "Você pode presumir que, diariamente, como essa e de outras formas, consultas me chegam de todo o mundo. Apesar do maior esforço, raros casos podem ser respondidos detalhadamente."

Hans Küng disse ainda: "Eu tive, nos últimos anos, muitas obrigações, como publicações, viagens, palestras e muitas outras coisas. Mas aos poucos chego aos meus 80 anos e devo também, segundo os conselhos de meus médicos, me concentrar em minhas tarefas fundamentais." Ele nasceu em 19 de março de 1928, em Sursee, pequenina localidade da Suíça, no cantão de Lucerna.

Explicou também que a entidade que criara, a Fundação Weltethos, "exige muito tempo e energia, e eu quero também terminar alguns de meus trabalhos científicos". E, com simpatia, escreveu o seguinte PS: "Nos meus livros há mais que o suficiente para seu tema."

Ele sugeriu que eu consultasse seus escritos, e o fiz. Hans Küng ilumina, com sua inteligência, este trabalho, que não é uma tese acadêmica nem um estudo eclesiástico. É apenas o relato de um repórter.

O arcebispo de Belo Horizonte, dom Walmor Oliveira de Azevedo, cobrou a publicação do livro. Expliquei que eu estava desanimado, sobretudo depois de uma conversa com o padre Eduardo Teixeira Henriques, SJ, que leu algumas partes. Dos Estados Unidos — ele estava no Boston College —, padre Eduardo disse, por e-mail, em 16 de agosto de 2009:

Grande estilo! Foi exatamente o estilo o que mais chamou minha atenção... Trata-se, sem dúvida, de texto de um bom jornalista. O ritmo é bom e o todo flui muito bem! Também existe esse "quê" de incentivo à controvérsia, ou melhor, de pôr lenha na fogueira da opinião pública, que desconfia sempre que há algo escondido por debaixo dos panos. Assim, o jornalismo descobre os segredos e passa as coisas a limpo. É uma tendência muito em voga hoje. Um estilo *spicy*... "picante"...

Padre Eduardo, que conheço desde que ele era garoto em Belo Horizonte, lembra, como filho de jornalista (meu querido compadre Tarcísio Henriques, de *O Estado de S. Paulo*), que essa é uma função "mais do que legítima da imprensa". Mas pondera:

> Sabemos que se um cachorro morde uma pessoa, isso não é notícia, ao passo que se uma pessoa morde um cachorro, isso, sim, é notícia. Ora, quando um entrevistado fala que existe inveja no processo de escolha daqueles que devem conduzir o rebanho rumo à santidade, é claro que alguém acaba saindo mordido nessa história, e não se trata do processo natural das coisas nem de como as coisas deveriam ser.
>
> Dito isso — continuou — também sabemos que o pecado faz parte do processo natural das coisas. Ou seja, até aí nenhuma novidade, e, contudo, parece que nos deliciamos com o que se descortina quando um bispo fala mais abertamente sobre o processo e "revela" detalhes até então mantidos na penumbra. Ou vem um sentimento de abatimento porque tanto bem deixa de ser feito por causa de mesquinharias. Ou, ainda, brota revolta de um lado e posturas defensivas do outro, a comunicação fica prejudicada e a comunidade sai perdendo. Ou não?

O jesuíta nunca foi fã do meu livro.

> Já manifestei a você que acho o projeto "curioso" e que não consigo me entusiasmar por ele. No entanto, vejo seu valor, no sentido de que o povo de Deus também precisa de informação para se formar. O Vaticano II sonhou com uma Igreja em que o princípio de participação ativa de todos, laicato e clero, certamente acabaria trazendo alguma inovação no processo de escolha dos bispos.

Em outros encontros, padre Eduardo Teixeira Henriques me declarou discordar das afirmações de que, atualmente, para ser nomeado bispo é preciso ser "vaquinha de presépio". Isso é ridículo, injusto e indecoroso, disse durante visita à cidade de Bom Jesus do Amparo, em 2010.

Diante da tamanha insegurança que sempre me assaltava no caminho, interrompi e retomei o projeto, seguidas vezes, desde a primeira conversa com Antoniazzi.

Contei ao arcebispo dom Walmor meus temores. Até de vir a ser inscrito no *Index Librorum Prohibitorum*, como a Igreja costumava fazer nos tempos passados. Ganhei coragem quando, bem-humorado, o arcebispo, em princípios de 2011, me assegurou: "Pode publicar, eu o defendo."

Bom, fala quem pode: nomeado pelo papa Bento XVI, dom Walmor Oliveira de Azevedo é membro da Sagrada Congregação da Doutrina da Fé, em Roma, o antigo Santo Ofício.

CAPÍTULO 2 Via-sacra para a mitra

O ex-embaixador do Brasil em Havana, Tilden José Santiago, foi programado para ser bispo. Bispo vem da palavra grega *episkopos*, que significa supervisor. É um afortunado que atingiu a plenitude sacerdotal. Cabe a ele a governança de uma diocese ou, em outras palavras, de uma Igreja particular.

Pastor das almas, sucessor dos apóstolos, o bispo pertence ao alto clero, à elite eclesiástica. Ele já foi chamado de Príncipe da Igreja, título hoje reservado aos cardeais e ao bispo de Urgell, dom Joan Enric Vives Sicilia, copríncipe de Andorra. O outro príncipe desse minúsculo Estado diárquico é o presidente francês Nicolas Sarkosy.

Em meio a mais de uma centena de alunos de filosofia e teologia do Seminário Maior São José, em Mariana, Tilden foi pinçado pelo arcebispo dom Oscar de Oliveira para estudar em Roma.

Estudar em Roma era, no passado, meio caminho para o episcopado. Ainda é, segundo muitos padres. O próprio Tilden diz que, desde o Concílio de Trento (1545-63), a Igreja Católica procurava "dar uma feição romana a seus bispos". Em bom latim: *Cum et sub Petro*. Essa vinculação de Mariana com Roma, centro da ortodoxia, vem dos tempos do "ultramontanismo".

Dom Antônio Ferreira Viçoso, bispo de Mariana de 1844 a 1875, mandou nove seminaristas para Roma. Porque, escreve seu biógrafo, afilhado e sucessor no arcebispado de Mariana, dom Silvério Gomes Pimenta, "nada lhe agradava tanto como irem jovens de sua diocese para beber à fonte pura das ciências divinas em Roma".

Dom Viçoso, atualmente em processo de canonização pelas suas virtudes, foi por isso elogiado pelo papa Pio IX, que estimulou a criação de

Colégios Pontifícios, em Roma, como o Pio Latino, sucedido pelo Pio Brasileiro, segundo *História da Igreja no Brasil* — um estudo coordenado pelo padre José Oscar Beozzo e pouco conhecido, lamentavelmente. Desse grupo de nove seminaristas, informa o livro, foram, mais tarde, nomeados bispos dom Pedro Maria de Lacerda, do Rio de Janeiro; dom Luís Antônio dos Santos, do Ceará; e dom João Antônio dos Santos, de Diamantina. Em 1870, cinquenta brasileiros estudavam no Colégio Pio Latino-Americano, em Roma, segundo informa *História da Igreja no Brasil*, citando *Chronica Religiosa*.

Tilden Santiago chegou à Cidade Eterna em outubro de 1960. Usava batina e tinha 20 anos. Com quase a mesma idade, um jovem pugilista americano negro, nascido em Louisville, em 1942, também fora a Roma naqueles dias e escreveu, com *jabs* e diretos, seu nome no panteão do boxe mundial.

Quando Tilden se instalou no Pontifício Colégio Pio Brasileiro, localizado na Via Aurelia, 527, e se matriculou na Universidade Gregoriana, o papa reinante era João XXIII. Sua Santidade ainda não recebia da mídia a cobertura jornalística que passou a ter após a convocação do Concílio Vaticano II, no Natal do ano seguinte.

Na época, Roma e a imprensa só falavam em Cassius Marcellus Clay. Nos Jogos Olímpicos daquele ano, realizados de 25 de agosto a 11 de setembro na capital italiana, Cassius Clay conquistou medalha de ouro na categoria peso-pesado. Alto, esguio e saltitante, o pugilista já demonstrava a agilidade e a precisão de uma abelha em formação para picar.

Roma também coroara de louros outro atleta negro, o etíope Abebe Bikila, vencedor da maratona com o tempo de 2h15min16s. Ele correu descalço a prova realizada pela primeira vez à noite nas Olimpíadas. Abebe rompeu a faixa de chegada, sob o Arco de Constantino, 26 segundos à frente do segundo colocado, o marroquino Rhadi.

Mas em Tilden Santiago os Jogos Olímpicos não despertavam paixão. Nem mesmo se dava conta de que presenciava o orto espetacular do maior e mais brilhante astro do ringue mundial. Fora a Roma para estudar teologia, ordenar-se padre. Desde menino, nascido em 13 de julho de 1940, na cidade mineira de Nova Era, a ideia era ser padre.

Tilden Santiago tinha 12 anos quando ingressou no Seminário Menor Nossa Senhora da Boa Morte, de Mariana, em 1952. O seminário foi fundado em 1750 pelo seu primeiro bispo, dom Frei Manoel da Cruz. Primeira vila, primeira cidade e primeiro bispado de Minas, Mariana fica a 12 quilômetros de Ouro Preto e a 112 quilômetros de Belo Horizonte, em região marcada pela riqueza do ouro.

Em 1696, o grupo paulista do bandeirante Salvador Fernandes Furtado de Mendonça achou ouro no rio que chamou de Ribeirão Nossa Senhora do Carmo. Assim surgiu, em 1711, a Vila do Ribeirão do Carmo. Em 1745, o lugar foi elevado a cidade, com seu nome trocado para Mariana, em homenagem à rainha Maria Ana D'Áustria, mulher de dom João V.

Em 1956, Tilden estava no quinto ano, quando Ada Rogato pousou com um pequeno Cessna no campo de aviação de Barão de Cocais, cidade da arquidiocese de Mariana. A aviadora paulistana percorria o país em seu avião, como de costume, sozinha, para homenagear o cinquentenário do primeiro voo do *14-Bis*, em Paris. Levava com ela uma imagem de Nossa Senhora Aparecida.

Uma pane a obrigou a descer entre os morros daquele município mineiro. O vigário, padre Gerardo Magela Pereira, hospedou Ada Rogato na casa paroquial. Ada, que comera frango com quiabo na casa do padre, acenou da varanda para o povo, entre uma e outra lambida de dedo. Foi a glória. Depois, o vigário e também presidente do Metalusina Esporte Clube organizou uma grande procissão para reconduzir a aviadora e a Padroeira do Brasil até o campo de aviação, quando o avião foi reparado. Emocionante.

Tilden permaneceu no Seminário Menor até 1957, quando concluiu o clássico. Este foi um ano amargo para a Igreja no Brasil. No dia 1º de julho de 1957, dom Francisco Expedito Lopes, bispo de Garanhuns, em Pernambuco, foi assassinado a tiros pelo padre Hosaná de Siqueira e Silva, pároco da cidade de Quipapá.

O Brasil caiu de quatro.

Três tiros à queima-roupa, quando o bispo atendeu à porta do Palácio Episcopal. Na imprensa, a ordem era "esgotar" o assunto, o que, trocado em linguagem de leitor, significa esmiuçar o crime, escarafunchar os fatos e publicar todos os detalhes. Doa em quem doer. A revista *O Cruzeiro* veio recheada de fotos. Padre Hosaná estaria de caso com uma prima e fora advertido por dom Expedito.

No dia em que sairia publicado o ato com a suspensão das ordens sacerdotais do infrator, o padre namorador foi tirar satisfação com seu bispo. Sob a batina, levava um revólver Taurus, calibre 32. Em Minas, a comoção foi alimentada pelo noticiário do rádio. Muitos choravam quando o locutor repetia as últimas palavras do bispo socorrido e levado ao hospital, onde morreu de madrugada: "O padre Hosaná me matou."

Padre Hosaná fugiu para Recife, refugiou-se no Mosteiro dos Beneditinos e depois se entregou à polícia. Assassino confesso, sempre reconheceu o crime, mas nunca admitiu o romance proibido com a prima Maria José Martins. Cumpriu pena até 1968. Morreu em 1997 em sua fazenda, perto da cidade de Correntes, também assassinado. A pauladas. Aos 84 anos de idade.

Dom Expedito era muito jovem: ordenara-se padre aos 24 anos e aos 34 anos foi feito, por Pio XII, primeiro bispo de Oeiras, no Piauí, em 1948. Em 1954, o Vaticano o transferiu para Garanhuns. Em 8 de julho, uma semana após os tiros que abalaram o Brasil, ele completaria 44 anos.

Tilden Santiago preparava-se para o Seminário Maior. O pai, Geraldo Santiago, funcionário público estadual, era lacerdista, brigadeirista "doente". Ele sofria na carne o peso do mando político do adversário em Nova Era, o deputado federal padre Pedro Maciel Vidigal, do PSD. Fiscal do Estado, não tinha condições de manter o filho em Mariana.

Tilden então escreveu ao brigadeiro Eduardo Gomes, que, segundo se dizia, "era bonito e solteiro", pedindo ajuda financeira. "Todo mês, chegava um cheque do brigadeiro, que já pagava os estudos de outros seminaristas", revela o ex-padre operário e político de esquerda, que teve toda a formação sacerdotal financiada pelo militar da UDN, *flos florum* do movimento conservador brasileiro.

Em 1958 transferiu-se para o Seminário Maior São José — um prédio de maior conforto, inaugurado em 1934 pelo arcebispo dom Helvécio Gomes de Oliveira. O prédio, cujos alicerces foram orçados em 130 contos de réis quando planejado em 1928 (*Breve Notícia dos Seminários de Mariana*, cônego Raymundo Trindade, edição da arquidiocese de Mariana, 1951), custou mais do que o esperado.

Dom Helvécio pediu a cada vigário que lhe enviasse uma lista com nomes e endereços de cem ou duzentos católicos que pudessem "acolher com simpatia e retribuir com generosidade uma cartinha nossa, convidando-os a se considerarem fundadores do grande Seminário".

A estratégia deu certo. Segundo o cônego Raymundo Trindade, entre "os benfeitores insignes", sobressaiu "dona Alice Wigg, que contribuiu com 300:000$000 (trezentos contos) para sua construção, assim como monsenhor Rodolfo Augusto de Oliveira Lima, com mais de cem contos de réis e um belíssimo vitral". Alice era esposa de Carlos Wigg, dono da Usina Wigg, instalada em Miguel Burnier, à época muito importante na incipiente indústria siderúrgica brasileira.

O povo de Mariana diz que o prédio, com dois blocos unidos no centro, ganhou do arquiteto José Poley, do Rio de Janeiro, a forma de H em homenagem a dom Helvécio.

Dom Helvécio, vírgula; dobre a língua: Sua Excelência o Senhor Arcebispo Conde Dom Helvécio Gomes de Oliveira, segundo Breve Pontifício de 18 de agosto de 1926, assinado pelo cardeal Pietro Gasparri, secretário de Estado do Vaticano de 1914 a 1930. Padre Pedro Maciel Vidigal, seu inimigo, jura que o título de nobreza foi comprado.

Ainda hoje se pode contemplar a figura de dom Helvécio, em esplendor e glória, no teto da capela do Seminário Maior. O pintor italiano Pietro Gentili colocou no centro do quadro o papa Pio XI. À sua direita, dom Helvécio, empunhando o báculo. Para vingar-se do padre Delile Ribeiro, CM, seu desafeto em Mariana, Gentili pintou-o, com sua careca, ao lado dos soldados romanos, cutucando Cristo caído sob a cruz. É só ir lá para ver.

O Seminário Maior cultivava a arte. Havia grupos de música, de literatura e de teatro. Os seminaristas usavam batina, jogavam bola de guarda-pó. Luiz Gonzaga Pessoa, o Pessoinha, de memória ímpar, assombrava pela declamação de poemas como "O navio negreiro", de Castro Alves.

* * *

As histórias de padre ganhavam selo de *nihil obstat* em veracidade, ainda que improváveis. Como o caso do padre muito rico que, viajando no trem da Central do Brasil, passou mal. Ficou enjoado, precisava de ar. A janela do trem não abriu. Foi preciso quebrar o vidro. O chefe do trem apareceu para cobrar o estrago. O padre lhe deu uma nota de valor alto. O chefe do trem disse que não tinha troco para tanto dinheiro. O padre rico, então, quebrou mais duas janelas e ficou tudo certo. Naqueles tempos, ainda não havia nada de errado em querer enricar.

A imaginação, tal como o Verbo, habitava entre os seminaristas de Mariana. Vicente Néri Soares, o Jiribita, e Pascoal Motta se notabilizaram pela criação coletiva do personagem Zumbu, o homem mais faminto do mundo. Vicente tocava trompete. Canções italianas, as favoritas em seu repertório, como, "La strada Del Bosco", de Gino Becchi, "Da una lacrima sul viso", com John Foster, e "Amore, scusami", de Nico Fidenco.

Pascoal e Vicente Néri passavam o tempo do recreio contando as proezas de Zumbu, sempre inspiradas nas Escrituras. Disputavam quem inventava uma história que agradasse mais ao público de seminaristas, alguns deles já com tonsura na cabeça; outros, com as Ordens Menores — ostiário, leitor, exorcista e acólito. E até com as Ordens Maiores de subdiácono e diácono. Grande pensador, eis um dos axiomas filosóficos de Zumbu: "*Qualitas non est, sed quantitas*" — a qualidade não importa, mas a quantidade.

Essa fez sucesso: encontraram Zumbu na rua Direita, em Mariana. Seguia com uma banda de porco no ombro esquerdo e no outro carregava metade de um boi. "Oi, Zumbu, você vai comer só isso tudo?", perguntaram os "gaveteiros", como são conhecidos os marianenses. "Só, não", disse prontamente nosso herói. "Vou comer com pão e farofa."

E ainda esta: o rei saiu à paisana, perguntando aos súditos o desejo deles. E os desejos eram satisfeitos. Até que topou com um homem macilento, pele de quem está com icterícia aguda, unhas de tamanduá-bandeira, clone de Jó. Era Zumbu. "Majestade", disse Zumbu, "meu desejo é comer, comer, comer". O rei concordou.

Zumbu foi introduzido no salão de banquetes. A mesa só para ele. O desfile de iguarias começou ainda de madrugada e durou três dias e três noites. Pratos como vaca atolada e munheca de samambaia; chouriço doce à moda do distrito de Arranca-Toco em Brumal; carnes conservadas na banha em lata da fazenda; galo-pé, que é um guisado de pé de porco com galo velho; "maneco com jaleco", um cozido de costelinha suína e couve rasgada em caldo de fubá temperado coroado por ovos pochê, e vai por aí afora o idílico e irrealizável *menu* que habitava a mente de todo seminarista mineiro com saudade de casa.

Afinal, eles até parodiavam um hino religioso para evocar seus devaneios gastronômicos:

"Oh, meu Jesus, eu só quero na vida
comer linguiça, comer linguiça, comer linguiça!"

Chegou um momento em que Zumbu desistiu: "Basta, majestade. Prefiro a morte do que comer mais." O rei disse-lhe: "Sua vontade será feita." Um criado real, porém, atrasou-se, e mesmo assim apresentou o prato a Zumbu. Um peru recheado com farofa, ovos e torresmo. Zumbu não teve dúvidas: consumiu-o.

O rei então o condenou à morte. Zumbu pediu misericórdia e tentou explicar-se: "Se Vossa Majestade levasse o rebanho de ovelhas ao pasto e na volta, depois de guardá-las, todas as 99, no redil, percebesse que faltava uma, Vossa Majestade deixaria essa única ovelha de fora?" O rei perdoou Zumbu, diante de tanta sabedoria.

Dizem que Zumbu, um pagão epicurista, teria se convertido ao cristianismo após tomar conhecimento do milagre da multiplicação de pães. Contrito, exclamou: "Verdadeiramente, esse homem é o filho de Deus."

Na década de 1960, Irineu Acipreste Rossi e Miguel Vital ensaiaram a peça *Sete homens e um pão*, de inspiração esquerdista, como estava em voga nos seminários, e saíram em turnê nas férias pelas paróquias da arquidiocese. Queriam juntar alguns trocados. Em Barão de Cocais, depois da apresentação no palco do Salão Paroquial, o vigário monsenhor Gerardo Magela Pereira correu com eles antes da missa da manhã: "Fora, comunistas; vou falar com dom Oscar."

Monsenhor Magela, que era presidente do Metalusina Esporte Clube, rezava na cartilha tridentina. De outra feita, expulsara da cidade um jovem seminarista que chegara de batina para a missa da manhã, após bela noitada denunciada por alguma beata. O seminarista entusiasmara-se com a notícia de que a Orquestra Cassino de Sevilha se apresentaria durante um baile no Clube Jabaquara. Ele tirou a batina, pediu roupas emprestadas aos filhos de dona Maria Didico, onde se hospedara, e foi dançar.

No Seminário Maior, entre tantas atividades literárias, três anos de filosofia. Estudava-se Joseph Gredt, OSB, autor de *Elementa Philosophiae Aristotelicothomisticae*. Tilden tocava saxofone. Era falante e estudioso. Ele interrompeu o curso no terceiro ano de filosofia, no segundo semestre de 1960, porque fora selecionado para estudar na Gregoriana.

Tilden acha que foi escolhido porque o arcebispo dom Oscar de Oliveira e os padres lazaristas, que dirigiam os seminários de Mariana, gostavam dele. "Dom Oscar gostava quando eu lia no refeitório, em latim, o *Martyrologio Romano*. O arcebispo apreciava o latim bem pronunciado, com todas as sílabas bem escandidas. Eu caprichava", lembra-se, anos depois. Para seus contemporâneos, provavelmente já contaminados pela *invidia clericalis*, Tilden foi escolhido porque era "doce de leite de dom Oscar".

Nos Seminários Menor e Maior, a leitura no refeitório era um pré-vestibular para o púlpito presbiteral. Geralmente, lia-se em *reto tom*, à moda do canto gregoriano. O leitor cumpria sua função sob tensão: se a campainha tocasse, significava que errara na pronúncia de alguma palavra, correra demasiado ou não agradara ao padre superior. Vexame. Humilhação.

Se o lazarista português padre Antônio da Cruz, professor de português e estilo, presidisse o refeitório no Seminário Menor, o risco de fiasco triplicava de tamanho. Como disciplinário, padre Cruz era o capeta. Os seminaristas sabiam de seu gênio difícil, de sua má vontade com não caucasianos: ele teria ficado traumatizado após o assassinato do pai por um homem negro.

Apenas nos dias de sueto e aos domingos não havia leitura e ficava liberada a conversa durante as refeições. Nos demais dias, silêncio para alimentação da alma. Não se sabe quem inventou a linguagem manual de sinais usada durante as refeições que garantia a boia. Os seminaristas tratavam de aprendê-la logo que desembarcavam do trem da Central do Brasil, em Mariana.

Os copeiros, como se fossem surdos e mudos, só conheciam aquela mímica para atender aos pedidos dos alunos: um dedo sobre a mesa, o indicador, significava feijão; dois dedos, indicador e médio, arroz; três dedos, indicador, médio e anelar, carne; quatro dedos, menos o polegar, sopa; a mão espalmada, água.

Na verdade, Tilden conhecera dom Oscar no Seminário Menor. Padre Oscar era cura da catedral. De lá foi transferido, como bispo coadjutor de Pouso Alegre, para em 1959 regressar a Mariana, como arcebispo coadjutor de dom Helvécio Gomes de Oliveira, já adoentado.

De dom Helvécio, Mariana fala horrores. Muitos padres, também.

Mas ninguém teve a coragem de afrontá-lo, em vida e depois da morte, como padre Pedro Maciel Vidigal. Em seu livro de memórias, *No seminário e no clero* (Canal Zero, 1993), o ex-deputado federal pelo PSD mineiro, que recebeu dispensa do papa Paulo VI para casar-se, em 1965, com Ruth Guerra, homenageia dom Helvécio com adjetivos perturbadores. Como mentiroso, déspota, vaidoso, perseguidor satânico, maníaco perigoso, violento, vingativo, cheio de amor a si mesmo e racista.

"Ignorando que o Evangelho de Jesus Cristo é um código sublime de amor e de fraternidade, dom Helvécio nunca enxergou Deus na pessoa do pobre ou do negro, do escurinho", escreve na página 487, no capítulo "Excelsas virtudes do Arcebispo".

Em "ríspido diálogo sobre desavenças com um coronel ricaço de São Gonçalo do Rio Abaixo, travado na Casa Paroquial de Itabira, em 2 de junho de 1924", com o cônego Antônio Aurélio Corrêa de Magalhães, do cabido metropolitano, o arcebispo assim tratou o subordinado, amigo de dom Silvério: "Cale-se, negro. Sei que o senhor Augusto Pessoa é homem de bem. V. Revma. é que não presta, lhe movendo guerra" (página 483).

Bispo de São Luís do Maranhão desde 1918 e nomeado em 10 de fevereiro de 1922 arcebispo coadjutor de Mariana, o salesiano dom Helvécio não compareceu à cidade natal do poeta Alphonsus de Guimaraens, onde se encontrava acamado o arcebispo titular, dom Silvério Gomes Pimenta.

Tomou posse somente nove meses depois, em 10 de novembro, após a morte de dom Silvério, ocorrida em 1º de setembro de 1922. Segundo afirmam membros do clero de Mariana, dom Helvécio considerou *capitis deminutio* ser coadjutor de um arcebispo negro. Ele tinha alergia à simples evocação do nome de dom Silvério.

Monsenhor Avelino Marques, "um escurinho", então com 22 anos quando dom Helvécio o ordenou padre em 1943 na catedral de Mariana, disse que racista o arcebispo não era. "Ele era esquisito, soberbo, gostava de mostrar autoridade, que mandava na área. Estava sempre pronto para uma briga, tratava os padres debaixo dos pés. Acho que ele se julgava um Gregório VII", observou o velho sacerdote, natural de Barão de Cocais e já passado dos 90 anos de idade, em março de 2011.

Ao papa Gregório VII (1073-85) é atribuído o famoso *Dictatus Papae*, com 27 proposições afirmando a autoridade, as prerrogativas e o poder do papa — como depor imperadores, remover bispos. O texto diz ainda que o Sumo Pontífice não seja julgado por nada, porque nunca erra; e que os príncipes beijem os seus pés. Tal e qual dom Helvécio. Na preciosa e hermética gíria eclesiástica, dom Helvécio era "cristocêntrico" — eufemismo de egocêntrico.

Monsenhor Avelino confirma que dom Helvécio guardava algum incômodo em relação a seu antecessor, dom Silvério, feito bispo pelo papa Leão XIII. "A gente percebia que dom Helvécio evitava evocar a figura de dom Silvério." Com Avelino, no entanto, fora gentil diversas vezes. Mandou o carro apanhá-lo no Seminário Maior, quando, diácono, fora escalado para assistir à celebração da missa do arcebispo no Convento das Carmelitas. E, na frente do padre Vallarino, seu auxiliar principal, foi amistoso: "Avelino, o time (Metalusina) de sua terra ganhou do Siderúrgica." Ele se referia ao time de futebol da cidade de Sabará.

Pode ser que dom Helvécio fosse mesmo estranho. Todavia, ele foi um grande arcebispo que estimulou as vocações sacerdotais, abriu colégios e promoveu o desenvolvimento cultural e econômico da região. Era de tal modo reconhecido por sua liderança que a Estrada de Ferro Central do Brasil chegou a colocar à sua disposição um vagão exclusivo em suas viagens a Vitória, em visita à família no Espírito Santo.

Sem contar que, devido à sua intermediação nos conflitos da Revolução de 1930, que resultaram na vitória do gaúcho Getúlio Vargas e

VIA-SACRA PARA A MITRA

seus aliados mineiros, o 11º Regimento de Infantaria do Exército, sediado em São João del-Rei, rendeu-se, sem luta, ao arcebispo dom Helvécio, segundo o *Jornal Revolucionário*, órgão oficial do comando-geral das forças revolucionárias em Barbacena.

O historiador cônego Raymundo Trindade não faz nenhuma restrição ao comportamento de dom Helvécio. Pelo contrário, exalta, sempre que pode, o "grande Arcebispo", que teve um irmão também mitrado. Reproduz no seu livro sobre os seminários de Mariana uma bela e comovente foto com a seguinte legenda: "A virtuosa e veneranda Dona Maria Matos de Oliveira, ladeada dos seus dois filhos, Dom Helvécio e Dom Emanuel, Arcebispos de Mariana e de Goiás" (página 204-B).

Trindade até alivia a importância de dom Helvécio ter chegado a Mariana após a morte de dom Silvério, observando que seu predecessor, dom Frei Manuel da Cruz, foi transferido do bispado do Maranhão para o de Mariana, em 15 de dezembro de 1745, e levou um ano e três meses para chegar a Minas Gerais.

Tilden conta que a decisão de enviá-lo a Roma foi tomada na mesma reunião em que dom Oscar e os padres lazaristas discutiram os funerais de dom Helvécio. O arcebispo morreu em Coronel Fabriciano em abril de 1960 e foi enterrado em Mariana.

Estudar em Roma era, de fato e ainda que não de direito, condição *sine qua non* para o episcopado. Dom Helvécio estudou em Roma, dom Oscar também. Helvécio, segundo a catilinária de padre Pedro Vidigal, levou duas bombas no curso de filosofia da Pontifícia Universidade Gregoriana. Oscar voltou doutor em direito canônico, aprovado com a tese "Os dízimos eclesiásticos do Brasil — Nos períodos da Colônia e do Império" (UFMG, 1964).

No Pio Brasileiro, Tilden foi recebido pelo reitor padre João Bosco Rocha, mineiro da cidade de Santa Bárbara. A Gregoriana era um espetáculo: 3 mil seminaristas do mundo inteiro, desfilando com batinas e faixas que identificavam sua procedência.

Os alemães do Germano-Húngaro, de batina vermelha e faixa preta, já pareciam cardeais. Os norte-americanos usavam batina preta, com faixa vermelha de friso azul. Os brasileiros trajavam batina preta e faixa verde-amarela. A turma do Pio Latino tinha uma faixa azul sobre a batina preta.

O seminarista Ohisa Pio, do Sudão, também estava em Roma naqueles dias. Falava bem inglês e italiano. Gostava de cantar, ao violão, com voz de falsete, uma canção que dizia:

> Come along, baby, come along,
> If you want to be beautiful,
> If you want to be nicer.
> Come along, come along,
> Come along, oh baby, come along.

Anos depois, já fora do seminário e cursando medicina na Statale de Milão, em meados de 1970, Ohisa Pio costumava contar aos estudantes residentes no Collegio Per Studenti d'Oltremare, na Via Galileo Galilei, 6, o que lhe acontecera numa tarde de domingo em Roma.

Saíra para visitar amigos na periferia, nas áreas denominadas de *"borgate"*, mostradas por Pier Paolo Pasolini nos filmes *Mamma Roma* (1960) e *Accatone* (1961). Ohisa estava paramentado como se exigia então: batina preta, chapéu preto com borlas de veludo, faixa preta. Escurecia. Crianças corriam atrás para *"salutarlo"*. Os becos ferviam de vida. De repente, Ohisa Pio foi atingido por uma baciada d'água vinda de alguma janela. Logo, acorreu uma senhora envergonhada e pesarosa, cheia de desculpas: "Ela não conseguira me ver", divertia-se o sudanês, negro-azulado.

No Pio Brasileiro, Tilden lembra-se quase sessenta anos depois, havia dois jesuítas que assistiam aos alunos da Gregoriana nas lições. Eram chamados de repetidores. Padre Marcelo Azevedo, mais tarde sucedido por padre João Batista Libanio, era repetidor de teologia. Padre Mendes, de filosofia. Mais tarde, o cargo de repetidor ganhou nome mais condizente, de diretor de estudos, segundo o jesuíta Libanio.

Padre Mendes um dia mandou Tilden e Darcy Fortes, com dois cestos de pão, presunto e queijo, até um cortiço situado no Trastevere. Eles foram de batina carregando a encomenda.

"Chegamos a Pietrolata, como era conhecido o cortiço, e encontramos uma mulher e duas filhas com tuberculose", conta Tilden Santiago. Só então descobriram que o pai das crianças doentes era um pintor que trabalhava no Pio Brasileiro. Ainda hoje há uma estação do metrô, Linea B, com o nome Pietrolata.

Padre Mendes, como todos tratavam o padre Luciano Pedro Mendes de Almeida, SJ, era assim mesmo — confirma o arcebispo de Mariana e ex-presidente da CNBB, dom Geraldo Lyrio Rocha, que também fez teologia em Roma. Na época de Tilden, padre Mendes fazia doutorado em filosofia na Gregoriana, depois de ordenado sacerdote em 1958 lá mesmo em Roma. Em 1965 foi laureado doutor em filosofia, *Summa cum Laude*, com a tese "A imperfeição da inteligência humana, segundo santo Tomás".

"Lembro-me dele, parecia meio tumultuado", confidenciou-me dom Luciano, já então arcebispo de Mariana. Tilden Santiago diz que frequentou a Gregoriana até 1963, morando no Pio Brasileiro, onde outros 123 ex-alunos foram ordenados bispos, segundo o diretor, padre Geraldo Coelho de Almeida, informou em 2008.

Tilden estava programado para ser bispo. Mas deu *tilt* no meio do caminho. Alguns de seus colegas brasileiros de Roma foram feitos bispos. Ele se recorda de dom Demétrio Valentini, de Jales, e de dom Mário Stroeher, do Rio Grande do Sul.

Outro colega seu, José Carlos Beozzo, ordenou-se padre em 1964 e converteu-se em um dos maiores historiadores da Igreja na América Latina. Sobre a escolha e nomeação dos bispos, Beozzo escreveu: "Este é um capítulo difícil de ser escrito pela extrema discrição e o segredo que envolvem o processo de escolha de candidatos ao episcopado" (*A Igreja do Brasil*, Vozes, 1994, Petrópolis).

Já no quarto ano de teologia, Tilden Santiago envolveu-se com os padres operários, conhecidos como "Companheiros de Jesus de Nazaré". Eram os agitados dias do Concílio Vaticano II. Dois mil e 540 bispos do mundo inteiro haviam se mudado para Roma. A Igreja Católica fervilhava.

A convite de João XXIII, um papa carismático e decidido a abrir as janelas da Igreja para soprar a poeira do tempo, os padres conciliares buscavam o *aggiornamento* — palavra italiana que se tornou símbolo da renovação da Igreja.

Os maiores teólogos e pensadores da Igreja estavam presentes. Entre eles, Rahner, Congar, De Lubac, Chenu, Schillebeeckx, Ratzinger e Hans Küng. Os padres conciliares se dividiam em duas correntes — os progressistas e os conservadores. Entre os progressistas, Tilden conheceu o padre francês Paul Gauthier, um dos precursores da teologia da libertação.

Os padres operários surgiram na França, exatamente em Marselha, numa iniciativa do advogado Jacques Loew, que se surpreendeu com a ausência de Deus e o predomínio do marxismo entre os estivadores do porto. Ele se ordenou padre e procurou viver a mesma vida de trabalho com os trabalhadores. Os padres operários ganharam terreno na Europa, até que em 1949 o papa Pio XII proibiu a experiência. Alguns sacerdotes migraram para longe das vistas do Vaticano, instalando-se na região onde Jesus nasceu e vivendo entre palestinos e judeus.

Para desgosto do arcebispo de Mariana, dom Oscar de Oliveira, que bancara suas despesas e o apoiara incondicionalmente em Roma quando a Gregoriana quis mandá-lo de volta ao Brasil por problemas escolares, Tilden Santiago juntou-se à turma de Gauthier. Abandonou o Pio Brasileiro e viajou para a Palestina, onde permaneceu por três anos. Morou em Nazaré e em Jerusalém, trabalhando ora na construção civil, ora como ajudante de serralheiro e de soldador.

Voltou ao Brasil em 1966. Foi morar em Vitória, na favela de Gurijica. Nesse mesmo período, o Seminário Maior de Mariana foi fechado "para balanço" pelo arcebispo dom Oscar. Os seminaristas foram mandados para casa e os padres lazaristas afastados da direção da casa. Era a crise pós-conciliar que levou muitos seminários ao fechamento e inúmeros sacerdotes ao abandono da batina. Os seminaristas não queriam ser padres de sacristia. Muitos padres trocaram o ministério sacerdotal pelo ministério familiar, conforme jargão em uso entre os padres casados.

Em 1º de maio de 1967, Tilden foi ordenado padre por dom João Batista da Mota Albuquerque. Como padre operário, trabalhou na estatal Ferro e Aço, mais tarde Cofavi. A ordenação foi às 18 horas, na Igreja da Consolação, na favela, com a presença dos companheiros de fábrica.

No dia seguinte, às 6 horas da manhã, já estava na fábrica, trabalhando na solda. Às 10 horas, a sirene tocou. "Os operários reuniram-se, me ofereceram uma Bíblia e um envelope com o dinheiro da 'vaquinha' que tinham feito para eu viajar a Belo Horizonte e fazer o casamento de minha irmã, Cibele."

Tilden lembra-se de que um operário, de nome Júlio e sobrenome impublicável, por ser o aumentativo da latinha para guardar rapé, foi o orador. "Nunca se esqueça de nós", pediu Júlio B., um gigante negro, *"center-half"* nas peladas da fábrica e remador no clube Saldanha.

Depois de Vitória, Tilden viveu como padre operário na Paraíba e em Recife. Aqui, trabalhando como mecânico, ele conheceu a pernambucana Maria José Rodrigues, numa fábrica de sacos de aniagem. Militou em grupos políticos de esquerda, como a Ação Popular (AP) e a Aliança Libertadora Nacional (ALN), de Carlos Marighella.

Foi preso em São Paulo e, quando saiu da prisão, em 1973, já estava de caso com a companheira Maria Rodrigues. Com ajuda do cardeal dom Paulo Evaristo Arns, o padre Tilden José Santiago conseguiu da Cúria Romana dispensa dos compromissos do ministério, para se casar. Casou-se com Maria em 1975. Seu mestre, padre Paul Gauthier, também se casou com uma ex-freira que o ajudara na obra palestina — a fundadora das Companheiras de Jesus Carpinteiro, Marie Thérèse Lacaze.

Tilden trabalhou na imprensa de Belo Horizonte, foi presidente do Sindicato dos Jornalistas Profissionais de Minas Gerais, professor na PUC e liderou com o ministro Nilmário Miranda, dos Direitos Humanos no governo Lula, a experiência do *Jornal dos Bairros*. Exerceu três mandatos de deputado federal pelo PT, elegendo-se em 1990, 1994 e 1998. Em 2002, disputou o Senado. Recebeu mais de 3 milhões de votos, porém não se elegeu.

A estrela de Tilden brilhou outra vez: não foi bispo nem senador, mas o presidente Lula o nomeou embaixador do Brasil em Havana. Lá voltou a se casar. A noiva era uma florista de Belo Horizonte. O casamento contou com a alta cúpula do governo cubano.

Em 2004, quando o ex-padre operário Tilden José Santiago se casou pela segunda vez, o jornal *Estado de Minas* contou em reportagem a história de um amor em tempo de maturidade. Entre uma ex-florista e um ex-padre. À luz do sol caribenho e sob o eco de multidões clamando diariamente em passeatas contra o imperialismo americano.

O embaixador brasileiro em Cuba, Tilden Santiago, na época com 64 anos, ex-padre operário e ex-deputado federal do PT mineiro, casou-se com Edivânia Maria da Silva, que foi operária metalúrgica em Contagem, trabalhou na antiga Fábrica de Biscoitos Cardoso e mais tarde passou a vender flores na Flora Rosa, localizada no antigo abrigo de bondes da avenida Afonso Pena com rua da Bahia, em Belo Horizonte.

O casamento de Edivânia e Tilden, realizado em 19 de dezembro, foi um *happening* ecumênico e político. Com a participação da cúpula do governo comunista local, de embaixadores africanos e árabes, músicos brasileiros, como o compositor Wagner Tiso e o saxofonista Leo Gandelman, e de um grande fã-clube do casal, muito querido em Havana.

Por ser a embaixatriz evangélica, os noivos escolheram um templo batista para a cerimônia, o Centro Martin Luther King, oficiada pelo pastor e deputado reverendo Raúl Suárez. O reverendo deputado votou contra a execução de dissidentes cubanos, condenados à morte pelo regime de Fidel.

Ela é da Igreja Quadrangular e nasceu de pais mineiros em Mato Grosso, veio menina para Unaí e depois mudou-se para Belo Horizonte. Ele, um ex-padre católico, que estudou no Colégio Pio Brasileiro em Roma. Disseram "sim" na presença de pastores evangélicos, padres católicos da Igreja Ortodoxa e da Teologia da Libertação, um ministro Bahai, imãs muçulmanos, representantes da comunidade hebraica e líderes de religiões afro-cubanas, que chamamos de macumba e na Ilha são popularmente conhecidas por *santería*.

O vice-presidente de Cuba, Carlos Lage Dávila, foi padrinho. Secretário do Conselho de Ministros, Lage era o terceiro homem na hierarquia do país, atrás apenas do presidente Fidel Castro e do ministro do Exército, Raúl Castro. Dizia-se que Dávila era forte candidato à sucessão de Fidel, o que acabou não acontecendo, porque Fidel optou pelo irmão, Raúl Castro.

Outro padrinho cubano foi o ministro das Relações Exteriores, Felipe Pérez Roque, 35 anos, um diplomata falante e direto, saído dos movimentos estudantis e considerado no corpo diplomático de Havana como protegido do comandante em chefe da Ilha.

Tilden escolheu ainda mais gente importante para padrinho: Sergio Cervantes e Jorge Ferrera, do Comitê Central do Partido Comunista Cubano; o então presidente da Petrobras, José Eduardo Dutra; os deputados do PT mineiro Gabriel Rocha e Chico Simões — este último, eleito prefeito de Coronel Fabriciano.

Edivânia, encantadora em seu vestido branco, convidou para madrinha uma serviçal da embaixada, a senhora Lorenza, substituta da governanta da residência oficial brasileira.

Essas eram as segundas núpcias do embaixador e da embaixatriz. Edivânia foi casada com o ex-zagueiro do Cruzeiro, Wilson, irmão do também ex-jogador do Atlético Mineiro, Romeu Cambalhota. Da união nasceu a bela Katiúrsula, 17 anos, morena, olhos verdes, presente na festa cubana. Tilden, quando largou a batina, casou-se com a pernambucana Maria José Rodrigues Santiago, com quem teve os filhos Vladimir, Alessandra e Stella.

Segundo o jornal *Estado de Minas*, a ex-florista Edivânia Maria da Silva só caiu na real na hora de sair para o casamento. Pensou que fosse filme: todos os trinta empregados — oito da embaixada e os outros contratados para a recepção — impecavelmente enfileirados para ela passar. Desejaram-lhe *buena suerte* com o marido, o embaixador Tilden Santiago, representante do presidente Lula junto ao governo do comandante em chefe Fidel Castro Ruz.

Ela não chorou para não borrar a maquiagem. Mas se lembrou de Belo Horizonte. Das jornadas de trabalho, da correria para pegar o lotação todas as manhãs. De suas vizinhas no Barreiro, onde morou. De suas amigas e antigas companheiras de trabalho. Do tempo em que trabalhou na Flora Rosa, no antigo abrigo de bondes da avenida Afonso Pena com rua da Bahia, onde conheceu o marido.

Uma carruagem, que faz ponto à frente da embaixada do Brasil, no edifício Lonja Del Comercio, foi contratada junto ao grupo de charretes para passeios turísticos na região de La Habana Vieja. É uma área onde edifícios magníficos, de arquitetura espanhola, estão em ruínas e são a morada de centenas de milhares de cubanos.

Na carruagem, Edivânia se lembrou também da primeira vez em que apareceu na flora "aquele baixinho gordinho, de bermuda vermelha desengonçada, meia preta e tênis velho".

"O homem parecia triste, desamparado, e me preocupei logo com ele", conta. O cliente foi atendido por outra florista e, quando ela deu fé, o moço da bermuda vermelha desaparecera, sem conversar com ela. Mas ele apareceu nos dias seguintes, uma, duas, várias vezes, sempre comprando flores para alguém que a embaixatriz agora não revela o nome, mas faz cara de ciúme.

"Depois da eleição de outubro de 2002, eu ia caminhar no Parque Municipal e passava na flora do abrigo de bondes para comprar flores. Estava chateado porque não consegui me eleger senador por Minas Gerais, apesar dos 3.300.000 votos que recebi", diz Tilden. Edivânia, que nunca prestara atenção à propaganda eleitoral, jamais desconfiara de que o homem da bermuda vermelha, com ar de máior abandonado, fosse um deputado federal e candidato a senador.

Quando começaram a sair — marcaram encontro em um ponto de ônibus da avenida Augusto de Lima — ela descobriu, apavorada, que o namorado era famoso. "As pessoas o cumprimentavam e alguns até o chamavam de embaixador." Tilden tinha acabado de ser nomeado pelo presidente Lula para a representação brasileira em Havana.

O embaixador Tilden Santiago diz que a tarefa diplomática está mais próxima do ideal evangélico do que a política. Explica: "Na política prevalece o combate, um lado contra o outro, e há vencidos e vencedores. Na diplomacia predominam a busca de interesses comuns e a superação dos conflitos." E diz que nunca se sentiu tão bem: "O diplomata é um servidor do Estado, busca a eficiência e não o poder."

A embaixatriz Edivânia Santiago, chamada de "Panchita" pelo jovem ministro das Relações Exteriores, Felipe Pérez Roque, também demonstrava aptidão para a função. Não encontrou dificuldades para conviver no sofisticado e elegante circuito diplomático. "É só seguir o que as pessoas experientes fazem." Falava espanhol fluentemente, frequentou um curso de "História de Cuba". Segundo a ex-florista, organizar recepções é como administrar uma casa grande, o que não era nenhuma novidade para ela. "Nada me assusta, nunca entro em pânico. É tudo simples."

Tilden Santiago retornou ao Brasil em 2007, chamado pelo Itamaraty. O governo Lula resolveu substituí-lo por um diplomata de carreira. Ele ficou aborrecido por não conseguir uma audiência com o presidente Lula. Em carta aberta, Tilden Santiago diz que, de maio de 2003 a fevereiro de 2007, procurou cumprir a missão a ele delegada pelo presidente Lula de aumentar o intercâmbio Brasil/Cuba; aprofundar as relações políticas da diplomacia solidária para a integração latino-americana; e aperfeiçoar o setor consular para melhor atendimento dos brasileiros na Ilha, especialmente os estudantes, a maioria de medicina.

Um desses estudantes é Alessandra, filha de Tilden, médica dermatologista formada em Cuba. Em 23 de julho de 2008, o ex-embaixador escreveu ao presidente Lula, em tom de despedida, comunicando que deixara o PT. Filiara-se ao PSB de Minas.

> Sempre pensei que nosso PT seria meu último partido, depois da OLP de Arafat, da AP do Betinho, da ALN do Marighella, do PCdoB de João Amazonas, com quem fui preso em São Paulo, e do PMDB de Ulysses e Tancredo. Sempre pensei que morreria no PT de Lula, que te ajudei a criar.

Ele lembra ao presidente: "Os anos que vivi na fábrica como padre operário, soldador metalúrgico e como líder sindical dos jornalistas fundamentaram nossa caminhada política e nossa amizade."

Mas a mudança de trincheira, segundo Tilden, não modifica nada: "Continua a luta democrática em defesa dos pobres, dos excluídos, que abracei ao trocar Roma por Nazaré e Jerusalém em 1963, ao trocar o mundo do seminário pelo mundo do trabalho, onde te encontrei." Afirma que no PSB de Miguel Arraes manterá dentro de si o "lulismo".

E, na carta, o ex-padre operário e ex-embaixador em Havana informa que está casado de novo. Agora com Helena Rodrigues, especialista em ilustração científica a serviço de projetos conduzidos pela UFMG.

A embaixatriz Edivânia voltou de Havana antes do marido, em 2006. Trocou a elegante mansão por um barracão de fundos, no bairro do Calafate, antiga área operária em Belo Horizonte. Tilden arranjou-lhe um emprego no escritório de um bem-sucedido advogado que fora seminarista em Juiz de Fora, contemporâneo do arcebispo dom Walmor Oliveira de Azevedo, da capital mineira.

No seu primeiro dia de trabalho, Edivânia presenciou a mais uma cena cinematográfica em sua vida trepidante: o elegante prédio onde funcionava o escritório foi invadido pela Polícia Federal. Prenderam seu dono, por abuso na captação e gasto ilícito de recursos na campanha eleitoral de 2006, o dr. Juvenil Alves, que se elegera como o mais votado deputado federal do PT em Minas Gerais, com 110.651 votos.

Agora filiado ao Partido Socialista Brasileiro (PSB) e segundo suplente do senador Aécio Neves, Tilden Santiago faz parte do contingente mundial de 150 mil padres casados de um total de 412 mil presbíteros (dados de 2010) que um dia receberam a imposição de mãos de um bispo católico. Os casados continuam sacerdotes *in aeternum*, segundo a Ordem de Melquisedec, mas não podem celebrar a missa nem ministrar os sacramentos.

A maioria dos padres casados não tem a mesma sorte de Pedro Maciel Vidigal, que se aposentou como deputado federal, nem de Tilden Santiago, nomeado para um cargo bem remunerado na Copasa, do governo mineiro. Sua situação está mais para a de Edivânia, acometida de infortúnio. Ficam completamente perdidos e desamparados depois que deixam o sacerdócio. Passam dificuldades. Não sabem como começar a ganhar a vida fora da Igreja.

Homens preparados, com longo tirocínio na gestão de almas, não encontram outro emprego a não ser o de atendente de telemarketing, normalmente reservado a jovens recém-saídos da adolescência à procura do primeiro salário. Sujeitam-se a biscates.

Seu drama silencioso e anônimo, desconhecido pelos católicos e ignorado pela cúpula da Igreja, emociona quem os vê acanhados e humilhados pedindo ajuda aos colegas na comunidade padrescasados@grupos.com.br. Na América de fala espanhola, o drama é o mesmo e pode ser seguido no endereço http://curascasados.blogspot.com.

Este apelo, dirigido em 5 de janeiro de 2010 ao padre casado João Tavares, coordenador do Movimento dos Padres Casados no Maranhão, é um exemplo:

> Amigo João,
> Não quero, em hipótese nenhuma, te incomodar com isso que vou pedir. Nunca te falei que, desde que deixei o ministério, nunca exerci as minhas funções de acadêmico, pela formação que tenho.
> Em todos os lugares em que fui entregar o meu currículo, principalmente em escolas, todas pediam o reconhecimento do curso no MEC. Meu curso não tem o reconhecimento, portanto nunca consegui um trabalho na área de dar aulas.
> Quero te pedir se por acaso você puder entregar o meu currículo em alguma instituição que você conheça e que aceite o meu diploma, mesmo não sendo reconhecido pelo MEC.
> Peço sua ajuda, pois trabalhava como atendente de telemarketing e fui dispensado no último dia 30/12, para fechar, com chave de ouro, o ano. Você nem me conhece, mas acredito na misericórdia de Deus e sei que apenas entregando o meu currículo eu possa trabalhar na minha área. Desde já, te agradeço e te desejo votos de um Feliz 2010, abençoado e com as graças de Deus e o manto de Nossa Senhora sobre ti.

No currículo, o jovem padre casado Ranoel Fabiano Vignoli, de 33 anos, residente em Ribeirão Preto, São Paulo, informa as áreas em que pretende trabalhar: atendimento ao público, telemarketing, área administrativa, serviços gerais, serviços educacionais. Diz que cursou filosofia e teologia em Brodowski, São Paulo.

Como experiência profissional, cita as atividades desenvolvidas como padre em Ribeirão Preto: "trabalho voluntário com crianças, adolescentes e jovens: formação (psicológica, cultural, artística, musical, sexual etc.), oração (atividades religiosas), recreação (dinâmicas, brincadeiras, passeios comunitários etc.), ação (cadastro de bairros, campanhas de alimentos, roupas para carentes, ética) e administrativa (coletas e coordenação administrativa de toda a paróquia). Trabalho pastoral de cunho religioso e social em diversas paróquias e comunidades enquanto seminarista."

Informa que no Lar Francisco de Assis realizou trabalhos voluntários no auxílio de pessoas acamadas (idosos enfermos), recebimento de doações e atendente geral. Nas Faculdades COC, foi agente de organização escolar e auxiliar de portaria. Na Brasil Center Comunicações, prestou atendimento ao público em telemarketing; e na Unimed — Cooperativa do Trabalho Médico de Ribeirão Preto — trabalhou como telefonista (PABX) no pronto-socorro da unidade 24 horas.

No dia seguinte, João Tavares, como irmão mais velho, respondeu ao "jovem colega desempregado":

> Meu caro Ranoel,
> Acabo de receber teu pedido de divulgação do teu currículo.
> De fato, para ensinares em escola pública, é quase impossível sem teu curso de filosofia reconhecido pelo MEC. Eu mesmo, e muitos nossos colegas, tivemos de reconhecer o nosso curso feito no seminário ou em universidades estrangeiras para podermos ingressar nas escolas técnicas ou universidades públicas.
> Acho que a melhor maneira é mandar o teu currículo, enviá-lo para nossos colegas padres casados que participam do nosso e-grupo. Inclusive, e sobretudo, para os colegas de Ribeirão Preto e do estado de São Paulo, que têm mais possibilidades concretas de te ajudarem a encontrar um emprego aí por perto. E que costumam ser bastante solidários com colegas em dificuldades.

Ainda no seu grupo de discussão, outro testemunho, assinado pelo padre casado gaúcho André Grandi:

A situação, para os padres que saem e são jovens, realmente é difícil. A minha situação não foi diferente. Trabalhei estes últimos quatro anos em lojas de móveis planejados e agora estou iniciando o meu próprio negócio. Formei-me em arquitetura aqui em BH.

Grandi sugere a criação, pelo Movimento dos Padres Casados, de uma entidade para socorrer os companheiros em início de carreira no mundo laico, nos moldes do "Banco da Providência, do grupo Seculus, de Belo Horizonte, e destinada a ajudar as pessoas em seus pequenos negócios".

Apesar das dificuldades, o movimento tem do que se orgulhar. É ministro da Saúde do governo da presidente Dilma Rousseff um membro da família. Alexandre Padilha é filho do casal Felisbino Chaves e Macilea, do Movimento das Famílias de Padres Casados de São Paulo.

CAPÍTULO 3   A fábrica da Via Aurelia, 527

O Pontifício Colégio Pio Brasileiro foi criado em 1934 para ser fábrica de bispos. Nesses 77 anos de funcionamento, passaram por lá mais de 1.800 alunos, conforme dados de 2011. Segundo seu ex-diretor, o padre Geraldo A. Coelho de Almeida, SJ, mais de 120 ex-alunos foram sagrados bispos, entre eles cinco cardeais: dom Agnelo Rossi, de São Paulo; dom Serafim Fernandes de Araújo, de Belo Horizonte; dom Geraldo Majella Agnelo, de Salvador; dom Odilo Pedro Scherer, de São Paulo; e dom Raymundo Damasceno Assis, de Aparecida.

O Pio Brasileiro é filhote do Pontifício Colégio Pio Latino-Americano, que em 21 de novembro de 2008 completou 150 anos. Inaugurado em 1858, no pontificado de Pio IX, o Pio Latino foi confiado aos jesuítas, para a formação de bons padres, de professores competentes de filosofia e teologia para os seminários diocesanos e de futuros bispos afinados com a doutrina de Roma. Os primeiros alunos, escolhidos a dedo por seus bispos, eram 17: dez da Argentina, seis da Colômbia e um do Peru.

Os bispos tentavam, desse modo, suprir as deficiências da formação seminarística na América Latina, drasticamente prejudicada após a danosa expulsão dos padres da Companhia de Jesus do continente, motivada por conflitos políticos entre Portugal e Espanha.

Entre 1759 e 1767, o governo português, chefiado pelo marquês de Pombal, expulsou 328 jesuítas do Brasil. A Espanha do rei Carlos III expulsou outros dois mil. Data dessa época a destruição das reduções dos guaranis, no sul do Brasil e no Paraguai.

Mais tarde, a partir da independência das colônias espanholas, muitas dioceses permaneceram anos sem bispo porque seus antigos prelados tiveram de regressar à Espanha ou ser removidos para áreas longínquas, por identificação e laços com a Coroa europeia. Em 1830, oito das dez sedes episcopais no México estavam vacantes.

Os papas Pio IX, Leão XIII, Pio X, Bento XV, Pio XI, Pio XII apoiaram, com sua bênção apostólica e o cofre do Vaticano, a instalação de seminários internacionais em Roma. A ideia era dar aos alunos uma formação teológica e espiritual adequada ao pensamento do Vaticano, para que depois, quando retornassem a seus países, pudessem repassar aos locais o genuíno ensinamento romano.

Era para o Pio Latino que os bispos brasileiros enviavam os seminaristas considerados aptos para uma futura mitra episcopal. Um aluno célebre, que não foi feito bispo, foi o padre Roberto Landell de Moura, considerado o verdadeiro inventor do rádio.

Landell de Moura (1861–1928) nasceu em Porto Alegre e aos 17 anos seguiu para Roma. Fez teologia na Universidade Gregoriana e ordenou-se padre em 1886, regressando em seguida ao Brasil para, em 1892, segundo a pesquisadora Alda Niemeyer, concluir o desenvolvimento dos primeiros protótipos do que viria a ser o rádio. A primeira transmissão foi realizada em 1900 (*Revista da AMIRT*, n.165, 2011).

O Vaticano consultava a lista de ex-alunos sempre que precisava nomear um bispo ou cardeal na América Latina. Foi assim com dom Joaquim Arcoverde de Albuquerque Cavalcanti, arcebispo do Rio de Janeiro, primeiro latino-americano a receber o chapéu cardinalício. Ele foi nomeado cardeal pelo papa são Pio X, em 11 de dezembro de 1905. Arcoverde, nascido em 1850, em Pernambuco, foi ordenado padre em Roma em 1874 e sagrado bispo de Goiás em 1890, aos 40 anos de idade.

Outro ex-aluno cardeal, dom Sebastião Leme da Silveira Cintra, nascido em Espírito Santo do Pinhal (SP), em 1882, foi ordenado padre também em Roma, em 1904, aos 22 anos. Dom Leme foi feito bispo auxiliar do Rio de Janeiro, em 1911, ungido na capela do Pio Latino-Americano. Tinha 29 anos. Só mais tarde, com o Código de Direito Canônico de 1917, a Igreja passou a exigir a idade mínima de 30 anos para bispo. Dom Alfredo Vicente Scherer, de Porto Alegre, padre em

Roma aos 23 anos, em 1926, e bispo em 1946, também foi nomeado cardeal em 1969, por Paulo VI.

Por abrigar seminaristas de diversos países de língua espanhola, os números do Pio Latino são mais expressivos. Pelo colégio, desde 1858 até 2008, passaram 3.851 seminaristas e sacerdotes. Desse grupo, o Vaticano nomeou 34 cardeais e 438 bispos. Um dos mais lembrados é o arcebispo de San Salvador, dom Oscar Arnulfo Romero, assassinado na "guerra dos Contra".

O Pio Latino foi fundado pelo padre chileno Ignácio Victor Eyzaguirre, com a aprovação entusiástica do papa Pio IX, que conhecera o continente latino-americano na juventude. Ainda padre, com 33 anos, o futuro papa Giovanni Maria Mastai Ferretti participou de uma missão pontifícia ao Chile e à Argentina. Ele foi o primeiro papa a pisar o solo da América Latina.

Em 1927, os bispos brasileiros, incomodados com o domínio da língua espanhola no Pio Latino, começaram a planejar a construção de um seminário próprio em Roma. Com o apoio do papa Pio XI, eles movimentaram suas dioceses para arrecadar recursos. Em 1929, foi lançada a pedra fundamental do colégio eclesiástico brasileiro. Em 3 de abril de 1934, no auge do governo fascista de Benito Mussolini, o prédio foi inaugurado na Via Aurelia.

O geral da Companhia de Jesus, padre Vladomiro Ledockowski, defensor da iniciativa, aceitou a tarefa de formar os brasileiros. Os jesuítas já cuidavam do Pio Latino. O primeiro grupo brasileiro era formado por 34 padres e seminaristas. Um deles, Agnelo Rossi, anos depois cardeal, recebeu a matrícula de número 1. Esse número continuou crescendo até o início da Segunda Guerra Mundial, em 1939, quando, por falta de segurança nas viagens transatlânticas, o Pio Brasileiro viu seu contingente murchar para apenas 12 alunos. Um deles era o mineiro Serafim Fernandes de Araújo, mais tarde cardeal-arcebispo de Belo Horizonte.

Hoje, nem o Pio Latino nem o Pio Brasileiro acolhe mais seminaristas — somente padres. Já ordenados e até com alguma experiência pastoral, eles chegam a Roma atrás de algum curso de mestrado, doutorado ou especialização em teologia, filosofia, direito canônico ou mesmo comunicação social, em uma das 14 universidades pontifícias.

Na Via Aurelia, 527, fica um pedaço do Brasil. É o Pio Brasileiro. Por fora, o casarão de tijolos aparentes, que desde 1934 acolhe o clero brasileiro em Roma, pouco ou nada mudou. Permanece aquele dos anos 1960, quando ali residiram, como seminaristas e alunos da Gregoriana, o ex-embaixador do Brasil em Cuba, Tilden Santiago, o cardeal dom Raymundo Damasceno Assis, arcebispo de Aparecida e presidente da CNBB, e o arcebispo de Mariana, dom Geraldo Lyrio Rocha — todos ex-alunos do jesuíta padre João Batista Libanio, no Pio Brasileiro. O jornalista Mauro Santayana, que foi correspondente do *Jornal do Brasil* na Europa, lembra-se de Garrincha no Pio Brasileiro. O jogador acompanhara a mulher Elza Soares em seu exílio após a instauração do regime militar. Segundo Santayana, Garrincha passava horas montando armadilhas no terreno dos padres — "queria pegar gambá".

A população e o regime de funcionamento do colégio mudaram. Os jesuítas, que dirigem o colégio, aceitam hóspedes solteirões e casados do Brasil, como forma de reforçar o orçamento da casa. Nos últimos cinquenta anos, com a Itália no grupo dos oito países mais ricos do mundo, a prosperidade e o euro espalharam hotéis, lojas, restaurantes e casas religiosas por aquela velha estrada que leva, à esquerda, ao aeroporto de Fiumicino e à França, e, à direita, à Piazza di San Pietro. Com a recente crise financeira que abalou a Itália do primeiro-ministro Silvio Berlusconi, os moradores do Pio Brasileiro, todos já ordenados padres, são usuários do metrô, porque táxi custa "*l'occhio di Dio*" — o olho da cara.

Diariamente, os padres caminham apenas algumas dezenas de metros até a estação Cornelia, na Linha A do metrô, e fazem o percurso até a estação Ottaviano, se o destino for o Vaticano, e até Barberini, se o horário for de aulas na Pontifícia Universidade Gregoriana.

Mas é a pé pela Via Aurelia, que principia nos muros vaticanos, que se tem ideia de por que Roma é a capital da Cristandade. As calçadas estreitas são invariavelmente invadidas pelos motoristas romanos. Sem pudor, eles estacionam seus carros nos passeios, atazanando os pedestres. Ao longo da Via Aurelia, a cidade exibe sua santa promiscuidade vaticana de casas clericais, bares, boates e butiques.

Vê-se um desfile do poder triunfante da Igreja, de sua hierarquia e de suas instituições. Ali, a Casa Pastor Bonus, que é um hotel de propriedade do Vaticano, dá frente para a Via Paolo III. As ruas ostentam nomes de pontífices e príncipes da Santa Sé: Via Cardinal Agostino Richelmy, Via Pio VIII. No número 269, a casa dos Missionari D'Africa — Padri Bianchi. Os Oblati di Maria Immacolata estão no número 290.

O desfile prossegue: casa dos Missionari Saveriani, Via Cardinal Bofondi, Via Cardinal Casimiro Gennari, Via Cardinal Mastrangelo. Na Via Aurelia, 468, a sede da Conferenza Episcopale Italiana — CEI. No número 476, a Casa Generalizia de La Salle. No número 490, o Pontifício Colégio Filipino. O quartel dos Ufficiali Carabinieri, localizado no número 511, destoa na região, onde o Pio Brasileiro se encontra, atrás de muros, no número 527.

À frente, do outro lado da rua, no número 566, a casa das Suore Crocifisse Adoratrici della Eucarestia; a seu lado, a incômoda vizinhança dos Legionários de Cristo, que mantém no número 675 a bela Basílica de Nossa Senhora de Guadalupe e no número 677 o prédio moderno do seminário, de onde saiu uma fornada de 59 seminaristas ordenados padres em dezembro de 2009, na Basílica de São Paulo Extramuros, em Roma.

No Pio Brasileiro não se faz segredo sobre a intervenção da Santa Sé nos Legionários, depois que veio à tona a vida escandalosa de seu fundador, o padre mexicano Marcial Maciel Degollado, acusado de abuso sexual contra seminaristas e de ter filhos com várias mulheres.

Mas os jovens padres brasileiros estão preocupados, mesmo, é com seus estudos na Gregoriana e com sua sobrevivência em Roma, onde, paradoxalmente, dá-se pouca importância aos sacerdotes. "Em nenhum lugar do mundo, o padre vale tão pouco como em Roma", avisa padre Eduardo Brinna, ex-vigário de Vila Prudente, na capital paulista, e há dois anos cursando doutorado em liturgia na Gregoriana.

Padre Brinna conta que os alunos do Pio Brasileiro de hoje precisam se virar para custear as próprias despesas, que são altas, nos cálculos do padre Joaquim Porto, da arquidiocese de Uberaba. A hospedagem de cada aluno no colégio, com quarto individual e refeições incluídas, custa 8 mil euros anuais à sua diocese no Brasil. Fica por conta do bispo também pagar a despesa de seu sacerdote na Gregoriana, cerca de 2,5 mil euros por semestre.

As despesas pessoais, como transporte, lanches, aquisição de livros, lazer e vestuário, da ordem de 250 euros mensais, correm por conta de cada um. Para ajudar suas dioceses, é comum ver os padres brasileiros lavando a própria roupa na lavanderia da casa. "Mas temos de pagar o sabão", informa um sacerdote.

O jeito é se virar. Padre Eduardo Brinna diz que a vida hoje em Roma é dura para os brasileiros. Na década de 1960, os seminaristas do Pio Brasileiro costumavam trabalhar durante as férias para conseguir algum dinheiro. O destino comum da maioria era a Alemanha, que pagava bem, em marcos, na época moeda forte da Europa.

O então presidente da CNBB, dom Geraldo Lyrio Rocha, surpreendeu o cônsul da Alemanha em Belo Horizonte, Hans Kampik, com seu bom domínio do *hoch Deutsch*, o alemão bem falado. Ele disse que aprendeu alemão durante as férias, quando ajudava nas paróquias de lá. Padre Brinna conta que outros alunos trabalhavam em fábricas alemãs durante as férias, e a remuneração era tão boa que cobria as despesas do ano inteiro em Roma.

Hoje, explica, não vale mais a pena trabalhar na Alemanha, durante a Semana Santa, por exemplo. Ganha-se pouco. Em Roma, a mesma coisa. Diz o padre que eles atravessam Roma inteira para receber uma espórtula de apenas 10 euros, tendo às vezes de pegar dois trechos do metrô, cada um a 1 euro. No total, ida e volta, a viagem sai por 4 euros, e da missa sobram 6 euros. Uma tutameia.

Mesmo em locais de prestígio, como a Basilica Papale di San Paolo Fuori Le Mura, cobram-se 10 euros pela celebração de uma missa, conforme informam os envelopes para encomenda de missas colocados ao lado da urna posicionada em frente ao túmulo do Apóstolo.

Assim, de certa forma, os cem sacerdotes residentes no Pio Brasileiro, alguns deles provenientes de países africanos, vivenciam um noviciado *"aggiornato"* nesses tempos atuais pós-Concílio Vaticano II, em que se prega a opção preferencial pelos pobres. No Brasil, eles estavam habituados a viver sem problemas financeiros. Tinham lá suas paróquias, suas formas de independência econômica.

Na Semana Santa de 2010, os alunos do Pio Brasileiro experimentaram a Via-crúcis do padre brasileiro em Roma. Se ainda valer a tradição de o núncio apostólico buscar entre os ex-alunos do Pio Brasileiro os candidatos mais preparados para a mitra episcopal, o Brasil terá, em breve, uma safra de bispos que, como as famílias operárias brasileiras, já lavaram a própria roupa, economizam seus trocados e conhecem, *ex-cathedra*, o que significa ser pobre. Vai ser bom para a Igreja.

CAPÍTULO 4 West Point da Igreja

A Pontifícia Universidade Gregoriana, fundada em 1551 por santo Inácio de Loyola, permanece como a instituição de maior prestígio na educação clerical católica. Até a época do Vaticano II as aulas eram dadas em latim, uma forma clássica de a Igreja se fazer entender pelos seminaristas de todos os continentes.

Quando os primeiros alunos do Pio Latino se instalaram em Roma, no século XIX, uma parte deles não conseguiu se matricular no antigo Colégio Romano, a atual Gregoriana, por desconhecimento do latim. Alguns não sabiam declinar "*Rosa/rosae*" — ou seja, não tinham ideia nem mesmo das palavras mais simples da primeira declinação. Foi necessário matriculá-los, por três anos, numa escola pública italiana, onde aprenderam o idioma da Igreja. Ainda hoje, muitos padres — e até bispos — não sabem latim, informa o ex-diretor do Caraça, padre Célio Dell'Amore, da Congregação da Missão. Nos seminários da atualidade, ensina-se o latim "funcional".

"Esse problema me faz rir", observa, maliciosamente, frei Oswaldo Rezende, ex-diretor da Escola Dominicana de Teologia, em São Paulo. "Fico me perguntando em que língua falar no próximo concílio ecumênico. Haverá tradução simultânea seguramente, mas pelas normas os textos têm de ser em latim."

Da velha guarda, dos tempos em que os padres e os bispos sabiam latim, frei Oswaldo não tem dúvidas de que "quem souber esta língua vai dominar o concílio, pois existem nuanças em latim que o comum dos mortais não percebe".

Ele explica:

No Vaticano II, muitos bispos não gostaram da fórmula latina, em português, que diz que a Igreja de Cristo *"est"* a Igreja Católica. O texto voltou para a revisão e o verbo "é" foi substituído pelo verbo "subsiste" — *"unica Christi Ecclesia ... subsistit in Ecclesia catholica"* (*Lumen Gentium*). Uns incautos aplaudiram, sem saber que a palavra *subsistit*, em latim, quer dizer a mesma coisa e com mais força... E olha que os bispos de então sabiam latim.

Segundo frei Oswaldo, "uma das causas da punição de Leonardo Boff, investigado pelo então cardeal Joseph Ratzinger, teria sido essa palavrinha que ele entendeu mal, apesar de sua erudição".

Não era incomum algum aluno do Pio Brasileiro levar bomba na Gregoriana. Segundo padre Pedro Vidigal, o futuro arcebispo de Mariana, dom Helvécio Gomes de Oliveira, tomou duas no curso de filosofia. Padre João Batista Libanio acha que outros mitrados brasileiros da atualidade também passaram por esse vexame, mas não se lembra de nomes.

Quando um aluno levava bomba em disciplinas fundamentais na Gregoriana, ele não conseguia se matricular no semestre seguinte. Pior: tinha de regressar ao Brasil. Um constrangimento. Por isso, segundo Libanio, a Gregoriana acabou por criar, ao lado dos cursos acadêmicos, um curso mais leve, denominado de seminarístico, que, no entanto, não conferia grau de especialização (hoje, algo como mestrado) em estudos eclesiásticos.

Mas hoje os professores da Gregoriana ensinam, em geral, em italiano. Segundo a reitoria do Pio Brasileiro, desde 2006 a maioria das universidades romanas tornou obrigatório o teste de língua italiana.

Apesar das mudanças, a universidade pontifícia continua cumprindo seu papel de oferecer cursos em tudo o que um futuro bispo precisa saber para dirigir bem sua diocese, segundo as normas do Código Canônico.

Atuais cursos da Gregoriana:

1. Teologia: teologia bíblica; teologia patrística; teologia fundamental; teologia dogmática; teologia moral; teologia espiritual.

2. Direito canônico e jurisprudência.
3. Filosofia: filosofia sistemática; filosofia política; filosofia cristã; história da filosofia.
4. Ciências sociais: sociologia; economia; doutrina social.
5. Missiologia e história das religiões: teoria; pastoral; religiões.
6. História da Igreja e do cristianismo: antiga e medieval; moderna; contemporânea.
7. Psicologia.
8. Espiritualidade.
9. Comunicação social.
10. Bens culturais da Igreja.

As outras instituições são Pontifício Instituto Bíblico; Pontifício Instituto Oriental; Pontifícia Universidade Santo Tomás (o famoso Angelicum, dos dominicanos, onde estudou João Paulo II, quando padre); Pontifícia Universidade Lateranense; Academia Santo Afonso (Alfonsianum); Pontifício Instituto Santo Anselmo; Pontifícia Universidade Urbaniana; Pontifícia Universidade Salesiana (Salesianum); Pontifícia Universidade Teológica Teresianum; Pontifícia Faculdade Teológica Marianum; Pontifício Instituto Augustianum: Universidade Católica do Sagrado Coração; e Pontifícia Universidade da Santa Cruz, do Opus Dei.

Matricular-se no Pio Brasileiro é um pré-vestibular para o episcopado. Sem exagero. Tal e qual no processo para nomeação de bispo, quando o candidato passa pelo pente-fino do clero e da comunidade, o processo se repete com os candidatos a morar no colégio da Via Aurelia.

Antes de tudo, o bispo deve enviar carta ao reitor com pedido de matrícula. E o principal: o bispo tem de assumir responsabilidade total, sobretudo econômica, pelo candidato, enquanto ele permanecer no colégio.

O bispo pedirá a dois padres da diocese que façam cartas de apresentação do candidato. O candidato também precisa escrever carta ao reitor, informando sobre os cursos e a universidade que deseja frequentar.

Entre os documentos exigidos, a reitoria solicita os certificados ou diplomas de filosofia e teologia, com os respectivos históricos escolares, notas e cargas horárias. Os documentos necessitam chegar a Roma no início de março, porque o ano letivo começa, invariavelmente, em princípios de outubro.

Para desconforto dos estudantes brasileiros de hoje, já ordenados sacerdotes, o reitor informa que o aluno, sem bacharelado em teologia, terá de se submeter a um exame suplementar no decorrer de seu primeiro semestre nas faculdades romanas. Isso não tem sido um "grande problema para os que vieram nessa situação" — explica a reitoria.

Mas as faculdades não abrem mão do conhecimento de algumas línguas, como o latim e o grego, conforme o curso. Quem não passar no teste, terá de cursar esses idiomas paralelamente às demais matérias curriculares.

"Para Liturgia, no Santo Anselmo, dos beneditinos, exige-se o propedêutico de latim e grego, além de duas línguas modernas, entre as seguintes: inglês, francês e alemão. Já no Bíblico, essa etapa exige hebraico e grego, além de duas línguas modernas, como acima", informa a direção do Pio Brasileiro. Propedêutico significa curso de introdução ao idioma.

Atendidas todas as exigências e recomendações, o reitor cuida de providenciar uma pré-matrícula do candidato no curso e na universidade escolhidos. A burocracia eclesiástica romana não perde em nada para a do governo brasileiro. O Pio Brasileiro emite então uma declaração de *vitto e alloggio*, que precisa do carimbo de autenticação do Vaticano. Só então os documentos são remetidos à nunciatura apostólica em Brasília para, segundo a reitoria, o *Nulla Osta*.

Em seguida, o núncio fará chegar ao bispo os documentos autenticados pelos órgãos oficiais do Vaticano. A partir daí, o candidato está liberado para solicitar junto à embaixada ou ao consulado da Itália o visto Tipo D *"per studio"*. Segundo a reitoria, para permanência superior a três meses em Roma, só se aceita esse tipo de visto.

Os brasileiros necessitam também de cobertura de seguro-saúde. O seguro IB 2 é oferecido pelo Ministério da Saúde, por meio da contribuição mensal como autônomo.

As recomendações não param por aí: requer-se do candidato ao Pio Brasileiro "possuir uma personalidade afetiva e moralmente integrada e estar disposto a conviver numa comunidade com outros presbíteros de dioceses e, até, de países diferentes". Não pode se esquecer de levar uma "declaração de uso de ordem na sua diocese", com base em que receberá uma carteirinha do Vicariato di Roma para celebrar missa e o exercício pleno do ministério sacerdotal.

A Universidade Gregoriana é a Academia West Point da Igreja. No passado, no auge dos colégios pontifícios em Roma, como o Pio Latino e o Pio Brasileiro, oito de cada dez bispos nomeados pelo Vaticano estudaram lá. Ainda hoje, a lupa dos núncios apostólicos demora-se, por mais tempo, na lista de ex-alunos da Gregoriana, considerados o pelotão de elite para futuros cargos a serviço da Igreja. Apenas para exemplificar, de 1º de maio de 2009 a 30 de setembro deste mesmo ano, o papa Bento XVI nomeou bispos 11 ex-alunos da Gregoriana, segundo informa a revista *La Gregoriana*, em sua edição de número 36, de novembro de 2009.

Bispos dos quatro cantos do mundo, como dom Lawrence Subrata Howlader, CSC, bispo auxiliar de Chittagong, em Bangladesh, que foi aluno de psicologia de 2000 a 2006; dom Paulo Kariuki, bispo de Embu, no Quênia, ex-aluno do Pontifício Colégio de Propaganda Fide, que fez teologia de 1998 a 2002; ou o italiano dom Giuseppe Marciante, bispo auxiliar de Roma, estudante de ciências sociais (de 1989 a 1990) e missiologia, de 1994 a 1996.

Mais antigo na casa de Piazza della Pilotta é dom Thomas Löhr, nomeado bispo auxiliar de Limburg, na Alemanha. Ele cursou filosofia (de 1970 a 1972) e teologia (de 1971 a 1979) na Gregoriana, como aluno do Pontifício Colégio Germano-Húngaro.

Três outros alunos foram nomeados núncios apostólicos e em seguida elevados a arcebispos: dom Gabriele Giordano Caccia, designado para o Líbano, estudou teologia e direito canônico, entre 1987 e 1991; dom Franco Coppola, que foi aluno do Pontifício Seminário Romano Maggiore e aluno do Instituto de Teologia de 1977 a 1986, foi enviado como representante papal ao Burundi; e dom Pietro Parolin foi para a Venezuela, depois de estudar direito canônico de 1989 a 1992, como aluno do Pontifício Seminário Romano Maggiore.

De 1º de outubro de 2009 a 30 de janeiro de 2010, o Sumo Pontífice fez bispos mais dez ex-alunos. Entre eles, três dos Estados Unidos que residiram no Pontifício Colégio Norte-Americano em Roma: dom Robert C. Evans, bispo auxiliar de Providence (estudante de direito canônico de 1987 a 1989); dom Paul D. Etienne, bispo de Cheyenne, que frequentou cursos de teologia e de espiritualidade, entre 1988 e 1995; dom Joseph M. Siegel, bispo auxiliar de Joliet, Illinois, aluno de teologia de 1986 a 1987; e também dom William Michael Mulvey, feito bispo de Corpus Christi, nos Estados Unidos, mas ex-aluno do Pontifício Colégio Belga, que estudou teologia espiritual de 1974 a 1976.

Do México, o papa nomeou dom Jorge Carlos Patron Wong, bispo coadjutor de Panántla, que, como aluno do Pontifício Colégio Mexicano, estudou teologia espiritual e frequentou o Instituto de Psicologia entre 1988 e 1991. Do Uruguai, dom Milton Luis Troccoli Cebedio, nomeado bispo auxiliar de Montevidéu, ex-aluno do Pontifício Colégio Pio Latino-Americano, matriculado nos cursos de teologia espiritual de 1993 a 1995.

Dois novos bispos foram alunos do Pontifício Colégio Pio Brasileiro: dom Ricardo Ernesto Centellas Guzmán, bispo de Potosí, na Bolívia, que fez teologia espiritual de 1991 a 1993; e dom Sebastião Bandeira Coelho, bispo auxiliar de Coroatá, no Brasil, aluno de teologia de 1996 a 1998.

No total, segundo dados estatísticos oficiais da Gregoriana para o ano acadêmico 2007/2008, 65 ex-alunos eram cardeais de um total de 199, correspondendo a 32,66% do Colégio Cardinalício naquele período.

Os números de ex-alunos bispos são também expressivos: 1.012 da comunidade eclesial formada por 4.747, ou seja, 22,31% do episcopado mundial. Por continente, os ex-alunos nomeados bispos assim se apresentam: África, 50; Américas, 432; Ásia, 72; Europa, 446; e Oceania, 12.

Mas, tal como na carreira militar, na eclesiástica o destaque recai sobre os comandantes em chefe. West Point orgulha-se de seus cadetes Eisenhower, MacArthur, Bradley, Clark, que ganharam notabilidade na Segunda Grande Guerra. A Gregoriana também.

WEST POINT DA IGREJA

A Universidade Gregoriana registra 16 papas entre seus alunos: Gregório XV (1621-1623), Urbano VIII (1623-1644), Inocêncio X (1644-1655), Clemente IX (1667-1669), Clemente X (1670-1676), Inocêncio XII (1691-1700), Clemente XI (1700-1721), Inocêncio XIII (1721-1724), Clemente XII (1730-1740), Pio IX (1846-1878), Leão XIII (1878-1903), Bento XV (1914-1922), Pio XI (1922-1939), Pio XII (1939-1958), Paulo VI (1963-1978) e João Paulo I (1978).

É um conjunto de quatro prédios, o principal com fachada em estilo monumental e entrada pela Piazza della Pilotta, nº 4, que sedia a Pontifícia Universidade Gregoriana. Vizinha da Fontana di Trevi, localiza-se em um dos quarteirões mais abarrotados de turistas do mundo inteiro.

Mas só os iniciados costumam visitar a universidade, com fachada similar a outra obra-prima do barroco italiano da região, a Igreja de "Gesù", como é conhecida a Igreja de Santo Inácio de Loyola, fundador da Companhia de Jesus.

A Gregoriana é dirigida pelos padres jesuítas, desde sua fundação pelo espanhol Ignacio de Loyola, em 1551, como Colégio Romano. Em 12 de outubro de 2009, o magnífico reitor padre Gianfranco Ghirlanda, SJ, presidiu a solenidade de abertura do 459º ano acadêmico da Pontifícia Universidade Gregoriana para o período 2009-2010. Presente *la crème de la crème* do corpo diplomático junto ao Vaticano: parlamentares, autoridades, gente do quilate do ex-primeiro-ministro da Itália e ex-presidente do Parlamento Europeu Emilio Colombo, senador vitalício desde 2003, quando foi nomeado pelo presidente Carlo Ciampi. Pelos amplos salões da Gregoriana, já não desfilam batinas multicoloridas, como na década de 1950, nos tempos do brasileiro paulistano Renato Scano, hoje sacerdote octogenário:

> Eu estudava na Gregoriana naqueles anos e revejo toda aquela variedade de uniformes vermelhos, azuis e verde-amarelos... das nacionalidades. Na minha sala havia só quinhentos alunos, 14 alto-falantes... Aulas, provas e tudo o mais eram em latim com aqueles professorões de fama. Nós, latino-americanos, brilhávamos nas classes de teologia, mas era comum ou-

vir dizer que quase sempre ficávamos nisso... enquanto alemães e outros, tão lentos, que nas salas se esforçavam para seguir nossos voos, dali a alguns anos iriam encher as bibliotecas de profundos textos teológicos...

Nos dias de hoje, quando a Gregoriana é mais frequentada por padres do que por seminaristas, como nos tempos de Renato Scano, os latino-americanos também escrevem textos teológicos. Segundo a secretaria acadêmica da universidade, em 2009 eles defenderam teses de doutorado, como Miguel Angel Cabello Almada, em trabalho intitulado "Recepción de la eclesiologia Del Vaticano II en las assambleas generales del episcopado latinoamericano".

A tese de Raul Hernán da Silva Centurion versou sobre "Los Pobres de Jesuscristo" — "Opción por los pobres y cristología en Gustavo Gutierrez y Jon Sobrino". José Armando Espinoza Barbosa se doutorou com a tese "La preparación evangélica en la cultura precolombiana y la primera evangelización en América (1493–1644)".

Ainda hoje as salas comportam centenas de alunos. As salas de aula, bem no estilo acadêmico europeu, são verdadeiros auditórios. As carteiras, posicionadas em bancadas como num anfiteatro, permitem que todos os alunos, mesmo os das fileiras de trás, tenham boa visão do professor, do quadro-negro. Hoje, o latim deu lugar ao italiano. A batina foi substituída pelo *clergyman* e, sobretudo, por jovens à paisana.

Mas o clima de estudo e de busca do conhecimento permanece intacto. Subindo a escadaria de mármore para o segundo andar, onde as salas de aula se sucedem no corredor, e caminhando entre os alunos do mundo inteiro, tem-se uma visão da diversidade étnico-cultural e da universalidade da Igreja. E percebe-se a importância dos jesuítas na formação da elite pensante da Igreja Católica. Depois de graduados, os alunos regressarão a seus países como professores dos seminários e das universidades católicas, e desse time alguns serão selecionados para o episcopado e para a púrpura cardinalícia.

As aulas começam às 8h30 e vão até as 18h45. Os corredores, sempre movimentados. No quadripórtico, o saguão de entrada, o futuro da Igreja em andamento. Jovens de jeans. Alguns, cabeludos. Outros, de terno preto, colarinho romano. Raras batinas. Aqui se compreende por que, desde o Seminário Menor, os homens da Igreja Católica costumam invocar em canto gregoriano o *Veni, Creator Spiritus, mentes tuorum visita.* A chama da sapiência paira sobre os edifícios da Piazza della Pilotta.

Há cursos e temas de toda natureza para espicaçar as mentes mais brilhantes da Igreja, enviadas pelas dioceses do mundo inteiro para aprender com os jesuítas.

"*La Gregoriana è affidata dal Papa alla Compagnia di Gesù, quindi nell'adempiere la sua missione ci dobbiamo sentire in qualche modo caricati della responsabilità di essere collaboratori della missione che il Sucessore di Pietro ha nella Chiesa*", afirmou o magnífico reitor Gianfranco Ghirlanda, SJ, na homilia de abertura do 459º ano acadêmico de fundação do Colégio Romano, embrião da Gregoriana.

Na definição do superior-geral dos jesuítas, padre Adolfo Nicolas, o "Papa Negro", "o apostolado intelectual tem sido uma característica dominante da Companhia de Jesus desde seu início". Por isso, ele exortou os jesuítas na abertura do ano acadêmico 2008-09 a se dedicarem ao fortalecimento e renovação desse apostolado, como contribuição intelectual à Igreja diante de uma sociedade globalizada, golpeada por crises em diversos níveis, sobretudo no nível de valores éticos, pessoais e sociais.

Na Gregoriana, os jesuítas perseguem as diretivas do "Papa Negro". Segundo o reitor Ghirlanda, o escopo da Gregoriana é responder ao anseio do homem de conhecer em profundidade a verdade de si mesmo e das coisas, oferecendo-lhe os meios e o método para adquirir *la sapiente conoscenza*, que é a síntese entre o conhecer e o agir.

Quem se interessa pode estudar hebraico, grego, aramaico bíblico, os pergaminhos de Qumram e o Novo Testamento, exegese rabínica, no Pontifício Instituto Bíblico, sob a orientação das maiores autoridades em Bíblia do mundo. No Pontifício Instituto Oriental, abertura para o conhecimento das ciências eclesiásticas e do direito canônico da Igreja Oriental. E, na Gregoriana, teologia, filosofia, direito canônico etc.

Até o Concílio Vaticano II, Roma era uma festa para os seminaristas da Gregoriana. Principalmente para os ricos. Isto é, os norte-americanos. No primeiro dia do ano letivo, aberto invariavelmente em outubro, os americanos chegavam à Piazza della Pilotta, onde fica a PUG, como se estivessem em New Orleans para o Mardi Gras. Uns desembarcavam de carruagens, conduzidas por cocheiros paramentados. Outros desciam de vistosos Cadillacs. Os americanos faziam o espetáculo. Os alunos do Terceiro Mundo apenas assistiam.

Atualmente, ricos e pobres se divertem juntos na *Clericus Cup* — um campeonato de futebol que nos fins de semana, em 2008, reuniu quatrocentos jogadores de 71 países, entre eles, Itália, Portugal, Austrália, Brasil, Bolívia, México, Estados Unidos, Colômbia, Croácia, Camarões, Bósnia, Vietnã, Papua-Nova Guiné, Ruanda, Burkina Faso, Mianmar, Suíça, Japão, Indonésia, Iraque, Suazilândia, Inglaterra e Congo.

Os jogos eram realizados no campo do Oratório de São Pedro, com vista para o Vaticano. A fuzarca da torcida provocou reclamações dos vizinhos. Por isso, o Vaticano se viu forçado a proibir megafones, buzinas, tambores e reco-recos, o que levou os organizadores da copa clerical a mudar para o estádio *"dei Marmi"*. Em 2009, o campeão foi o time do Seminário Redemptoris Mater, dos neocatecumenais, que derrotou por 1×0 os North American Martyrs.

CAPÍTULO 5   O QG do império

A Piazza Pio XII é uma espécie de "*hall*" da Piazza di San Pietro. Fica do lado esquerdo de quem chega pela Via della Conciliazione, de frente para a Basílica. Em qualquer outro lugar do mundo, ela seria considerada extensão da praça vaticana. Mas na Itália eles adoram dar um nome a todo pedaço de terra.

Nesse caso, os italianos homenagearam o papa que, em seu tempo, era considerado *Pastor Angelicus*. Na placa da pracinha, que se localiza antes do início das colunatas, Pio XII recebe o título de *Defensor Civitatis*, em alusão à sua atuação em defesa da cidade de Roma durante a ocupação pelas tropas nazistas.

No número 10 da praça Pio XII, um edifício, tão belo quanto discreto, passa despercebido pelos turistas que não têm olhos a não ser para o esplendor beatífico do magnífico conjunto arquitetônico do Vaticano. Naquele prédio funciona o quartel-general onde são escolhidos os administradores da maior e mais antiga organização em atividade na história da humanidade nos últimos 2 mil anos. Ali aloja-se a Congregação para os Bispos.

A congregação é um dicastério da Cúria Romana, que seleciona os nomes dos candidatos a bispo do mundo inteiro e os apresenta ao Santo Padre, que tem a última palavra na sua nomeação. Seu presidente na época, abril de 2010, o cardeal italiano Giovanni Battista Re, despacha semanalmente com o papa Bento XVI, geralmente nos sábados.

O cardeal Re, que foi o *sostituto*, isto é, o número 2 da Secretaria de Estado do Vaticano quando o titular era o cardeal Agostino Sodano, estava, há dez anos, no comando da Congregatio pro Episcopis. Ele foi nomeado prefeito da Congregação para os Bispos pelo papa João Paulo II, no ano jubilar de 2000.

É um cargo estratégico e poderoso. Porque cabe a seu titular aconselhar o papa na constituição e provisão das dioceses, nomeando bispos, transferindo-os para outras dioceses. Por exemplo, em 19 de maio de 2010, Bento XVI transferiu dom Canísio Klaus, da diocese de Diamantino, Mato Grosso, para a diocese de Santa Cruz do Sul, no Rio Grande do Sul, em substituição a dom Aloísio Sinésio Bohn, que renunciou por motivo de idade.

No dia 28 do mesmo mês, saiu publicada a nomeação do padre Francisco Fortunato de Gouveia como bispo de Oudtshoom, na África do Sul. O novo prelado nasceu em Cape Town, em 1951, foi ordenado em 1976 e era pároco de St. John the Evangelist, em Fish Hoek. Ele sucede ao bispo dom Edward Robert Adams, que renunciou por limite de idade.

São atribuições, ainda, da Congregação promover os bispos a arcebispos e organizar as visitas *ad limina*. A cada cinco anos, todo bispo tem de ir a Roma para "ver Pedro" e visitar os túmulos dos Apóstolos. Ver Pedro significa avistar-se com o Sumo Pontífice e prestar contas de sua diocese.

O Artigo 81 da Constituição Apostólica *Pastor Bonus*, divulgada por João Paulo II, em 1988, diz, textualmente:

> Em favor das Igrejas particulares, confiadas ao seu cuidado, a Congregação predispõe tudo o que se refere às visitas *ad limina*; por isso, ela examina os relatórios quinquenais conforme a norma do artigo 32. Assiste os bispos que vêm a Roma com o objetivo sobretudo de dispor convenientemente quer o encontro com o Sumo Pontífice, quer outros colóquios e peregrinações. Completada a visita, transmite por escrito aos bispos diocesanos as conclusões referentes à própria diocese.

Na audiência de 24 de janeiro de 2004, o papa polonês aprovou o manual pormenorizado que o cardeal Re elaborou para definir, normatizar e orientar o trabalho dos bispos. O Diretório para o Ministério Pastoral dos Bispos, que ganhou o nome de Apostolorum Successores

(Sucessores dos Apóstolos) por assim começar em latim, é o mais completo documento sobre o papel do bispo na atualidade.

Pela escadaria de mármore é mais solene do que pelo elevador, para subir ao segundo andar. Numa das salas de visita, como nos seminários de antigamente, um assessor do cardeal Re explica como se faz um bispo.

No caso do Brasil, que com 275 dioceses é o país com o maior número de sedes episcopais no mundo, há sempre um número razoável de bispos novos nomeados a cada ano. Principalmente para a substituição de outros, que, atendendo aos dispositivos canônicos, apresentam pedido de renúncia por motivos de doença, o que é raro, ou por terem atingido a idade limite de 75 anos.

Daí que a nunciatura apostólica em Brasília é das mais atarefadas na rede diplomática mundial vaticana, para a seleção e indicação de candidatos a bispo. Os processos, enviados pelo núncio, chegam em mala diplomática e são examinados pela plenária da Congregação, integrada por cardeais e bispos.

No passado, a Congregação foi presidida pelo brasileiro dom Lucas Moreira Neves, dominicano, mineiro de São João del-Rei e parente distante do presidente Tancredo Neves. Outro brasileiro, o cardeal dom Serafim Fernandes de Araújo, arcebispo emérito de Belo Horizonte, também fez parte da Congregação, no pontificado de João Paulo II.

Em 2010, segundo o *Anuário Pontifício* do ano, o prefeito Giovanni Battista Re era assessorado por um grupo de 26 cardeais, oito arcebispos e mais 35 auxiliares, entre bispos, padres e consultores com cargos bem definidos na burocracia da Cúria. Eles examinam as listas, denominadas *terna*, isto é, com os três nomes de padres que as nunciaturas apostólicas do mundo inteiro encaminham a Roma, em malote diplomático.

Dom Serafim conta que foi relator de vários processos de candidatos a bispo. A plenária discute, vota o relatório e coloca em ordem de preferência os nomes da lista. Outro brasileiro, o cardeal dom Cláudio Hummes, prefeito da Congregação para o Clero, fez parte da Congregação para os Bispos, até que foi substituído por Bento XVI em outubro de 2010, pelo arcebispo italiano Mauro Piacenza, secretário do mesmo dicastério.

A plenária, que se reúne a cada 15 dias, examina quatro processos por vez. São processos referentes apenas ao Ocidente. Da África e da Ásia, cuida a Congregação para a Doutrina da Fé, da qual desde 2009 faz parte o arcebispo metropolitano de Belo Horizonte, dom Walmor Oliveira de Azevedo, único brasileiro do dicastério. As Igrejas Orientais seguem ritual próprio.

Aos sábados, o prefeito da Congregação comparece ao Palácio Apostólico para seu despacho semanal com o papa. Ele leva na pasta a sugestão da plenária com os nomes colocados por ordem de preferência, em primeiro, segundo e terceiro lugares.

Normalmente, o papa não discorda das indicações. Porque, explica o assessor, o Santo Padre preza e valoriza o trabalho da Congregação. "Quando o Santo Padre tem dúvida é porque a Congregação tem dúvida também", acrescenta. Porém, pode acontecer de o papa inverter a ordem e nomear um candidato que não encabece a *terna*. O papa, às vezes, pode também ouvir mais alguém ou determinar mais investigações que aprofundem o conhecimento de um candidato.

Para quem se interessa pela complexa burocracia da nomeação dos bispos no lado ocidental da Igreja, o livro do jesuíta Thomas Reese, *O Vaticano por dentro*, traz descrição meticulosa de todo o processo, com suas idas e vindas. Reese sabe das coisas: é padre, jesuíta, cientista político e tem fontes preciosas, dessas que o *affectus clericalis* — ou seja, o corporativismo clerical — reserva somente para seus pares.

O certo é que o processo se desenrola sob sigilo pontifício, um segredo tão abissal que nem os agentes do Mossad, famoso serviço secreto de Israel, conseguem ter acesso aos processos. Todos os oficiais da Congregação, encarregados de tocar os processos, fazem juramento de confidencialidade, a exemplo do que ocorre em empresas que guardam seus segredos tecnológicos sob chaves.

Mas, segundo o assessor, não existe a pena de excomunhão pairando sobre a tonsura clerical como a espada de Dâmocles, conforme muitos imaginam. Seria, no entanto, uma falha grave se alguém batesse com a língua nos dentes. O sigilo, na explicação do assessor, visa sobretudo a proteger os candidatos. Evita a desestabilização daquele que for considerado inidôneo.

Há também aqueles que recusam a nomeação episcopal. Segundo o assessor, isso acontece no mundo todo, embora o núncio apostólico em Brasília, dom Lorenzo Baldisseri, ironize os jesuítas, proibidos de serem bispos pelos estatutos da Companhia de Jesus, afirmando desconhecer algum deles que tenha recusado a mitra.

Aceitar o solidéu de bispo é uma decisão ponderada. "Ser cristão, uma honra, ser bispo, um perigo, segundo santo Agostinho" — escreveu dom Mauro Morelli no Twitter em 11 de fevereiro de 2012, acrescentando: "Quem governa pode prejudicar o povo. Sem povo ninguém faz bom governo." Alguns padres pedem tempo. Outros não aceitam. Então, é necessária a dispensa papal. Às vésperas de deixar o serviço diplomático do Vaticano em Lisboa em 2008, dom Alfio Rapisarda disse à Agência Ecclesia, de Portugal, que isso aconteceu várias vezes com ele. "Quando o papa designa um bispo, a primeira coisa que eu faço é falar com ele. Ele pode dizer-me: não aceito! E isso aconteceu várias vezes."

Perguntado se isso acontecera no tempo em que serviu como núncio em Portugal — de 2002 a 2008 —, dom Rapisarda, que fora núncio apostólico no Brasil de 1992 a 2002, desconversou:

> Bem, deste tempo não quero falar, mas noutros lugares aconteceu. E mais: é o papa quem nomeia, quem faz a escolha, independentemente de todas as considerações. A nomeação de um bispo exige muita seriedade, muita discrição, e sempre foi o que mais senti com sentido de responsabilidade (sic), que chegou mesmo a não me permitir dormir. Porque é muito sério. É a coisa que mais responsabilidade um núncio tem, onde a colaboração dos bispos é muito importante.

Surpreendente e incomum é o caso do padre José Aparecido Hergesse, de Sorocaba, no estado de São Paulo. Ele era procurador-geral da Ordem dos Clérigos Regulares em Roma (esses clérigos são conhecidos pelo nome de teatinos e sua congregação religiosa foi fundada na Itália, em 1524) quando foi nomeado bispo auxiliar de Vitória, no Espírito Santo, pelo papa Bento XVI, em 4 de maio de 2011.

A cerimônia de sagração episcopal, marcada para 25 de junho de 2011, no Santuário de São Judas Tadeu, em Sorocaba, foi cancelada. O recém-nomeado bispo renunciou ao episcopado 15 dias antes da festa. A posse em Vitória seria em 2 de julho.

Em comunicado oficial, divulgado com estupor pela imprensa brasileira, dom José Aparecido — ele já vinha usando o título dado aos bispos — alegou que abdicara da mitra para cuidar de sua mãe, dona Adelina Valim Hergesse. Viúva e com 76 anos, ela sofrera um acidente vascular cerebral em 16 de maio e precisava dele.

No comunicado, aquele que foi sem nunca ter sido informa que consultou o núncio apostólico dom Lorenzo Baldisseri antes de apresentar sua renúncia ao papa. E pediu compreensão e respeito à sua decisão. A reviravolta abrupta, que calou os amigos e decepcionou os fiéis que festejaram sua elevação ao colégio dos bispos, não combina com a carta que escreveu à população de Vitória, quando soube que seria bispo. A carta só foi divulgada findo o período imposto pelo segredo pontifício.

Vale a pena registrá-la na íntegra, porque é o desabafo maravilhado de um padre que acabara de receber o misterioso sopro do Espírito Santo:

CURIA GENERALIZIA
DEI CHIERICI REGOLARI TEATINI
    Casa Religiosa Teatina di Sant'Andrea della Valle
    Piazza Vidoni 6 — 00186 — Roma
    Quaerite Primum Regnum Dei

    Roma, 20 de abril de 2011 — Quarta-feira Santa
    Irmãos e Irmãs da Arquidiocese de Vitória
    Saúde e Paz!
    Esta manhã, aqui em Roma, na sede da Congregação para os Bispos, recebi do Secretário Dom Manuel Monteiro de Castro a notícia de que o Santo Padre, o Papa Bento XVI, estava me nomeando Bispo Auxiliar da Arquidiocese de Vitória, ES.

Fui tomado por um sentimento de profundo desconforto e uma sensação de completa inadequação para o ministério que a Igreja estava me pedindo. Uma mistura de fortes sentimentos e emoções diversas! De um lado, a gratidão a Deus que na pessoa do Papa continua chamando para o serviço do anúncio do Evangelho e da edificação da Igreja; por outro, diante da grandeza e da responsabilidade do ministério episcopal, a constatação da minha fragilidade, dos meus limites pessoais.

Enquanto conversávamos, foi se formando dentro de mim uma convicção que determinou o meu Sim: o medo surge, quando aquilo que se busca é o interesse pessoal, o prestígio, a fama, o sucesso a todo custo, que implica quase sempre concorrência com outros! Ao contrário, quando um assume um ministério exigente como esse, mas com verdadeiro espírito de serviço, não precisa ter medo! A consciência de que se trata de um serviço será sempre um excelente guia na condução da vida pessoal e das atividades pastorais. Até mesmo, e sobretudo, na hora de passar "o bastão" a outros que virão depois, que darão continuidade aos trabalhos iniciados, que farão, quem sabe, até mesmo melhor... A partir dessa conclusão, meu coração se tornou sereno, confiante e agradecido!

Por isso, escolhi como lema do meu ministério episcopal, da minha vida de Bispo, a segunda parte do versículo 45, do capítulo 10 do Evangelho de São Marcos: "*Ut ministraret*" — *Para servir!* —, numa referência direta ao ministério de Jesus, na linha do Servo de Javé, de Is 53,1-12. Isso significa viver o múnus episcopal de governar, ensinar e santificar, numa dimensão de serviço, de vida que se entrega, que se doa, que se deixa consumir!

Venho de uma Congregação Religiosa fundada, em Roma, no ano 1524. São Caetano Thiene, o fundador, percebeu, em meio a todas as dificuldades sociais, culturais e eclesiais do seu tempo, que o sacerdócio ministerial — diáconos, padres e bispos — ocupa uma posição constitutiva, insubstituível e estratégica na Igreja, seja em relação à vida espiritual dos fiéis, seja quanto à presença evangelizadora da Igreja no mundo. Não quis, todavia, fazer "sermões" aos Padres e Bispos. Seguiu um outro caminho, que poderia ser assim resumido: "*renovar, renovando-se*". Corrigir na sua vida aquilo que via de errado na vida dos outros; tornar realidade na própria vida aquilo de bom que gostaria de ver presente na vida dos demais. Segundo São Caetano, esse é o caminho privilegiado e o primeiro passo para reformar verdadeiramente a Igreja e transformar a sociedade! Com esse objetivo, começou por reunir em torno de si um grupo de padres que vivessem em comum, sem nenhuma outra fonte de renda a não ser o fruto do próprio trabalho e a oferta espontânea dos fiéis, professassem os Conselhos Evangélicos de pobreza, castidade e obediência como meio para uma maior e melhor capacitação para o exercício do ministério sacerdotal, se dedicassem ao anúncio do Evangelho e aos cuidados dos mais necessitados, fossem sempre, e em qualquer situação, fiéis ao Papa e confiassem inteiramente na Providência divina. Surgiu, desse modo, a Ordem dos Clérigos Regulares Teatinos. Essa mesma Ordem, que um dia, quando eu era ainda adolescente, me acolheu, me formou, teve muita paciência comigo, e agora me entrega de modo definitivo à Igreja.

Estarei entre vocês, como Bispo Auxiliar. E seguindo as determinações e o espírito das leis da Igreja — cânons 403-407 —, o Bispo Auxiliar encontra a sua identidade, a sua razão de ser como bispo, o seu espaço no trabalho apostólico e a sua fecundidade espiritual, a partir de uma consciente, madura e responsável dependência e submissão às orientações do Bispo Diocesano, no nosso caso, do Arcebispo Metropolitano.

Quanto ao nosso conhecimento, não precisamos ter pressa! As coisas vão acontecendo aos poucos, na medida da realização dos nossos trabalhos... Em Vitória, eu já estive por duas vezes. Em 1988, por ocasião de uma visita à família de um dos nossos Seminaristas que residia em Linhares. Foi dessa vez que tive a oportunidade de conhecer o Santuário da Penha, em Vila Velha, e o prédio do Seminário Arquidiocesano; em 1995, na Catedral, participei de uma missa de ordenação presbiteral presidida pelo nosso Arcebispo Emérito, Dom Silvestre Luiz Scandian, SVD.

Aqui em Roma, nesses dias durante os quais, "sob segredo pontifício", aguardo a comunicação oficial da nomeação que será feita no próximo dia 4 de maio, estou procurando conhecer a Arquidiocese de Vitória: sua história, as Paróquias, os Padres e suas diversas funções, o trabalho pastoral que vem sendo desenvolvido... Observando também a cidade e a região, com sua beleza, carências e desafios. Mais importante: já comecei a rezar por vocês, sobretudo pela perseverança e santificação das Famílias e pelo aumento das Vocações Sacerdotais e Religiosas!

Rezemos pelo nosso Arcebispo, Dom Luiz Mancilha Vilela, SS.CC, para que Deus o conserve com saúde e lhe conceda as forças necessárias para continuar exercendo o seu ministério "Qual pastor que apascenta" essa porção do povo de Deus que lhe foi confiada, que é a Arquidiocese de Vitória; rezemos por Dom Mario Marques, OFM Cap, para que Deus o recompense pelo trabalho realizado como Bispo Auxiliar de Vitória e o sustente espiritualmente na sua atual missão como Bispo Diocesano de Joaçaba, SC; rezem também por mim! Para que Deus me conceda a virtude da prudência nas avaliações, o dom do equilíbrio nas palavras e nas decisões e a serenidade interior para suportar, com grandeza de ânimo, os inevitáveis sofrimentos que o ministério episcopal acarreta.

Que Deus, nosso Pai, por intercessão de Maria, Mãe de Jesus, Mãe da Igreja e nossa Mãe, venerada por nós na Arquidiocese sob o título de Nossa Senhora da Vitória, nos abençoe, nos proteja e nos faça cada vez mais discípulos missionários de Jesus Cristo!

Com respeito e gratidão!

Dom José Hergesse, CR —
Bispo Auxiliar nomeado da Arquidiocese de Vitória

Em janeiro de 2012 circulou na CNBB a informação de que o ex-futuro bispo foi "renunciado" pelo núncio Baldisseri.

Um dos aspectos cruciais do processo é a definição do perfil do candidato bom para o episcopado. Os críticos dos pontificados de João Paulo II e Bento XVI lamentam a safra de bispos despossuídos de luz própria saída do Palácio Apostólico no reinado desses dois papas.

Críticos mais virulentos chegam ao cúmulo de denominá-los "vaquinhas de presépio". É verdade que o Vaticano passou a exigir compromisso assinado, de próprio punho, dos novos bispos de seguirem a orientação da Santa Sé. Principalmente em relação a questões nevrálgicas, como celibato sacerdotal, ordenação sacerdotal de mulheres e Teologia da Libertação.

Para o assessor do cardeal Re, tudo normal. Normalíssimo. O celibato foi discutido e mantido pelos bispos participantes do Sínodo da Eucaristia. Para a Igreja Católica, o celibato é um valor a ser preservado e a ordenação de mulheres já foi descartada pelo papa João Paulo II. A Igreja, explica o oficial da Congregação, preza e exige disciplina. Se um candidato a bispo diverge dessas posições doutrinárias, como ele, sagrado bispo, poderia governar a diocese, sua Igreja particular? Na audiência semanal das quartas-feiras, na praça de São Pedro, no dia 26 de maio de 2010, Bento XVI chamou a atenção da Igreja para isso. A autoridade e a hierarquia são "fundamentais", afirmou segundo despacho da agência de notícias EFE.

O papa considerou equivocada a interpretação de que autoridade e hierarquia são antíteses de uma Igreja pastoral e comunitária. Por isso, o pontífice alemão pediu aos sacerdotes uma "disponibilidade incondicional" para dirigir o rebanho confiante para onde o Senhor o queira levar, "porque ninguém é capaz de pastorear o rebanho se não vive em uma profunda obediência real a Cristo e à Igreja".

Ele criticou severamente o uso frequente, nos últimos anos, do adjetivo "pastoral" quase em oposição ao conceito de "hierarquia". Para o papa, o modo de governar não é o domínio: "O exercício da autoridade deve ser a expressão da caridade pastoral."

Bento XVI colocou a carapuça na própria cabeça: "Também o papa não pode fazer o que quer; ao contrário, o papa é custódio da obediência a Cristo, à sua palavra reassumida na *Regula Fidei*, no Credo da Igreja, e deve proceder na obediência a Cristo e à sua Igreja."

Então, diz o assessor, o perfil de um bom candidato desenha-se sobre alguns valores: sua formação doutrinal, zelo pastoral, moral irrepreensível, sobretudo em dias turbulentos em que pipocam acusações de pedofilia e abuso sexual. Valoriza-se sua capacidade de governo, seriedade, firmeza na doutrina, seu estofo espiritual.

Enfim, trata-se de um processo coral. "Nem o papa, sozinho, tem na mão o processo", afirma. O processo de seleção de novos bispos começa na diocese, segue para a nunciatura, atravessa o mar para Roma. "Não existe essa história de eu vou fazer esse cara bispo", garante.

Também não existe mais qualquer relevância para a nomeação o fato de um padre ter estudado em Roma. No passado, dava-se importância a tal circunstância porque não havia cursos de aprofundamento teológico no Brasil, por exemplo.

O arcebispo metropolitano do Rio de Janeiro, dom Orani Tempesta, da Ordem Cisterciense, nunca estudou em Roma. Fez filosofia em São Paulo e em São João del-Rei; teologia no Instituto Pio XI, em São Paulo; e ordenou-se em São José do Rio Pardo (SP), em 1974. Em 1997, foi feito bispo de São José do Rio Pardo pelo papa João Paulo II.

Na Semana Santa de 2010, cochichos em Roma davam como certa sua elevação a cardeal do Rio de Janeiro no próximo consistório de Bento XVI, o que acabou não acontecendo: o papa deu o chapéu de cardeal a dom Raymundo Damasceno Assis, arcebispo de Aparecida e presidente do Conselho Episcopal Latino-Americano (Celam).

Em sua tese de doutorado na Gregoriana, o ucraniano Mykhaylo Tkhorovskyy, nascido em 1978 em Kalynivshchyna e atualmente lotado no serviço diplomático do Vaticano, afirma que a nomeação dos bispos sempre foi, no curso da história, "uma questão importante para a vida da Igreja católica, sobretudo no nível pastoral".

Sua tese ("Procedura per La nomina dei Vescovi. Evoluzione dal CIC 1917 al CIC 1983") relata a evolução dos procedimentos de nomeação dos bispos, especialmente no século XX, a partir do Código de Direito Canônico de 1917 até os tempos pós-Concílio Vaticano II e a promulgação, em 1983, do novo código.

O tema — afirma o ucraniano em sua tese apresentada em 2004 — "ainda hoje, depois do Concílio Vaticano II, após mais de vinte anos da promulgação do novo código, se apresenta como um assunto de particular interesse, que suscita frequentemente tensões e grande apreensão não só nas dioceses que aguardam um novo pastor, mas também nos organismos romanos e nas igrejas locais".

Tais procedimentos suscitam também decepção e indagações do tipo "Onde foi que erramos?". Alimentam, sobretudo, os críticos do sistema atual que concentra na nunciatura apostólica e na Congregação da Piazza Pio XII o poder de indicar novos bispos ao papa.

Porque, com todos esses cuidados, o Vaticano ainda corre o risco de comprar gato por lebre. Se no passado as falhas em processos de consulta e de investigação do candidato repousavam no silêncio obsequioso da Cúria, com a explosão mundial de denúncias de pedofilia e abuso sexual o Vaticano se vê constrangido a lavar a roupa suja em público.

Em 31 de maio de 2010, o VIS — Serviço de Imprensa da Santa Sé — divulgou comunicado oficial em que Bento XVI aceitou a renúncia do arcebispo de Benin City, na Nigéria, dom Richard Anthony Burke. Não foi por motivo de idade que o bispo, nascido em 1949, em Clonmel, na Irlanda, pediu a dispensa. Ele tinha apenas 61 anos.

Segundo o Vaticano, foi com base no artigo 401, parágrafo 2, do Código de Direito Canônico, que diz: "O bispo diocesano que por doença ou por outra causa grave se tiver tornado menos capacitado para cumprir seu ofício é vivamente solicitado a apresentar a renúncia do ofício."

Dom Burke renunciou porque vazou a informação de que teria abusado de uma jovem. O prelado admitiu ter mantido relações sexuais com a moça na década de 1980, quando ainda era padre da Saint Patrick's Society for Foreign Missions.

Nem por isso despertou qualquer suspeita na diocese, na nunciatura e na Congregação para os Bispos. Não se sabe como, mas seu nome passou ileso pelo crivo do rigoroso questionário do núncio apostólico na Nigéria, enviado a quem o conhecia, inclusive seus confrades religiosos.

O papa João Paulo II não só o nomeou bispo coadjutor da diocese nigeriana de Warri, em 6 de dezembro de 1995, como lhe deu uma honra concedida a poucos. O papa polonês presidiu à sagração episcopal de dom Burke na Basílica de São Pedro, no dia 6 de janeiro de 1996, festa dos Reis Magos. Foram cossagrantes dois arcebispos, mais tarde promovidos a cardeal: Giovanni Battista Re e Jorge Maria Mejia.

O argentino Mejia exercia, na época, o cargo de secretário da Congregação para os Bispos, então comandada pelo cardeal Bernardin Gantin. Re atuava, como oficial, na Secretaria de Estado. Burke permaneceu prestigiado por mais de uma década. No Natal de 2007, Bento XVI o promoveu a arcebispo de Benin City. Caiu na segunda-feira depois do Domingo da Santíssima Trindade.

A notícia correu o mundo junto com outro comunicado do Vaticano, anunciando, no mesmo dia, que o papa decidiu enviar uma comissão de quatro visitadores apostólicos à Irlanda, onde a Igreja fora à lona com a enxurrada de escândalos de pedofilia. Ali também, sete bispos apresentaram ao papa pedido de renúncia por acobertamento de casos de abuso cometidos por sacerdotes e religiosos. Os visitadores dariam atenção especial às dioceses de Dublin, Armagh, Cashel e Emily.

Em 30 de junho de 2010, Bento XVI praticou, com naturalidade e impessoalidade, a norma de retirar da ativa o bispo que chega aos 75 anos. Ele exonerou o cardeal Re e nomeou o cardeal Marc Ouellet, PSS, arcebispo de Quebec, no Canadá, prefeito da Congregação para os Bispos e presidente da Pontifícia Comissão para a América Latina. Sai um italiano, entra um canadense.

Falta saber se muda também o manual de como se escolhe um candidato a bispo no mundo pós-escândalos de pedofilia — um deles o que culminou com o afastamento do bispo de Augsburgo, na Alemanha, dom Walter Mixa, acusado de alcoolismo e abuso sexual contra jovens sacerdotes.

CAPITULO 6   O grande sacerdote negro

Só no Vaticano a entrada do celebrante teria sido mais gloriosa.

Mesmo sem tapete, cruz processional, órgão e incenso, o cortejo não decepcionou quando o velho celebrante entrou. Um coral másculo entoou, com entusiasmo juvenil, o hino de saudação a todo bispo: "*Ecce sacerdos magnus.*"

O velho bispo pareceu tremer. À beira de completar 90 anos, o coração andava rateando quando a emoção o agarrava. Estava paramentado para o dia a dia. Não se lembrava da última vez que fora aclamado com tamanho vigor. Por instantes, imaginou que se encontrasse em São Pedro, na basílica papal de Roma, nos dias longínquos do Concílio Vaticano II.

Trazia quase todas as insígnias episcopais: casula palha, com debruns dourados, e estola da mesma cor sobre alva branca, apertada pelo cíngulo. Viera sem batina, que deixara de usar, mesmo nas celebrações, há um bocado de tempo. "Se eu soubesse, teria tirado do guarda-roupa minha batina de gala", pensou, sem se lembrar das meias violáceas. Batina de bispo é preta com botões e filamentos vermelhos.

Mas na cabeça, coberta pelo solidéu, trazia a mitra, espécie de barrete pontudo com duas tiras pendentes nas costas, pelos ombros. Na falta da pompa das catedrais, a plateia parecia hipnotizada pela figura paternal do celebrante, sua cruz peitoral, o anel de ametista no dedo anelar da mão direita e o báculo prateado. Eles sabem, melhor do que ninguém, que o anel simboliza a fidelidade à Igreja e o báculo é cajado do pastor para conduzir seu rebanho.

Ecce Sacerdos magnus,
qui in diebus suis placuit Deo:
Ideo jurejurando fecit illum Dominus
crescere in plebem suam.

O grande coral repetia a estrofe latina enquanto o modesto cortejo aproximava-se do altar improvisado no salão de festas do prédio de apartamentos. Não era um coral qualquer, que cantava "máguinus". Pelo contrário, a pronúncia perfeita de Cícero: "etche satcherdos ma-nhus".
O velho bispo parou para admirar o coro, vibrante em duas e até três vozes. Ao seu redor, algumas dúzias de casais reunidos na Zona Sul da capital de Minas Gerais. Eram os padres casados de Belo Horizonte, em mais um encontro com seu capelão. O velho viu que as mulheres estavam em êxtase. Olhavam embevecidas para seus maridos que, apesar das cabeças brancas, soltavam a voz como se fossem roqueiros.
Elas eram matronas — quase todas trajando saias pretas até os joelhos, blusas brancas de punhos rendados. Nem bonitas nem feias — à primeira vista tinham certo jeito daquelas freiras dos anos 1970 que trocaram o hábito pela veste secular e ainda não sabiam se pentear, se maquiar, se vestir como qualquer mulher do Brasil.
Então, embalado pela aclamação episcopal, dom José Maria Pires, arcebispo emérito de João Pessoa, na Paraíba, percebeu que aquilo era uma homenagem a ele. Completava 61 anos de padre naquela noite em Belo Horizonte. O bom pastor fechou os olhos e assistiu ao filme de como foi feito bispo.
Não se sabe como o assunto vazou. A rádio peão fez circular em Diamantina, naqueles dias frios de maio de 1957, que dois padres da diocese seriam nomeados bispos. O Vaticano trata as nomeações de bispo com tamanho sigilo que a matéria é considerada "segredo pontifício", que, se violado, pode render excomunhão ao candongueiro. Mas dava-se como certo que o papa Pio XII já selecionara os candidatos e a notícia podia estourar a qualquer momento.
A cidade aguardava, com ansiedade, a divulgação dos nomes. Normalmente, os novos bispos brasileiros são anunciados às quartas-feiras

pelo serviço de informação do Vaticano, disponível em italiano, inglês, espanhol e francês, na internet, no endereço www.vatican.va.

O Vatican Information Service (VIS) informou, por exemplo, em 14 de janeiro de 2009, na seção "Outros Atos Pontifícios", que o papa Bento XVI nomeara dois bispos na data: o padre Sviatoslav Shevchuk, como bispo auxiliar da eparquia de Santa Maria del Patrocínio, em Buenos Aires, dos ucranianos; e o monsenhor Liro Vendelino Meurer, bispo auxiliar da diocese de Passo Fundo, no Rio Grande do Sul.

No dia 17, Bento XVI aceitou a renúncia do bispo Nicolas Villamizar, CIM, que, por ter atingido a idade de 75 anos, deixou o cargo de auxiliar da arquidiocese de Caracas, na Venezuela. O papa erigiu a diocese de Rutana, no Burundi, e nomeou seu primeiro bispo, o padre Bonaventure Nahimana, nascido em 1959, e que até o momento era reitor do Seminário Maior Interdiocesano de Burasira e secretário da Comissão Episcopal para as Vocações e os Seminários.

No dia 19, saiu a nomeação de monsenhor Edward J. Burns para bispo de Juneau, nos Estados Unidos. Ele nasceu em 1957, em Pittsburgh, foi ordenado padre em 1983 e era reitor do Seminário Diocesano St. Paul, em Pittsburgh. Segundo o site do Vaticano, Juneau, com 74 mil habitantes, tem 7.350 católicos, dez sacerdotes, oito religiosos e cinco diáconos permanentes.

Em 1957, as notícias percorriam o Brasil pelo rádio. A população considerava que a melhor fonte de informação era "O Repórter Esso", um noticioso de cinco minutos que a Rádio Nacional do Rio de Janeiro veiculava diariamente, na voz de Heron Domingues, com patrocínio da Esso Brasileira de Petróleo.

Heron Domingues deu a notícia que Diamantina aguardava e se organizara para comemorar. O Santo Padre, o papa Pio XII, acabara de nomear dois bispos brasileiros: o padre José Pedro de Araújo Costa, bispo de Caetité, na Bahia, e o padre...

O foguetório abafou o locutor. Os sinos repicaram.

De temperamento extrovertido, o novo bispo era muito querido em Diamantina. Ele vivia na cidade há 30 anos, desde sua vinda do Serro, onde nascera em 1913, para estudar no Seminário. Era cônego do cabi-

COMO SE FAZ UM BISPO

do metropolitano, professor do Seminário e do Colégio Diamantinense. Também era diretor do jornal *Estrela Polar* e do Museu do Diamante, criado pelo seu amigo Juscelino Kubitschek.

A fuzarca diamantinense foi tanta que ninguém ouviu o nome do segundo bispo. Tiveram de telefonar para a nunciatura. Mas em Curvelo ouviram. Seu vigário, padre José Maria Pires, fora feito bispo de Araçuaí.

O anúncio pôs fim a um período incômodo para o padre José Maria Pires. Fazia algum tempo que chegara à paróquia de Santo Antônio, em Curvelo, uma carta da nunciatura apostólica, solenemente lacrada. Ele não suspeitou de nada. Só perdeu o sorriso fácil, que carregou durante toda a vida, quando leu seu teor.

O núncio, dom Armando Lombardi, comunicava que ele fora nomeado bispo de Araçuaí pelo papa Pio XII. Para aceitar, bastava enviar à nunciatura um telegrama cifrado, com a palavra *"Nuntius"*. Só isso.

Em vez de telegrama, padre José Maria escreveu ao embaixador papal no Brasil, dizendo que não tinha condições de ser bispo. Seu único diploma era o do curso primário. Não estudara em Roma. Os bispos brasileiros selecionavam, a dedo, os pupilos que eram enviados a Roma. Lá residiam no Colégio Pio Brasileiro e cursavam teologia na Pontifícia Universidade Gregoriana.

Alguma coisa devia estar errada. Não podiam tê-lo indicado para o episcopado, porque nunca se sentira prestigiado pelas autoridades eclesiásticas. Pelo contrário, guardara não rancor, mas certo desconforto de como fora tratado no Seminário Menor de Diamantina, onde ingressou em 1931.

Tinha 12 anos. Os seminaristas usavam batinas pretas, que só tiravam para tomar banho e dormir. Rezavam de batina, comiam de batina no refeitório, estudavam de batina, jogavam bola de batina.

A fila andava devagar. Religiosamente devagar. Os meninos seguiam de braços cruzados no peito, como se fossem são Tarcísio, mártir. Os padres lazaristas, que dirigiam o seminário, eram rigorosos. Não admitiam distrações, imaginem brincadeiras.

José Maria, vindo de Córregos, cumpria seu primeiro ano no Seminário Menor de Diamantina. Nas nuvens, nem viu que pisara no calcanhar do companheiro da frente. O garoto virou-se. O rosto, uma romã madura. Puxou do bolso da batina um canivete e ameaçou, baixinho, José Maria: "Te pego lá fora."

O regente nem acabara de pronunciar as palavras que inauguravam o recreio — *"Tu autem, Domine, miserere nobis"* — e José Maria já pulara no cangote do garoto do canivete. Os dois de batina rolaram no pátio do seminário de Diamantina, até que foram separados e colocados de castigo pelo regente.

O reitor, padre Egídio Henrotte, um belga rosado, passou e perguntou o que aqueles dois garotos de batina preta faziam ali, de joelhos. O ex-seminarista menor de Diamantina, jornalista José Mendonça, conta que padre Egídio era o "cão". Lecionava, no Seminário Maior, teologia moral, apologética. No Seminário Menor, grego e geometria. Fumava charuto escondido. Quando um aluno vacilava na aula de geometria, padre Egídio xingava-o em grego. Para o seu confrade, padre Célio Dell'Amore, que foi diretor do Caraça, padre Henrotte foi um grande missionário.

O reitor, que era lazarista, quis saber o motivo do castigo. O regente deu o serviço. Padre Egídio apontou para o garoto do canivete e mandou que fosse liberado, porque era um bom garoto, de boa família. Depois, apontou para José Maria e disse que a culpa só podia ser "desse negro", porque negro não presta.

Em 12 de janeiro de 2009, 78 anos depois daquela briga, o arcebispo emérito de João Pessoa, dom José Maria Pires, ainda se lembrava de tudo. Mas parece que as lembranças não doem. Ele nem sequer revela o nome de seu algoz belga. Mas padre belga, com aquelas características, só podia ser o Henrotte, reitor do Seminário Menor de Diamantina no período 1931–1936. Ao longo de seus 90 anos, que completou em 15 de março de 2009, a pele ganhou a tessitura do couro curtido; a alma, não.

O velho arcebispo não guarda rancor da Igreja que maltratou seus pensamentos de guri. Chegou a imaginar que era assim mesmo: garoto negro não prestava mesmo. Diz que, na época, não eram somente os padres lazaristas do Caraça que rejeitavam estudantes negros. A Igreja inteira do Brasil, de uma forma ou de outra, tratava mal os seminaristas de cor negra.

Pouco tempo depois, houve um concurso de latim no seminário. José Maria Pires foi o vencedor. E o professor apregoou que a nota do garoto negro não era dez: era doze. Nas horas frias do Tejuco, quando a lua entrava solitária pelas vidraças do dormitório, José Maria se perguntava como um garoto negro, que não prestava, pudesse vencer o concurso de latim, com nota doze.

Padre Egídio devia estar errado.

O velho arcebispo diz as coisas mais graves com um sorriso de perdão. Ou de compreensão. Conta que era servente no refeitório do seminário de Diamantina. Um cozinheiro, um dia, aproximou-se dele, compadecido, e disse que ele tinha sorte de ser negro.

"É bom ser negro no seminário. Te deixam em paz."

Dom José Maria Pires diz que, criança, nunca encontrou motivos para desconfiar de que no Seminário de Diamantina pudessem estar ocorrendo casos que meio século depois abalariam a Igreja, sobretudo nos Estados Unidos, fazê-la bater no peito, confessar culpa e vender patrimônio para custear pesadas indenizações a vítimas de abuso sexual por parte de sacerdotes.

Décadas mais tarde, já aposentado, dom José Maria procurou a ajuda de um padre casado holandês e de sua mulher para apresentar uma palestra sobre formação sacerdotal no mesmo seminário em que estudara. O casal era formado em psicologia. A ênfase recaiu sobre a formação humana da rapaziada.

O núncio dom Lombardi respondeu à carta do padre José Maria, convidando-o para uma entrevista no Rio de Janeiro. Era o mês de abril de 1957. A nunciatura ficava num palacete da rua Almirante Alexandrino, em Santa Teresa, numa bela área da então capital do Brasil.

O prédio, em estilo de castelo, foi construído, em 1942, pelo banqueiro Oscar Sant'Anna, para sua família. Mais tarde, foi adquirido pelo Vaticano para sediar a nunciatura apostólica no Brasil.

Padre José Maria pegou um táxi e foi imediatamente recebido pelo núncio. Explicou a ele sua situação. Desejava continuar na paróquia de Curvelo, aonde chegara em 1956 e nem esquentara o lugar.

Precisara ir ao Rio porque, devido ao segredo pontifício, não pudera consultar ninguém sobre o assunto, nem mesmo seu diretor espiritual, o padre lazarista José Dias de Avelar. Padre Avelar foi disciplinário e reitor do Seminário de Diamantina. Qualquer crise, José Maria, mesmo depois de ordenado sacerdote, buscava aconselhamento com o diretor espiritual. Não dava para tomar uma decisão dessa gravidade sem consultar alguém.

— Consulte a mim — afirmou o núncio, com bom humor italiano.

— O senhor não é meu diretor espiritual.

— Está bem, mas fique sabendo que, se não aceitar a nomeação do Santo Padre, o senhor não estará fazendo a vontade de Deus.

Então o padre aceitou. O núncio informou que o bispo de Diamantina, dom José Newton de Almeida Baptista, mais tarde transferido para a nova capital em construção pelo presidente Juscelino Kubitschek como primeiro bispo de Brasília, estava de acordo. O vigário de Curvelo ficou ciente, então, de que fora indicado bispo pelo seu chefe diocesano.

Até o "Repórter Esso" dar a notícia, padre José Maria Pires viveu sob a espada de Dâmocles do *segreto pontificio*. Não podia abrir o bico com os colegas de sacerdócio, com a família, com ninguém. Acontece que um compromisso anteriormente agendado — participar da instalação da diocese de Governador Valadares, onde foi diretor do Colégio Ibituruna de 1946 a 1953 — cairia justamente na data informada por dom Lombardi em que sairia a nomeação episcopal: 25 de maio de 1957.

Meio século depois, o ex-aluno do Seminário Menor de Diamantina (1931–1936), José Mendonça, jornalista de memória acurada apesar dos 92 anos, lembrava-se da nomeação episcopal de José Pedro Costa. "Ele foi feito bispo por Juscelino, via meios diplomáticos", garante Mendonça, que chefiou por mais de três décadas, em Belo Horizonte, a redação de *O Diário* — "O maior jornal católico da América Latina".

Segundo Mendonça, padre José Pedro era anti-JK ferrenho. Depois, aderiu ao charme do presidente "bossa-nova". Em 1946, a UDN o lançou candidato a deputado estadual com o intuito de enfraquecer a candidatura de Juscelino à Assembleia de Minas, pelo PSD. JK venceu. Juscelino Kubitschek também estudara e usara batina no seminário de

Diamantina, no período 1914-1917. Quando soube que dom José Newton indicara um candidato da diocese para o bispado, o presidente da República teria se movimentado junto à nunciatura e conseguira premiar também o padre José Pedro Costa, cristão novo no juscelinismo. Segundo Mendonça, o padre era bom orador, bonitão e forte.

Dom José Maria Pires retoma suas lembranças. Falante e entusiasmado, padre José Pedro de Araújo Costa convidou, e o núncio aceitou presidir a sagração episcopal dos novos bispos em cerimônia que teria a presença do presidente da República, Juscelino Kubitschek.

— Fiquei embaraçado. Eu já havia convidado dom José Newton para minha sagração.

José Maria mostrou-se habilidoso para resolver o impasse diplomático. Escreveu ao núncio apostólico convidando-o para participar de sua sagração, que seria presidida por dom José Newton também em Diamantina, uma semana depois da cerimônia de dom José Pedro.

Diamantina curtiu a sagração de dom José Pedro. JK compareceu, em grande estilo. Na época, a cerimônia de sagração demorava umas três horas. A catedral ficou entupida de fiéis e de jornalistas que não davam bola para o ato presidido pelo núncio dom Armando Lombardi. Só tinham olhos para o presidente da República. Enfiavam microfones na boca de JK, durante a missa.

Durante anos dom José Pedro teve de aguentar dom José Maria contar para o público que JK foi coconsagrante do bispo de Caetité, na Bahia. Nunca espalhou, porém, a informação de que dom José Pedro era malvisto em círculos do episcopado, por causa de seu apoio incondicional aos militares durante a ditadura brasileira — segundo revela José Mendonça.

Uma semana depois, a catedral de Diamantina voltou a festejar, desta vez sem JK, a sagração do bispo dom José Maria Pires por dom José Newton, tendo como coconsagrantes dom José André Coimbra, bispo de Barra do Piraí (RJ), e dom João de Souza Lima, arcebispo de Manaus.

Na época, prevaleciam fórmulas tridentinas no rito antigo da sagração. O bispo apresentava-se com todas as vestimentas das ordens recebidas anteriormente. Uma debaixo da outra. A dalmática de diácono, a casula de sacerdote e, por cima de tudo, a capa episcopal. O bispo atingia o cume na Igreja e a ele os subordinados deviam obediência.

Na imposição da mitra sobre sua cabeça, o consagrante vaticinava, em latim: "Que sua face seja terrível para os inimigos da verdade." O Código Canônico determina que a ordenação episcopal ocorra até três meses após o eleito receber a carta do núncio apostólico comunicando sua nomeação para bispo de alguma diocese. Uma cópia da carta é enviada ao arcebispo metropolitano — o prelado principal da região eclesiástica.

É entregue também ao eleito a Bula Papal de Nomeação, escrita em latim — um diploma selado com o timbre papal em forma de bola, sobre pergaminho multicolorido com iluminura e letras góticas.

Antes de tomar posse de sua diocese, o novo bispo escolhe um lema episcopal, em latim, e manda fazer o brasão. Dom Helder Câmara, que precisou de licença da Santa Sé para ordenar-se padre aos 22 anos, a idade mínima era de 23 anos, escolheu como lema *In Manibus Tuis* (Nas Tuas Mãos). Ele foi sagrado em 1952 por dom Jaime de Barros Câmara.

Dom José Maria Pires escolheu o lema *Scientiam Salutis* — Ciência da Salvação. Dom Serafim Fernandes de Araújo, amigo e colega de dom José Maria Pires nos tempos de Seminário em Diamantina (era goleiro do time de futebol, com o apelido de "Garrafão"), escolheu seu lema e brasão da seguinte maneira, segundo o site da arquidiocese de Belo Horizonte:

> Simbologia do Brasão de Armas
> *Escudo*
> Azul, gavelo de trigo com espigas de ouro.
> Bordadura de vermelho carregada de quatro flores-de-lis.
> *Simbologia*
> O escudo é calcado no escudo da família Fernandes. O campo azul e a bordadura de vermelho são desse escudo. O trigo faz alusão à Eucaristia e à seara divina que o bispo vai evangelizar.
> As flores-de-lis, dispostas pela bordadura, simbolizam Nossa Senhora, cuja devoção se difunde pela diocese. O formato de gavela lembra o escudo da Universidade Católica de Minas Gerais, da qual foi praticamente fundador, e, durante 21 anos, reitor.

COMO SE FAZ UM BISPO

<u>Divisa</u>
"Seraphim... iuxta Eum" — Como os serafins da divisão de Isaías, o bispo dom Serafim quer estar diante de Deus, em adoração e súplica por toda a sua diocese.
<u>Informações complementares:</u>
Todos os bispos, arcebispos e cardeais possuem seus brasões de armas. No brasão de cardeal, pode-se observar que são cinco fileiras de borlas que ladeiam a bordadura. No brasão de arcebispo encontraremos quatro fileiras e no de bispo, três fileiras. Quanto ao lema que aparece nos brasões, este é escolhido pelo próprio bispo, arcebispo ou cardeal.

Todo bispo deve ir a Roma, a cada cinco anos, avistar-se com o papa e entregar-lhe, pessoalmente, um relatório sobre a situação de sua diocese. As visitas *ad limina Apostolorum* são determinadas pelos artigos 399 e 400 do Código de Direito Canônico.

Dom José Maria Pires cumpriu sua obrigação, pela primeira vez, em 1959. Havia comandante novo no Estado do Vaticano. Pio XII, o *Pastor Angelicus*, que o nomeara, morrera em 1958. O Anel do Pescador passara às mãos gordinhas e calorosas do cardeal Angelo Giuseppe Roncalli, que escolheu para si o nome de João XXIII.

João XXIII era o oposto do antecessor. Magro, longilíneo, barriga de asceta, Pio XII poderia usar a batina de seus dias de diácono. Manteve a forma, mesmo levando intensa vida de diplomata da Santa Sé, que culminou com o exercício do cargo de núncio apostólico de Bento XV na Alemanha, em 1920. Elegante, contido, formal. Em resumo, um intelectual reservado, um diplomata frio. Mais tarde, no primeiro ano de governo de Adolf Hitler, já como secretário de Estado do Vaticano, o cardeal Eugenio Pacelli assinou a Concordata — "Reichkoncordat" — em 20 de julho de 1933, em Roma, com o vice-chanceler alemão Franz von Papen, representante do III Reich.

A fisionomia do papa Roncalli lembrava os vigários das aldeias italianas, apreciadores *delle pollastre, di vino e del bel formaggio* — galinhas, vinho e um bom queijo. Ele era caloroso, humano, dono de um jeito paternal que cativava e despertava confiança. A simplicidade ocultava um diplomata eficiente da Santa Sé, que servira como delegado apostólico na Turquia e na Grécia durante a Segunda Grande Guerra, e como núncio apostólico em Paris, em 1944. Em 1953, recebeu de Pio XII o chapéu cardinalício e, depois, foi designado patriarca de Veneza.

Dom José Maria Pires, o capiau de Córregos, não queria fazer feio no Vaticano. Pretendia honrar a rara e diminuta dinastia de bispos negros da Igreja do Brasil, iniciada por outro mineiro, dom Silvério Gomes Pimenta, que, falando em latim durante uma assembleia internacional de bispos em Roma, deixou os purpurados de beiço caído. Um deles teria cochichado com seus pares sobre dom Silvério:

— *Niger, sed sapiens* (Negro, mas sábio).

Dom José Maria Pires falaria em italiano. Estudara francês o tempo todo de seminário, dirigido pelos padres lazaristas, da Congregação da Missão, de origem francesa. Os lazaristas se esmeravam no ensino de seu idioma. Dom José Maria, porém, não se sentia seguro, temia cometer alguma rata na frente do Vigário de Cristo.

Decidiu chegar com antecedência a Roma para aprender italiano. Conseguiu alojamento na comunidade das Missionárias de Jesus Crucificado, que fica nas cercanias de Castelgandolfo, local de clima agradável onde funciona o palácio de verão dos pontífices romanos.

Algumas das freiras eram brasileiras e facilitaram a aprendizagem. Dom José Maria conta que em 15 dias aprendeu italiano e, sem querer, inaugurou o método de aprendizagem que décadas mais tarde os cursos de idiomas batizaram de imersão total.

Quando chegou diante do papa, estava tão nervoso que pisou no *ferraiolo* — espécie de capa roxa que os bispos envergam em ocasiões solenes, não litúrgicas. A capa ficou torta. Dom José Maria não se lembra se ajoelhou perante o papa, como de praxe, e se beijou o Anel do Pescador.

Agora, aos 90 anos, o velho "episcopus" recorda-se apenas de que o papa João XXIII, com bondade, disse:

— Primeiro, vou consertar sua capa.

O *ferraiolo* cai bem nos bispos, seja qual for sua compleição física. Compõe seu visual, faz deles príncipes escarlates da Santa Madre Igreja. O arcebispo Fulton Sheen, de Nova York, não o dispensava.

O bispo mineiro lembra-se mais: "O Santo Padre me mostrou uma cadeira, eu me acomodei, entreguei a ele o relatório da visita *ad limina* e fiquei ali preocupado em como responder, em italiano, às suas inquirições sobre a diocese de Araçuaí."

João XXIII, no entanto, colocou de lado a pasta do relatório e começou a perguntar sobre coisas pessoais, se eu estava feliz, como estavam *mio papà, la mamma*. "Bem", respondi, mamãe morrera antes de minha nomeação episcopal, mas papai e meus irmãos, um deles, da Editora Agir, em Belo Horizonte, estavam *tutti bene*.

— *Lei è pure un vescovo? Sembra un chierico* — disse o papa.

"Eu tinha 40 anos, e o beato João XXIII duvidava de que eu fosse mesmo um bispo, me achou com cara de seminarista", diverte-se dom José Maria, cinquenta anos depois.

João XXIII fez perguntas sobre o seminário de Araçuaí e "tive de contar a ele que uma enchente havia inundado e destruído a catedral e o seminário. Meu antecessor, o franciscano holandês dom José de Haas, conseguiu reconstruir a sede episcopal; o seminário, não". João XXIII prometeu ajudar o seminário.

Um ou dois meses depois da audiência em São Pedro, chegou a Araçuaí uma carta com selos do Vaticano. Dentro do envelope, um cheque de 20 mil dólares e uma mensagem: contribuição pessoal do Santo Padre para a construção do seminário. Seis anos passados, o Seminário Menor de Araçuaí estava concluído. Mas João XXIII não ficou sabendo; morrera em junho de 1963. Em 1965, as sandálias do Pescador tinham mudado de pés, estavam calçadas por Paulo VI.

Padre Eduardo Henriques, SJ, diz, bem-humorado, que a melhor maneira de ser desconvidado para o bispado é informar ao núncio apostólico que professa a teologia da libertação, é a favor do casamento de padres e pela ordenação de mulheres. Do Boston College, mantido pelos jesuítas na cidade americana de Boston, padre Eduardo informa que no pontificado de João Paulo II a Cúria Romana endureceu as regras para seleção de candidatos ao barrete episcopal.

Se fosse nos tempos atuais, dificilmente o episcopado brasileiro teria, em seus quadros, estrelas de primeira grandeza como dom Helder Câmara, arcebispo de Olinda e Recife; dom Antônio Fragoso, de Crateús; dom Waldir Calheiros, de Volta Redonda; dom Pedro Casaldáliga, de São Félix; dom Tomás Balduino, de Goiás; e dom Luciano Mendes de Almeida, de Mariana. Nem dom Paulo Evaristo Arns, arcebispo de São Paulo, teria sido cardeal.

Dom José Maria Pires, provavelmente, seria desconvidado por seu envolvimento com movimentos sociais, principalmente os camponeses da Paraíba, para onde foi transferido, depois de Araçuaí, como arcebispo de João Pessoa. Lá, ele ganhou o apelido de "dom Pelé" por causa da cor, a vigilância dos militares do Nordeste por suas críticas ao golpe militar de 1964 e a rejeição dos conservadores locais pela defesa dos oprimidos.

Não teria sido escolhido se o ouvissem no retiro dos dominicanos, segundo informa frei Oswaldo Resende, OP. O velho bispo disse que não hesita em dar comunhão a divorciados cristãos que buscam a Igreja. Como negar a comunhão a uma mulher que ficou sem o marido e, sozinha com as crianças, acaba encontrando outro companheiro, se junta a ele e mantém o lar unido?

Frei Oswaldo Resende disse que os frades em retiro não entenderam o gesto de dom José Maria Pires como rebeldia ao Vaticano de Bento XVI, mas como um ato de caridade. E, na encíclica do papa Ratzinger, "Caritas in Veritate", a caridade está na verdade.

Desde que renunciara à arquidiocese de João Pessoa, quando completou idade, ele fixou residência em Belo Horizonte, no bairro Planalto.

Bispo aposentado, escreve o também nonagenário dom Clemente Isnard em *Reflexões de um bispo*, fica "vagando sem ter o que fazer". Segundo ele, "depois de uma vida de intensa atividade, o bispo emérito não tem um trabalho empenhativo para se dedicar".

Dom José Maria procurou seu velho amigo do Seminário de Diamantina, então arcebispo metropolitano de Belo Horizonte, o cardeal dom Serafim Fernandes de Araújo. Colocou-se à disposição para ajudar em algum trabalho pastoral. O cardeal o nomeou capelão dos padres casados de Belo Horizonte. Sem alarde, costumava celebrar com eles suas missas.

Segundo dom José Maria, havia pelo menos uma centena de padres casados residindo na capital de Minas, até 2010. Eles se reuniam na casa de um deles ou em sítios para churrascos, cantorias e reflexões. Mas sentiam falta da missa, que estavam impedidos de celebrar por terem sido suspensos das ordens pelo Vaticano. Há, no mundo, pouco mais de 410 mil padres na ativa e 150 mil padres casados, segundo informa o Movimento das Famílias dos Padres Casados do Brasil. Em países onde rareia o número de sacerdotes, eles poderiam ser de grande utilidade à Igreja. No Brasil, há cerca de 6 mil padres casados, pelos cálculos do Movimento.

Naquela noite em que aclamaram seu capelão, os padres casados de Belo Horizonte não sabem, mas fizeram o velho bispo emérito sentir-se como um *chiericheto* — um jovem seminarista. E ele estava feliz da vida. E de alma lavada. Para corrigir o despreparo do padre Egídio Henrotte, padre José Tobias Zico relacionou todos os 158 membros do episcopado brasileiro ex-alunos dos lazaristas entre 1820 e o ano 2000.

Entre eles, os cardeais dom Carlos Carmelo de Vasconcelos Motta, dom Eugenio Araujo Sales, dom Serafim Fernandes de Araújo, dom Lucas Moreira Neves e dom José Falcão Freire e os arcebispos dom Silvério Gomes Pimenta, dom Helder Câmara e dom José Maria Pires (*Congregação da Missão no Brasil*).

Durante muitos anos, dom José Maria Pires era apresentado pela imprensa como "dom Zumbi", o único bispo negro do Brasil (*Veja*, 18/9/1968). Em 2007, dos 434 bispos no Brasil, 11 eram negros — ou seja, 2,5% do episcopado, enquanto o total de bispos estrangeiros batia em 21% (Ceris). Em entrevista ao jornalista José Maria Mayrink, o padre Antônio Aparecido da Silva explicou a escassez de bispos negros: "não tem mais bispos porque não tem padres" (*O Estado de S. Paulo*, 18/11/2007). De um total de 18.685 padres, naquela época, segundo a CNBB, 15.882 eram brasileiros e havia cerca de mil padres negros.

CAPÍTULO 7 Fabricantes de bispos

O arcebispo de Olinda e Recife, dom Helder Câmara, tinha um amigo bispo que era subsecretário de Pio XII no Vaticano. Esse amigo até o estimulara a criar a CNBB, em 1952. Anos mais tarde, o amigo foi eleito papa e seu nome era Paulo VI.

Na primeira audiência pontifícia, durante a visita *ad limina*, dom Helder pediu licença ao velho amigo Montini para lhe dar dois conselhos. O Santo Padre acenou afirmativamente. Dom Helder, então, sugeriu-lhe deixar o Palácio Apostólico, entregar todo o conjunto pontifício à Unesco e mudar para alguma paróquia romana.

Paulo VI quis saber qual era o segundo conselho. "Reúna todos os núncios apostólicos na Basílica de São Pedro, agradeça-lhes o trabalho, dê-lhes uma grande bênção e dispense a todos." Segundo o bispo brasileiro, as conferências episcopais poderiam substituí-los muito bem, principalmente no processo de escolha de novos bispos.

Paulo VI ouviu, sorriu e parou por aí. Dom Helder cometeu a gafe de falar em corda na casa de enforcado. Porque, depois de ordenado padre, em Brescia, no ano 1920, Giovanni Battista Enrico Antonio Maria Montini mudou-se para Roma e ingressou no serviço diplomático do Vaticano.

Ele estudou na Accademia dei Nobili Ecclesiastici. A escola foi fundada em 1701, pelo abade Pietro Garagni, para a formação diplomática dos pimpolhos direcionados à carreira eclesiástica pelas famílias nobres. Desde 1706 a Academia funciona no antigo Palazzo Severoli, na Piazza della Minerva, em Roma, sob o patrocínio dos Romanos Pontífices.

A partir de 1850 dedica-se exclusivamente à preparação de padres para o serviço diplomático do Vaticano. Além de papa Montini, que ali estudou em 1921, outros papas figuram na lista de ex-alunos: Clemente XIII (1714), Leão XII (1783), Leão XIII (1832) e Bento XV (1879), este último foi também professor na casa, tendo lecionado a disciplina estilo diplomático.

Papa Pio XI mudou o nome do centro diplomático para Pontifícia Academia Eclesiástica e colocou-a na órbita da Secretaria de Estado do Vaticano. Professor de diplomacia eclesiástica por cinco anos na Academia antes de servir como núncio apostólico na Alemanha de Adolf Hitler, Eugenio Pacelli, eleito papa com o nome de Pio XII, deu ao instituto um novo regulamento em 1945, em vigor até hoje.

A lista de ex-alunos cardeais é interminável, uma vez que é costume da Santa Sé dar o chapéu cardinalício a seus núncios quando eles deixam a ativa no exterior e regressam a Roma. Com os núncios que servem na França, nos Estados Unidos e no Brasil, tem sido assim, com raras exceções — uma delas o arcebispo Alfio Rapisarda, que chefiou a nunciatura em Brasília de 1992 a 2002. Giulio Tonti (1902–1906), Enrico Gasparri (1911–1916), Aloisi Masella (1927–1946), Carlo Chiarlo (1946–1954), Sebastiano Baggio (1964–1969), Umberto Mozzoni (1969–1973) e Carlo Furno (1982–1992), que serviram em Brasília, foram feitos cardeais.

Hoje em dia, a Academia, presidida pelo arcebispo Beniamino Stella, ganhou a feição global, multiétnica e pluricultural da Igreja Católica, presente em todo o planeta. Os alunos, recrutados entre padres seculares e enviados por bispos de diferentes partes do mundo, devem ter, no máximo, 35 anos. Levam, no mínimo, quatro anos para a graduação.

Inicialmente, frequentam por três anos as universidades pontifícias de Roma, a mais famosa dela, a Gregoriana, onde obtêm o doutorado em direito canônico. Se o aluno já possuir o mestrado, avança mais rápido, em menos tempo. Depois, em curso interno, especializam-se em diplomacia eclesiástica e internacional, estilo diplomático e línguas estrangeiras (inglês e espanhol).

Não é difícil entrar na escola da diplomacia vaticana, afirmou em agosto de 2006 ao *Diário do Minho* o então núncio apostólico na Espanha e em Andorra, dom Manuel Monteiro de Castro, desde julho de 2009 no cargo de secretário da Congregação para os Bispos, em Roma e em fevereiro de 2012 nomeado cardeal e penitenciário-mor da Santa Sé.

Na entrevista ao jornal lusitano, o arcebispo português explicou que dos candidatos à Pontifícia Academia Eclesiástica, onde ele também estudou, "requerem-se certas habilidades que muitos sacerdotes já possuem". Entre as qualidades do candidato, ele destacou "o senso comum".

O diplomata da Santa Sé explicou: "Deve ser uma pessoa aberta ao mundo, preocupada com os problemas internacionais, e também procurar dar um contributo pessoal ao bem-estar da humanidade." Segundo Monteiro de Castro, "a ação do corpo diplomático da Santa Sé passa pelo serviço à Igreja e aos bispos e, em seguida, aos setores da política internacional". Seu primeiro objetivo, frisou, é "cultivar, manter e incrementar as boas relações entre a Igreja local e a central, entre o governo local e a Santa Sé".

O repórter disse:

— Muitos pensam que a vida de um diplomata é fácil...

— Muitos pensam que o diplomata tem apenas bons carros... trata-se de um mero instrumento de trabalho. Procuramos ter uma vida simples. Estou a referir-me ao pessoal diplomático que é verdadeiramente profissional, os diplomatas da gema. Somos executivos e a nossa autoridade encontra limites impostos pelos próprios Estados. No caso do corpo diplomático da Santa Sé, se uma determinada situação está em causa, surge qualquer problema de consciência, temos o dever de advertir as partes envolvidas que enveredaram por um caminho errado — disse o arcebispo.

Na mesma entrevista, o arcebispo Monteiro de Castro abordou um problema que parece afligir a diplomacia vaticana: a falta de padres candidatos à Academia. As dioceses, particularmente as de Portugal, vêm encontrando dificuldades para ceder sacerdotes para o serviço diplomático vaticano.

Observadores "vaticanistas" apontam ainda como causa das dificuldades atuais o limite de idade de 35 anos, numa época em que os seminaristas vêm se ordenando cada vez mais tarde. A presença de padres brasileiros na Pontifícia Academia Eclesiástica é episódica. Apenas dois padres brasileiros aparecem na lista de alunos: em 1988, Celso A. de Almeida, da diocese de Limeira (SP), e, em 1998, André Sampaio de Oliveira, do Rio de Janeiro.

No final do curso, em formato similar ao prestigiado curso do Itamaraty brasileiro, em Brasília, para formação de seus diplomatas, os padres acadêmicos estão aptos a servir nos postos diplomáticos da Santa Sé como embaixadores do papa. Ou para atuar na Secretaria de Estado do Vaticano. Ingressam na carreira como agregado, depois secretário de primeira e segunda classes, conselheiro. As promoções ocorrem, em geral, a cada quatro anos.

Os historiadores dizem que o serviço diplomático da Santa Sé remonta ao Primeiro Concílio de Niceia, quando o papa Silvestre I mandou legados para representá-lo durante as discussões conciliares.

Mais tarde, os papas intensificaram a troca de embaixadores com as cortes, principalmente as europeias, visto que eles eram também soberanos dos Estados pontifícios.

Por ocasião do tricentenário da fundação da Academia, em 26 de abril de 2001, o então secretário de Estado Angelo Sodano recordou, durante a concelebração eucarística na Basílica de São Pedro, a história da instituição. "Sabemos que a Providência Divina se serve habitualmente de causas secundárias. Foi assim que, no início de 1701, a Providência inspirou o papa Clemente XI a dar vida a uma comunidade sacerdotal, que se consagrasse totalmente ao serviço da Sé Apostólica."

"A Igreja devia enfrentar novos desafios no início da era moderna, e tal instituição ultramilenar tinha o dever de buscar novos caminhos para desempenhar sua missão em um mundo em vias de profunda transformação", prosseguiu o secretário Sodano, chefe da diplomacia vaticana no papado de João Paulo II.

Segundo o cardeal Angelo Sodano, com o nascimento dos Estados modernos e a divisão religiosa do continente europeu, decretada pelo

Tratado de Vestfália em 1648, a unidade europeia rachou e "teve início uma época de lutas pela supremacia de um Estado sobre outro, temperada somente pela política de alternadas alianças nacionais".

Observou que o papa Clemente XI teve de conviver com governos que tentavam impor seu jugo também sobre a Igreja. Um desses monarcas foi Luís XIV, da França, conhecido como "Rei Sol", que ficou famoso pela afirmação: *"L'État c'est moi."*

Assim, afirmou, "diante dessa realidade, o previdente sucessor de Pedro se sentiu chamado a preparar homens novos ao serviço da Sé Apostólica". Os desafios eram enormes, como as ameaças do mundo islâmico à Cristandade e a ação missionária na Índia e na China.

Em três séculos de história, a Igreja e a Academia renovaram-se, acentuando-se, cada vez mais, "a índole sacerdotal" do diplomata vaticano. No passado, contou Sodano, havia representantes papais, como o cardeal Consalvi e o cardeal Antonelli, que nem sequer eram padres.

"Hoje, sublinha-se sempre mais a necessidade do testemunho exemplar, que deve caracterizar um colaborador do papa", ainda que nem todos tenham o heroísmo de cingir-se de cilício, como o padre Giuseppe Canovai, que serviu, como ouvidor, na nunciatura apostólica em Buenos Aires.

Canovai é a prova de que os legados pontifícios, mesmo vivendo no chamado circuito Elisabeth Arden, de pompa, luxo e mundanidade, podem ser santos. Canovai nasceu em Roma em 1904, estudou no colégio Almo Capranica, foi ordenado padre em 1931 e trabalhou na então Sagrada Congregação dos Seminários.

A convite do bispo Montini, então na Cúria Romana, fixou-se na Argentina, na nunciatura apostólica em Buenos Aires. Em suas páginas de diário, deixou anotações sobre seu desconforto perante os eventos diplomáticos, com muitas comilanças e coquetéis, além de "insuportáveis" cerimônias de beija-mão dos políticos argentinos. Morreu em 1942, com fama de santo. Em 1994, abriu-se o processo de sua canonização.

O cardeal Angelo Sodano esqueceu-se de outro legado papal já canonizado, mas o papa Bento XVI, não. Na audiência geral da quarta-feira, 23 de fevereiro de 2011, realizada na Sala Nervi, o papa Ratzinger dedicou sua catequese ao doutor da Igreja são Roberto Belarmino.

Como aprecia e sabe fazer, com didática e simplicidade de professor da história da Igreja, o papa discorreu sobre o santo nascido em 1542 em Montepulciano, nas cercanias de Siena, terra de bom vinho italiano.

Belarmino estudou no Colégio Romano, atual Gregoriana, onde também ocupou a cátedra de apologética. Foi nomeado pelo papa Clemente VIII teólogo pontifício, consultor do Santo Ofício e feito cardeal e arcebispo de Capua. Bento XVI informou a seu público das quartas-feiras que são Roberto Belarmino teve cargos diplomáticos junto à República de Veneza e à Inglaterra. Morreu em Roma em 1621 e foi proclamado doutor da Igreja pelo papa Pio XI, por reafirmar a doutrina católica contra as controvérsias da reforma protestante.

Também o secretário de Estado de Bento XVI, cardeal Tarcisio Bertone, falando aos futuros núncios em 20 de janeiro de 2011 na festa de santo Antônio Abade, padroeiro da Pontifícia Academia Eclesiástica, conclamou-os à santidade: "O trabalho de vocês nos escritórios, feito com humildade e discrição, poderá contribuir para o empenho da Santa Sé por um mundo mais justo e fraterno, em nome de Cristo."

Bertone recomendou aos futuros núncios "que vivam plenamente seus dias na oração, no trabalho, na proximidade real às Igrejas locais, com conselhos e afeto, com generoso espírito de abnegação, especialmente nas horas difíceis e por vezes trágicas de um país e de seu povo", atuando "como discípulos de Cristo e servidores do Sumo Pontífice".

Os núncios pertencem à elite da Igreja. Prestam-lhe grandes serviços. Nesse cenário, não se pode esquecer um deles que nasceu em Sotto Il Monte, em 25 de novembro de 1881, e não frequentou a Accademia dei Nobili Ecclesiastici. Graças a uma bolsa de estudos da diocese de Bergamo, Angelo Giuseppe Roncalli pôde estudar no Pontifício Seminário Romano, ordenando-se padre em Roma, em 1904. Na Primeira

Guerra Mundial, foi sargento do corpo médico e capelão militar do Exército italiano.

Em 1925, papa Pio XI nomeou-o bispo e o elevou a arcebispo para exercer o cargo de visitante apostólico na Bulgária. Em 1935, como delegado apostólico na Turquia e na Grécia, desenvolveu um diálogo respeitoso com os ortodoxos e muçulmanos. Naqueles dias marcados pelo antissemitismo, salvou muitos judeus concedendo-lhes "permissão de trânsito". Em 1944, o papa Pio XII enviou-o a Paris como núncio apostólico na França. Cardeal patriarca de Veneza em 1953, Roncalli foi eleito papa, com o nome de João XXIII, em 1958. Tinha 77. Em 1962, fez a abertura solene do Concílio Vaticano II, que convocou para arejar a Igreja.

Em muitos dos 179 países em que há representações diplomáticas do Vaticano (*Zenit*, julho de 2011), eles têm a precedência protocolar como decanos do corpo diplomático. Geralmente, residem no prédio da nunciatura, que tem os mesmos privilégios e imunidades das embaixadas. O Vaticano mantém representações diplomáticas em outras 21 organizações internacionais, como a ONU e em agências da própria ONU.

O Brasil foi o primeiro país fora da Europa a receber um representante do papa. Foi por acaso. Em 1808, quando a corte do rei dom João VI se transferiu para o Brasil fugindo de Napoleão, veio junto para o Rio de Janeiro o então núncio apostólico em Portugal, dom Lorenzo Caleppi. Em 1829, o papa designou dom Felice Ostini para representá-lo junto aos países da América do Sul.

No Brasil, o núncio dom Lorenzo Baldisseri exerce a função de decano entre os embaixadores acreditados em Brasília. Entre seus maiores feitos está a negociação do acordo entre o governo brasileiro, na gestão do presidente Luiz Inácio Lula da Silva, e a Santa Sé. O documento foi assinado no Vaticano em 2008 e promulgado no Brasil em fevereiro de 2010.

Diz o cânone 364 do Código de Direito Canônico: "O principal múnus do legado pontifício é tornar sempre mais firmes e eficazes os vínculos de unidade que existem entre a Sé Apostólica e as Igrejas particulares."

Segundo o mesmo artigo, compete ao núncio, entre várias atribuições:

1) informar a Sé Apostólica sobre as condições em que se encontram as Igrejas particulares, e sobre o que diz respeito à própria vida da Igreja e ao bem das almas; 2) assistir, com sua atuação e conselho, os bispos, permanecendo íntegro o exercício do legítimo poder destes; 3) estimular frequentes relações com a Conferência dos Bispos, dando a ela toda a ajuda possível; 4) quanto à nomeação de bispos, comunicar ou propor à Sé Apostólica os nomes de candidatos, bem como instruir o processo informativo sobre eles, de acordo com as normas dadas pela Sé Apostólica.

Parece claro que sua principal ocupação, na atualidade, é prover as igrejas locais de dioceses e de bispos, substituindo aqueles que se aposentam por motivo de saúde ou de idade, removendo este ou aquele para cobrir sedes vacantes ou elevando-os ao arcebispado. O núncio tornou-se, acima de tudo, um poderoso fazedor de bispos.

Brasília, 15 de abril de 2009.
Dizem que ele é pianista. Suas mãos, no entanto, não despertam atenção: antes, transmitem um cumprimento formal, delicado, que não combina com o temperamento caloroso dos italianos. O rosto, sim. É expressivo, paradoxalmente pelo pouco que revela — adequado a um embaixador pontifício a serviço da diplomacia do Vaticano por mais de 36 anos.

Quando o núncio se apresentou em Belo Horizonte, muitos do clero mineiro compareceram à audição. O núncio tocou piano num salão do Palácio da Liberdade, frente a uma plateia encabeçada pelo governador Aécio Neves e, por convocação do arcebispo dom Walmor de Oliveira Azevedo, recheada de padres.

A cada número, "dom Baldisseri levantava-se, fazia leve flexão dos joelhos para agradecer os aplausos. E até que ele toca direitinho", diz o padre José Cândido da Silva, organista exímio e compositor de música sacra.

Dom Lorenzo Baldisseri, o núncio apostólico no Brasil, está em Brasília desde dezembro de 2002. "Seis anos e três meses" — ele mesmo fez as contas, em abril de 2009. Nesse período, fez 130 bispos, removeu ou promoveu 42 bispos para novas dioceses ou arcebispados. "No total, foram 172 provisões", ele informa.

"Naquele dia mesmo, a Santa Sé publicara a provisão de uma diocese", ele acrescenta. O Santo Padre, atendendo às recomendações de seu embaixador no Brasil, nomeou dom Caetano Ferrari, OFM, até então em Franca, bispo de Bauru — diocese paulista com 5.982 quilômetros quadrados de superfície, população de 504 mil habitantes, dos quais 450 mil católicos, com 62 sacerdotes e 130 religiosos.

O núncio explica que as nomeações de bispos são geralmente anunciadas às quartas-feiras, não por regra, apenas por costume. A publicação do ato pontifício encerra um processo longo e minucioso que os núncios apostólicos do mundo inteiro tocam em silêncio de catacumba, com inteligência e eficiência, para a reposição de novos príncipes da Igreja.

Com 2 mil anos de janela, a Igreja Católica desenvolveu um processo criativo e único para identificar bons candidatos a guardiões da doutrina cristã e da disciplina eclesiástica, chamados a manter em funcionamento a formidável engrenagem da mais poderosa estrutura organizacional do planeta.

No mundo inteiro existem cerca de 5 mil bispos. Eles funcionam como mestres da fé, pastores do rebanho, guias paternais dos sacerdotes de suas dioceses e encarregados diretos de reabastecer a engrenagem prospectando operários para a messe por meio da formação de seminaristas.

"Vejo que já tem meu currículo." O núncio enxerga bem. Eu imprimira algumas folhas sobre ele, que encontrei na internet. Os quarenta anos de sua ordenação na catedral de Pisa, Toscana, em 29 de junho de 1963. No dia seguinte, celebrou a primeira missa em Loppia di Barga, onde seu irmão, padre Sílvio, era pároco, e dias depois festejou as primícias sacerdotais com a comunidade de San Pietro in Campo di Barga, onde nasceu em 29 de setembro de 1940, sob o regime fascista de Benito Mussolini.

É um homem diferente das fotos da internet. Em lugar da batina, da capa roxa e do solidéu, eis um padre de *clergyman* negro, sem pompas, um sorriso florentino num rosto que o tempo se encarregou de remodelar para destacar a calvície bem-comportada. Aparenta hábitos frugais à mesa: apesar de mais de três décadas na *carrière*, o corpo não perdeu agilidade.

Sentou-se num sofá de dois lugares e, simpático, sem afetação, mas como se esculpisse as palavras, procurou explicar como se faz um bispo. É um processo que normalmente dura de três a quatro meses, segue um manual secreto do Vaticano e que vale para todas as regiões da Terra onde prevalecer a influência da Igreja romana.

Quando uma sede episcopal fica vacante, a nunciatura dispara o processo de consultas sobre padres que seriam bons nomes para a mitra. São ouvidos inicialmente os bispos da área onde vagou o cargo, mas outros bispos também costumam ser consultados. O levantamento é, de certo modo, facilitado pelo banco de nomes sugeridos, de tempos em tempos, pelos bispos de cada país.

O Código de Direito Canônico recomenda que os bispos fiquem atentos aos sacerdotes seculares e religiosos de sua diocese, buscando aqueles mais aptos ao episcopado. Feitas as indicações, começa o trabalho da nunciatura, no silêncio mais clamoroso do Universo.

O núncio expede cartas aos informantes, a quem ele considerar que possa dar alguma informação sobre o "bispável". Se é um bom padre, reza missa todos os dias, recita o breviário diariamente, sua espiritualidade, suas virtudes, seus defeitos, vida afetiva, conduta moral, ortodoxia doutrinária, seu relacionamento com as pessoas, capacidade de liderança, inteligência; enfim, uma lista de questões que, se respondidas, revelam o avesso do candidato.

Enviadas pelos correios com o lacre da nunciatura, as cartas são conhecidas nos meios eclesiásticos como o "questionário". Os destinatários — bispos, superiores provinciais, membros do colégio dos consultores das dioceses, reitores de seminário, padres veteranos, freiras e até leigos — são advertidos de que devem informar o que sabem e manter sigilo sobre o assunto.

É o famoso *segreto pontificio*, tão de agrado aos corredores do Vaticano toda vez que a cúpula da Igreja se vê envolvida na seleção de um bispo, principalmente do bispo de Roma — o papa.

Na primeira rodada, são remetidas entre quarenta e 45 cartas. A nunciatura trabalha sem pressa. O círculo de informantes pode ampliar-se porque se indaga aos consultados se conhecem outras pessoas capazes de opinar sobre o candidato.

Mais cartas deixam a nunciatura, mais gente irá esquadrinhar, milímetro por milímetro, a vida do candidato, suas amizades femininas, boatos sobre tendências homossexuais, alguma declaração ou artigo na imprensa em defesa da Teologia da Libertação, do fim do celibato sacerdotal e da ordenação de mulheres.

A equipe da nunciatura — em Brasília são quatro os auxiliares do núncio, todos eles padres de congregação religiosa — prepara uma síntese das respostas ao questionário. Para cada sede vacante, o núncio, então, faz uma lista com três nomes — denominada *terna* — e, junto com um relatório sobre o que levantou, envia os processos à Congregação para os Bispos, em Roma.

Os processos são distribuídos aos cardeais, nomeados pelo papa como membros da Congregação. Segundo dom Baldisseri, a Congregação para os Bispos tem cerca de vinte cardeais, sediados em diversas áreas do mundo.

Após o exame dos cardeais, que geralmente opinam de acordo com o relatório do núncio, o prefeito da Congregação dá seu voto pessoal e, na audiência semanal dos sábados, leva ao Santo Padre a lista *terna*, com os nomes dos candidatos organizados em primeiro, segundo e terceiro lugares.

O papa pode também — informa-se no Vaticano — recusar a lista e determinar novas consultas, o que remete o processo à estaca zero. No caso brasileiro, se o papa estiver de acordo, as nomeações de novos bispos virão a público nas quartas-feiras.

O nomeado, segundo o Código de Direito Canônico, precisa ser maior de 35 anos e com mais de cinco anos de sacerdócio. Na Igreja Oriental, onde os sacerdotes podem se casar, o direito canônico exige também que o candidato a bispo não seja casado. Normalmente, candidatos anciãos não são lembrados porque, pelo direito canônico, ao completar 75 anos, o bispo deve apresentar pedido de renúncia à Santa Sé.

"Tem de gozar de boa saúde", acrescenta dom Baldisseri, lembrando que não é justo onerar os doentes com a pesada cruz episcopal. Sabe-se que a nunciatura investiga a fundo a saúde mental dos candidatos, excluindo aqueles padres que já manifestaram distúrbios, como depressão. Dá-se também atenção especial a candidatos que tenham familiares com histórico de transtornos mentais. Não há impedimentos, todavia, para deficientes físicos.

Não é bem o que se diz no interior de Minas. Ninguém acreditava que certo padre pudesse ser bispo: faltava-lhe um dedo da mão. A razão, contudo, pertence a dom Baldisseri. Padre Waldemar Chaves de Araújo foi bispo de São João del-Rei.

O trabalho do núncio, cercado de mistérios e de observações maliciosas do baixo clero, ganha o aplauso popular no dia da posse do novo bispo na diocese. Durante a missa solene de posse, faz-se a leitura do documento assinado por ele, para conhecimento da população:

> Aprouve a Sua Santidade o Papa Bento XVI nomear o padre fulano de tal para a diocese de tal, como bispo diocesano desta venerável Diocese. Eu, Lorenzo Baldisseri, arcebispo titular de Diocleciana e Núncio Apostólico no Brasil, no uso das faculdades que nos foram outorgadas pela Santa Sé, damos a licença para que Sua Excelência fulano de tal possa válida e licitamente tomar posse canônica do seu cargo. Pede-se, portanto, na data marcada, o presente decreto seja lido na presença do clero e do povo de Deus, segundo as normas do Código de Direito Canônico.
>
> Dado em Brasília, junto à sede da Nunciatura Apostólica, na data de tal e tal. Dom Lorenzo Baldisseri, Núncio Apostólico.

O núncio Baldisseri declara que a seleção de candidatos é rigorosa. Por isso, quase não há notícia de bispos que venham a ser afastados por má conduta.

E o presidente do Paraguai, Fernando Lugo?

Dom Lorenzo Baldisseri acha que a Igreja não errou impondo a mitra ao padre Fernando Armindo Lugo Méndez. Baldisseri diz que chegou a Assunção em 1995. Dom Lugo já fora nomeado bispo, sagrado e empossado na diocese de San Pedro del Paraná, a 400 quilômetros da capital. Convidado, ele o visitou lá.

Lugo, que vinha de família de políticos opositores ao presidente Alfredo Stroessner, nasceu em 30 de maio de 1951, em San Solano, Itapúa. Ingressou no noviciado da congregação do Verbo Divino em 1971, aos 20 anos. Ordenou-se padre em 1977. Foi mandado a Roma para estudar, onde permaneceu de 1983 a 1987. De volta ao Paraguai, lecionou Ensino Social da Igreja e atuou como assessor teológico da Conferência Episcopal Paraguaia.

Em entrevista à agência Brasil, de Fato, em maio de 2007, Lugo assim explicou sua nomeação a bispo, apesar da perseguição implacável movida pelo papa João Paulo II e pelo cardeal Joseph Ratzinger, prefeito da Congregação da Doutrina da Fé, contra os adeptos da teologia da libertação:

— Eu tinha uma excelente relação com o episcopado paraguaio, como sacerdote estive trabalhando como assessor do Celam na área do Ensino Social da Igreja. Havia uma garantia institucional do meu trabalho que me deu credibilidade e legitimidade.

P: O senhor é ordenado bispo e assume uma diocese...
Fernando Lugo: A diocese mais pobre do país, San Pedro, uma diocese na qual há muitos problemas sociais e econômicos. Até 1994, quando assumi a diocese, em todo o Paraguai houve 112 ocupações de terra. Dessas 112, 52 foram em San Pedro. Por um lado, é o departamento de maior número de latifúndios e, de outro, o trabalho pastoral social que organizou os camponeses sem terra. Essas ocupações de terra continuaram acontecendo porque os caminhos legais, institucionais para se conquistar a terra são ineficientes no Paraguai. Para que os camponeses tenham terra no Paraguai, é preciso ir para as estradas, ocupar as terras, morrer dois ou três, para que depois algo seja conquistado. Assim é o processo de luta pela terra em nosso país.

P: Na sua diocese, muitos conflitos agrários, pobreza...
Fernando Lugo: Quando eu cheguei, havia 650 comunidades eclesiais de base; quando saí, havia mil. Fizemos lá o I Encontro Diocesano de Comunidades Eclesiais de Base, o I Encontro Nacional e o V Encontro Latino-Americano e Caribenho de Comunidades Eclesiais de Base em 1997. San Pedro foi notícia eclesial pelo tipo de organização que mantínhamos dentro da Igreja, de estrutura laical, horizontal, de assembleias diocesanas com muita participação de leigos.

Sem conseguir demover o "bispo vermelho" de disputar as eleições presidenciais, o Vaticano aplicou a dom Lugo a suspensão *a divinis*. Lugo permanecia bispo, mas impedido de exercer seu ministério. No Natal de 2007, Fernando Lugo anunciou sua renúncia à vida sacerdotal para concorrer à sucessão do presidente Nicanor Duarte, apesar da oposição do Vaticano. No ano seguinte, ele elegeu-se presidente do país e acabou licenciado pelo Vaticano, que preferiu evitar um problema diplomático com uma nação de forte tradição católica.

"O Santo Padre concedeu-lhe a perda do estado clerical, junto com todas as obrigações que correspondem a este estatuto", anunciou, em 30 de julho, dom Orlando Antonini, o representante da Santa Sé em Assunção. "O Vaticano já concedeu o estado laico a muitos padres, mas esta é historicamente a primeira vez que ele o faz para com um membro da hierarquia eclesiástica", segundo explicou à imprensa.

Em 2009, os jornais divulgaram casos amorosos do ex-bispo, que admitiu, pelo menos com uma das mulheres, relações carnais e reconheceu no cartório o filho que teve com ela. Para o núncio Lorenzo Baldisseri, "a Igreja não errou. Lugo foi quem mudou". No lugar de Baldisseri, que teve sua função de fabricar bispos ampliada para o mundo inteiro, Bento XVI nomeou em fevereiro de 2012 o arcebispo dom Giovanni D'Aniello como novo núncio em Brasília.

D'Aniello era núncio na Tailândia e Camboja e delegado apostólico em Myanmar e Laos. Anteriormente, serviu como oficial na nunciatura brasileira. Sua primeira grande missão será selecionar 30 bispos para preencher 14 dioceses vacantes no país e para substituir outros 16 bispos que chegam em 2012 à idade expulsória dos 75 anos.

No Brasil, a nunciatura apostólica faz suas sondagens sobre os candidatos ao episcopado enviando para seus interlocutores o seguinte documento de consulta, conhecido como "Questionário do Vaticano":

> Descrever qual o relacionamento que tem com o candidato e indicar desde quando o conhece:
> 1. NOTAS PESSOAIS — Aspecto físico, saúde, resistência ao trabalho, condições da família, especialmente quanto a eventuais manifestações de doenças hereditárias.
> 2. DOTES HUMANOS — Capacidade intelectual especulativa e prática, temperamento e caráter, equilíbrio, serenidade de juízo, senso de responsabilidade.
> 3. FORMAÇÃO HUMANA, CRISTÃ E SACERDOTAL — Prática e testemunho das virtudes humanas, cristãs e sacerdotais (prudência, justiça, retidão, lealdade, sobriedade, fé, esperança, caridade, obediência, humildade, piedade; celebração cotidiana da Eucaristia e da Liturgia das Horas, devoção Mariana).
> 4. COMPORTAMENTO — Conduta moral, comportamento com as pessoas e no exercício do ministério sacerdotal, capacidade de estabelecer relações de amizade, relacionamento com autoridades civis (respeito e autonomia).
> 5. PREPARAÇÃO CULTURAL — Competência e atualização das ciências eclesiásticas, cultura geral, conhecimento e sensibilidade para os problemas de nosso tempo, conhecimento de outras línguas, eventuais publicações de livros ou artigos de revista dignos de registro.
> 6. ORTODOXIA — Adesão convicta e leal à Doutrina e ao Magistério da Igreja. Em particular, atitude do candidato diante dos documentos da Santa Sé sobre o sacerdócio ministerial, sobre a ética sexual e sobre a justiça social. Fidelidade à genuína tradição eclesial e empenho da autêntica renovação promovida pelo Concílio Vaticano II e pelos sucessivos ensinamentos pontifícios.
> 7. DISCIPLINA — Fidelidade e docilidade ao Santo Padre, à Sé Apostólica, à Sagrada Hierarquia; estima e aceitação do celibato sacerdotal tal como vem proposto pelo Magistério eclesiástico; respeito e observância das normas gerais e particulares sobre o exercício do culto divino e sobre a

veste eclesiástica. Aceitação e cumprimento das orientações pontifícias sobre a relação entre evangelização e promoção humana e sobre a participação do clero e dos religiosos na atividade política.

8. **APTIDÕES E EXPERIÊNCIA PASTORAL** — Capacidade, experiência e resultados alcançados no ministério pastoral; evangelização e catequese; pregação e ensinamento (preparação, aptidão para falar ao público); pastoral sacramental e liturgia (particularmente na administração da Penitência e na celebração da Eucaristia); pastoral vocacional; empenho pelas missões e espírito ecumênico; formação dos leigos para o apostolado (família, jovens, promoção e defesa dos direitos humanos, mundo do trabalho, da cultura, da informação); promoção humana e ação social com particular atenção aos pobres e mais necessitados.

9. **DOTES DE GOVERNO** — Espírito de paternidade, de serviço, de iniciativa; capacidade de liderar, de dialogar, de suscitar e receber colaboração, de análise e programação, de decidir e agir. De orientar e seguir o trabalho de conjunto; estima pela função e a colaboração dos religiosos e dos leigos (homens e mulheres) e por uma justa distribuição de responsabilidades; interesse pelos problemas da Igreja universal e particular.

10. **CAPACIDADE ADMINISTRATIVA** — Respeito e bom uso dos bens da Igreja; habilidade e destreza na administração; senso de justiça e espírito de desapego; disposição em recorrer à colaboração de especialistas na matéria.

11. **PÚBLICA ESTIMA** — Da parte dos confrades, do povo e das autoridades.

12. **JUÍZO GLOBAL SOBRE A PERSONALIDADE DO CANDIDATO E SOBRE SUA IDONEIDADE AO EPISCOPADO** — Mencionar, em caso afirmativo, se seria mais apto como bispo diocesano ou auxiliar, e para que tipo de diocese parece mais indicado (urbana, rural, importante, média, pequena).

Outras eventuais informações:

— Solicita-se, enfim, fornecer nome, endereço de residência e qualificação de outras pessoas (sacerdotes, religiosos, religiosas e leigos) reconhecidas pelo discernimento, serenidade e discrição, que conheçam bem o candidato.

Quando o núncio quer, não há nada que segure o Vaticano de nomear um bispo. É o que dizem dois clérigos turistas, um deles de uma congregação brasileira fundada em Minas. O outro, sacerdote com residência em Betim, na Grande Belo Horizonte.

No dia 31 de maio de 2009, eles visitavam a igreja de São Pedro dos Clérigos, em Mariana. Construída em 1752 para servir apenas ao clero, a igreja, de forma octogonal, só foi aberta ao culto em 1989, após sucessão de fatos e boatos que a consideravam amaldiçoada, segundo o guia turístico local, Jesus. Suas torres vinham sempre abaixo, os escravos acreditavam que era praga: ali no local enforcavam inimigos da Coroa portuguesa. As torres, apenas reconstruídas, caíam e desciam a ladeira em enxurradas de sangue. Na verdade, explica o guia, faltava cimento na argamassa e a enxurrada vermelha se devia à cor do minério local. Fechada por tanto tempo, a igreja teve as torres finalmente erguidas em 1921, mas outro imprevisto: "mataram um padre lá, o templo ficou outros cinquenta anos interditado, exigência do Código Canônico", na explicação de Jesus.

Mas, segundo os dois clérigos, um deles padre em Betim, todo o clero mineiro acompanhava atordoado o desenlace de uma consulta da nunciatura sobre o nome de um padre influente na arquidiocese de Belo Horizonte que, segundo a Rádio Peão, poderia receber a mitra. Se ele seria ou não nomeado bispo, conforme anunciara, em termos cifrados, o arcebispo de Belo Horizonte, dom Walmor Oliveira de Azevedo.

O arcebispo dissera que haveria novidades durante reunião em Aparecida. Belo Horizonte teria mais dois bispos auxiliares, e a Rádio Peão espalhou que um deles fora vigário de uma paróquia na Grande Belo Horizonte. O outro seria um religioso do clero local.

Acontece que eles já deveriam ter sido anunciados. Pelo menos dom Walmor assim esperava. Agora eles aguardavam o dia de Corpus Christi, se o anúncio aconteceria durante a Torcida de Deus, manifestação religiosa que reúne milhares de católicos no ginásio do Mineirinho na capital mineira, porque um hierarca da Igreja teria ido falar com o núncio em Brasília na tentativa de barrar a nomeação de um dos candidatos falados. O prelado teria dito que tal candidato não podia ser feito bispo, por vários impedimentos, segundo os padres turistas.

COMO SE FAZ UM BISPO

* * *

O núncio Baldisseri ouviu, e lavou as mãos: "Agora é tarde, Roma já aprovou o nome do padre fulano."
Apesar do fracasso da investida, não se sabe por que a nomeação não saiu na data esperada. A comunidade clerical aguardou, com o coração na boca, o dia 11 de junho, Corpus Christi, para saber o desfecho do *imbroglio*.
Bem, pelo menos no noticiário oficial do Vaticano, não saíram os nomes dos novos bispos. Saiu apenas: "*CIUDAD DEL VATICANO, 10 JUN 2009 (VIS). El Santo Padre aceptó la renuncia del obispo José Refugio Mercado Díaz al oficio de auxiliar de la diócesis de Tehuantepec (México) en conformidad con el canon 401, párrafo 2 del C.I.C.*"
E dos bispos auxiliares de Belo Horizonte nenhuma notícia.
O Palácio Cristo Rei aguardou, então, confiante, mês a mês, até o fim do ano 2010, certo de que, antes da passagem do Ano-Novo, o Vaticano divulgaria seus nomes.
Nada disso.
O anúncio só veio em 19 de janeiro de 2011. O Santo Padre nomeou o padre Luiz Gonzaga Fecchio, da diocese de São Carlos, em São Paulo. Em 4 de maio de 2011, o papa nomeou outro paulista para bispo auxiliar de Belo Horizonte, o padre Wilson Luiz Angotti Filho, nascido em Taquaritinga (SP). Ordenado em 1982, dom Angotti trabalhava como assessor da Comissão para a Doutrina da Fé da CNBB, em Brasília, presidida por dom Walmor.
São insondáveis os mistérios do Vaticano. "Roma gosta de mostrar que é ela quem faz os bispos", explica padre João Batista Libanio.
No exercício de seu esporte favorito, a futrica clerical, padres de Belo Horizonte contam que nos momentos anteriores à sua aposentadoria dom Serafim teria articulado, com desembaraço e volúpia de político mineiro, o nome do sucessor. Fixou-se em três bispos: dom Ricardo Chaves, de Pouso Alegre (o favorito dele); dom Geraldo Lyrio Rocha, ex-aluno do Seminário Coração Eucarístico de Belo Horizonte e hoje arcebispo de Mariana; e dom Raymundo Damasceno de Assis, arcebispo de Aparecida e eleito presidente da CNBB em maio de 2011.

Dom Serafim nega a candonga. Mesmo com amigos influentes em Roma, o cardeal mineiro não aceitou a sugestão de padres de sua arquidiocese para indicar o sucessor. Diz que esse comportamento não faz seu estilo: "Conheci dom João depois de indicado. Não indiquei meu sucessor. Acho que o processo atual de escolha ainda é o melhor, embora não ideal. Pode aumentar um pouco a participação, mas não há sentido, por exemplo, em se fazerem eleições para escolha de bispos", declarou ao jornalista Manoel Marcos Guimarães.

Em 28 de janeiro de 2004, o Vaticano ignorou a lista tríplice e informou que o sucessor era o baiano dom Walmor Oliveira de Azevedo. Dom Serafim teria tomado conhecimento da notícia pela TV.

Padre Manoel Godoy, diretor do Instituto Santo Tomás de Aquino (Ista), em Belo Horizonte, concorda com os clérigos turistas: "O núncio é esperto. Quando quer nomear um bispo, ele direciona as cartas de consulta para amigos do candidato. Funciona o inverso, também. Quando o núncio não quer, ele concentra as consultas em adversários do candidato."

Pelo menos esse foi o desabafo feito por dom Vicente Zico, CM, que indicara seu confrade lazarista, o padre Lauro Palú, para o bispado, quando dom Alfio Rapisarda atuava como núncio no Brasil. Rapisarda rebatia as críticas dos bispos: "Vocês vivem reclamando que eu demoro com os processos, mas vocês não indicam nomes", teria afirmado. Presente no encontro, dom Vicente Zico contou que havia indicado padre Palú e apontou as artimanhas desenvolvidas contra ele.

Por isso alguns bispos atropelam o núncio e, de forma temerária, tentam fazer seu sucessor, diretamente, em Roma. Por conta e risco próprios. Geralmente dá errado. A Cúria Romana não tolera que o representante pontifício leve bola nas costas.

Com dom Rino Carlesi, bispo comboniano da diocese de Balsas, no Maranhão, deu certo. Padre Manoel Godoy, que na época trabalhava na CNBB em Brasília, apostou uma garrafa de vinho italiano com dom Rino, que ele não conseguiria. O núncio era dom Alfio Rapisarda.

"Pode me dar o dinheiro do vinho", disse, então, dom Carlesi ao padre Godoy. Não é que dom Rino Carlesi viajou para Roma e, não se sabe como, ele conseguiu fazer seu bispo coadjutor, o colega de congregação comboniana padre Gianfranco Masserdotti? Dom Masserdotti morreu em 2006, quando andava de bicicleta e foi atropelado por um carro.

Dom Tomás Balduino, OP, também fez seu sucessor na diocese de Goiás, com o auxílio de dom Lucas Moreira Neves, dominicano como ele e, na época, um dos cardeais mais influentes no papado de João Paulo II, que o nomeou prefeito da Congregação para os Bispos em Roma. Dom Balduino colocou em Goiás o belga dom Eugene Lambert Adrian Rixen, então bispo auxiliar de Assis, em São Paulo.

O campeão na nomeação de bispos, segundo padre Godoy, é o cardeal dom Eugenio Sales, arcebispo emérito do Rio de Janeiro. "Dom Eugenio fez cerca de cem bispos no Brasil. Ele mudou a feição da CNBB", afirma. Poderoso, o cardeal brasileiro perdeu a queda de braço para o núncio Alfio Rapisarda na sucessão da arquidiocese de São Sebastião do Rio de Janeiro.

Com a cumplicidade do papa Wojtyla, que o conheceu em Florianópolis durante sua visita ao Brasil, dom Eusébio Oscar Scheid foi nomeado para o lugar de dom Eugenio em 2001, por obra e graça do núncio Rapisarda. Um ano depois, dom Eugenio deu-lhe o troco: castigou-o, junto a Roma, que o transferiu para a nunciatura em Portugal.

Dom Rapisarda aposentou-se em Lisboa e de lá saiu despido das vestimentas de cor púrpura e sem o chapéu cardinalício. Rapisarda quebrou a tradição dos legados vaticanos no Brasil, que quando deixam Brasília são premiados com o chapéu cardinalício e ingressam no sacro colégio dos eleitores do papa. Alguns bispos sabem por quê, mas não falam.

Em janeiro de 2012, o papa Bento XVI chamou a Roma o núncio Lorenzo Baldisseri e o nomeou secretário da Congregação para os Bispos. Sinal de que logo ele receberá o chapéu cardinalício como recompensa pelos 10 anos de bons serviços no Brasil. Dois meses depois, em 7 de março, o papa deu-lhe nova manifestação de apreço, nomeando-o secretário do Colégio dos Cardeais. No caso de morte do Romano Pontífice, o ex-núncio no Brasil será secretário do conclave e caberá a ele entregar o solidéu branco ao papa que for eleito.

CAPÍTULO 8   *Invidia clericalis*

Nada mais rico em minúcias — e sigiloso — que o processo adotado pela Santa Sé para selecionar seus candidatos a bispo, diz o arcebispo de Belo Horizonte, dom Walmor Azevedo de Oliveira, 57 anos, 34 de padre e 13 de bispo (em 2011), nomeado, em agosto de 2009, membro da Congregação da Doutrina da Fé pelo seu ex-prefeito, o papa Ratzinger.

São feitas averiguações minuciosas, sob segredo pontifício.

As consultas — em forma de "questionário" — circulam entre os presbíteros, religiosos, leigos, convidados a contribuir com sua opinião sobre o candidato. As cartas da nunciatura chegam em envelopes lacrados, com o selo de duas palavras latinas que expressam sua seriedade: *sub grave*.

"Sob pena de excomunhão", explica o arcebispo jovial, em aparente boa forma física, certamente resultado de dietas saudáveis e de exercícios físicos (dizem, porém, que ele sofre dores de coluna terríveis), "aquele que não falar a verdade ou que bater com a língua nos dentes incorre em sanções canônicas graves".

Dom Walmor não se esconde atrás de mineirismos para revelar a pior distorção do processo no contexto contemporâneo, onde prevalecem tendências de denuncismo, de difamação e maledicência: a *invidia clericalis*. Ela é o primeiro pecado capital do clero.

Esse é um mal que costuma frequentar ambientes clericais. Em jargão eclesiástico, o segundo pecado capital é o fogo amigo clerical — uma espécie de tradução para os meios padrescos da célebre frase do sábio governador mineiro Milton Campos: "Falar mal do governo é tão bom que não deveria ser privilégio só da oposição."

Na Igreja Católica costuma ser assim. Futricar, murmurar, levantar suspeita sobre os colegas têm sido, há priscas eras, uma espécie de esporte do clero. Muitos bispos reclamam do comportamento de seu clero quando das consultas vaticanas, conforme lembra padre Dino Barbiero. Barbiero disse que ouviu dom Serafim Fernandes de Araújo queixar-se de que os nomes "bispáveis" que ele apresentou ao núncio foram impiedosamente "bombados".

O fogo amigo faz lembrar Publius Syrius, um escravo levado da Síria para Roma, 64 anos antes de Cristo. Syrius, que teve pensamentos citados por são Jerônimo, deixou este ensinamento: "*Magis cavenda amicorum invidia, quam insidiae hostium.*" Deve-se temer mais a inveja dos amigos do que as armadilhas dos inimigos. Em bom português: Deus me guarde dos amigos, que dos inimigos me guardo eu.

Muitos bispos sofrem terrivelmente quando detectam esses sentimentos em seu clero. Mais adequados a nazistas, segundo frase atribuída a Joseph Goebbels: "Caluniai, caluniai, alguma coisa restará."

A disputa por cargos entristece porque o ministério episcopal, de beleza intensa, é um dom divino. Ou, como dizia o apóstolo Paulo, "um tesouro em vaso de barro". Em "Pastores Gregis", exortação póssinodal de 2003, o papa João Paulo II apresenta o bispo como aquele consagrado para debruçar-se sobre as dores do mundo. Não como cargo honorífico, de poder e mando.

Dom Walmor conta que a inveja clerical parece presente em muitas dioceses. Pelo menos, ele disse ter ouvido de vários colegas bispos reclamações nesse sentido. As calúnias, o preconceito, as deduções por hipótese, afirma, provocam desestabilização no clero, destroem reputações morais, causam enormes prejuízos à Igreja, que perde talentos por conta de seu descrédito.

O teólogo suíço Hans Küng, em *My struggle for freedom: Memoirs*, observa que "... *invidia accademica has multiplied with invidia clericalis*". A inveja acadêmica tem se multiplicado com a inveja clerical, constata o extraordinário teólogo e colega de cátedra universitária do papa Ratzinger, na Universidade de Tübingen, na Alemanha.

INVIDIA CLERICALIS

Em 1997, no semanário *Iglesia en Camino*, o então arcebispo de Mérida-Badajoz, dom Antonio Montero Moreno, escreveu que é preciso tomar cuidado com a "negra inveja", especialmente a *invidia clericalis*, própria do estamento eclesiástico. Porque ela "corta as asas do amor". Emérito desde 2004, quando completou 75 anos, dom Montero Moreno diz que quem melhor definiu a inveja, que jocosamente classifica como vício nacional de sua pátria, a Espanha, foi santo Tomás de Aquino, "*que la presenta como tristeza por el bien ajeno*".

"Uma das faces mais lamentáveis é a *invidia clericalis*, inveja que se revela no espírito de competição e na luta pelo poder", confirma em "paraibaonline" dom Genival Saraiva de França, bispo de Palmares, em Pernambuco. A *invidia clericalis*, afirma, contrapõe-se à "fraternidade presbiteral", que é uma das expressões mais ricas da vida do clero de uma diocese para correção de erros e apoio nas dificuldades.

O grave, diz dom Walmor, é que ela também causa morosidade no processo de consultas desenvolvido pela nunciatura apostólica. A Santa Sé procura discernir os fatos — o que é verdadeiro do que é informado por inveja ou por vingança. Isso leva a atrasos devido a sucessivas rodadas de consultas. Além disso, o processo não se destaca pela pressa. Começa, para, fica na geladeira, é retomado, de acordo com as conveniências da nunciatura. Dom Walmor informa que o núncio dom Lorenzo Baldisseri costuma devolver aos bispos as queixas de morosidade: se vocês não me respondem às consultas com rapidez, como querem exigir agilidade de mim?

Ele próprio se dizia, em 2009, ansioso pela chegada de um novo bispo coadjutor, prometido desde 2006 pelo núncio. Naquele ano, dom Walmor recebeu uma demonstração de prestígio do Vaticano: fez o anúncio de dois novos bispos para a capital mineira, dom Joaquim Giovanni Mol Guimarães e dom Aloísio Jorge Pena Vitral.

Isso não é normal. O normal é a divulgação ser feita pela Santa Sé, em comunicados oficiais dos "atos pontifícios". Por tradição, as nomeações de bispos brasileiros pelo Santo Padre ocorrem sempre às quartas-feiras. É por isso que, depois de ordenados, os padres brasileiros deixam de lado a preferência de seus tempos de seminário pelas quintas-feiras, quando o almoço vinha mais caprichado, em alusão à ceia da Quinta-Feira Santa...

Por deferência do Vaticano, o anúncio dos novos bispos foi feito, concomitantemente, por dom Walmor, durante celebração de missa no colégio das Irmãs Salesianas em Belo Horizonte, e pela Cúria, em Roma. Não era uma quarta-feira. Era o dia 11 de fevereiro de 2006.

"Falei na hora do Glória. Não foi questão de prestígio pessoal, mas homenagem aos 85 anos da arquidiocese de Belo Horizonte", explica, modesto, quase a se desculpar. Mas há outra exceção nessa história. Dom Joaquim Mol foi nomeado bispo apesar das restrições usuais à escolha de padres que deixaram congregações religiosas. Ele era salesiano. "O caso revela a consideração da Santa Sé pela seriedade de dom Mol", assegura.

Conta que, quando chegou a Belo Horizonte, para suceder ao cardeal dom Serafim Fernandes de Araújo, o processo de dom Mol e de dom Vitral já estava em curso. Mas dom Walmor assinou embaixo. Cabe ao arcebispo, explica, aceitar ou recusar algum auxiliar. Pode preferir aguardar um nome mais adequado para suas necessidades, e, segundo ele, o Vaticano respeita a opinião do titular.

No seu caso, quando faz indicações de novos bispos, leva em conta três qualidades:

1. a integridade moral do padre no seu comportamento e relacionamento com as pessoas, bem como o modo de gerir o que está sob sua responsabilidade;
2. o testemunho de sua fé, sua espiritualidade diante do povo;
3. sua capacidade de compreensão da realidade, sua liderança propositiva para congregar pessoas em torno das metas da Igreja.

Segundo o arcebispo, é comum encontrar padres com uma ou duas dessas qualidades. "É uma alegria quando encontramos um com as três."

A formação de um episcopado exemplar começa nas famílias. Depende dos seminários. "A Igreja tem de pensar seus quadros como as grandes empresas fazem. Temos de cuidar de nossos seminários e, se tivermos padres capazes e santos, teremos bons candidatos a bispo."

Não tem importância se atualmente há bispos que sequer sabem latim, como informa padre Célio Dell'Amore, ex-reitor do Caraça. Pode ser que saibam outras línguas; são os tempos atuais. Pode ser que não sejam exímios administradores. Se tiverem essas qualidades, ótimo. Mas o segredo do bom bispo é a santidade de vida; sua capacidade de diálogo, de difundir a palavra de Cristo.

Foi o caso do Cura d'Ars. Ele não foi feito bispo e quase não conseguiu ordenar-se padre. Ele não sabia latim. Era considerado "tapado" intelectualmente. Jean-Baptiste Marie Vianney, nascido em Dardilly, perto de Lyon, em 1756, só se ordenou padre por insistência do *abbé* Balley, que em 1806 abrira em Ecully uma escola eclesiástica para formação de padres. Matriculado, Vianney não conseguia acompanhar os colegas nas aulas de latim. Não pescava nada. Ele sobrava na sala, mesmo ajudado pelo colega Mathias Loras, mais tarde bispo de Dubuque (1837-1858), em Iowa, nos Estados Unidos.

Foi colocado numa classe em que as lições eram dadas em francês. Vianney continuava "boiando". O *abbé* Balley tinha olho clínico: movimentou-se e conseguiu colocar o jovem no Seminário Maior de Verrières, em outubro de 1813.

Mas, no feriado da Páscoa de 1814, Vianney foi despachado para casa, com a ordem de não voltar. Ninguém duvidava de sua piedade, de sua vocação. Mas ele continuava enfrentando todo tipo de dificuldade na aprendizagem das matérias eclesiásticas. Então, ele resolveu se tornar apenas irmão leigo.

Novamente o *abbé* Balley interveio. Deu-lhe aulas particulares. Enfiou o básico naquela cabeça dura. E acabou conseguindo que ele fosse ordenado padre pelo bispo de Grenoble, monsenhor Claude Simon. Foi uma cerimônia sem graça: ordenado sozinho, em 13 de agosto de 1815, na capela do Seminário de Grenoble, com uma ressalva canônica no certificado de ordenação: não poderia ouvir confissões.

Engraçado. Em artigo na revista *Catholicity*, de junho de 2009, o padre John Jay Hughes conta que em 1859, ano de sua morte, Jean-

COMO SE FAZ UM BISPO

Baptiste Vianney, o Cura d'Ars, atraía multidões de romeiros. Eles queriam confessar-se com o vigário da cidadezinha de Ars, nas redondezas de Lyon, para onde foi nomeado pároco em 1818.

Só naquele ano de 1859, cerca de 120 mil romeiros — média de 330 por dia — chegavam em trens especiais para ajoelhar-se no confessionário daquele padre com fama de santo. Vianney passava horas rezando ou atendendo a confissões.

O padre "burro" foi canonizado pelo papa Pio XI em 1925 e declarado patrono dos párocos. Em memória dos 150 anos de morte do santo Cura d'Ars, o papa Bento XVI inaugurou o Ano Sacerdotal 2009/2010 proclamando-o padroeiro de todos os sacerdotes no mundo.

Apesar de santo, Vianney não escapou da *invidia clericalis*: padres reclamavam ao bispo da excessiva severidade do colega, e alguns chegaram a espalhar que ele era pai de uma criança ilegítima recém-nascida em Ars.

Esse tipo de intriga permanece vivo em setores do clero oposicionista, no mundo inteiro, por ocasião da nomeação de novos bispos. Surgem murmúrios que fariam corar os fiéis e escandalizariam os frequentadores do confessionário. O próprio arcebispo dom Helvécio, de Mariana, teria, certa vez, manifestado sua discordância com a nomeação de um bispo paulista, com fina ironia eclesiástica: "o Espírito Santo não voaria tão baixo" (*No seminário e no clero*).

De duas, uma: ou é tudo verdade e fica comprovada a ineficiência do processo de seleção de candidatos; ou é tudo calúnia e aí só resta rezar ao santo Cura d'Ars pela conversão do clero.

A intriga na Igreja, que costuma resultar em denúncias a Roma e desdobramentos administrativos, golpeia também os bispos progressistas. O cardeal dom Paulo Evaristo Arns foi alvo fácil de muitos membros do clero que o acusaram de dar abrigo à teologia da libertação na Pontifícia Faculdade de Teologia Nossa Senhora da Assunção. Em retaliação, sua arquidiocese foi dividida, apesar de o papa João Paulo II ter se manifestado contrário. Sofreu investigações de enviados da Cúria Romana, e um deles, o cardeal Joseph Höffner, à morte em outubro de 1987, mandou chamar dom Evaristo e pediu-lhe desculpas. Aconteceu em Colônia, na Alemanha, onde Höffner foi arcebispo (*Da esperança à utopia*).

INVIDIA CLERICALIS

Nomeado aos 43 anos — ele nasceu em 1954 na cidade baiana de Cocos —, dom Walmor foi bispo auxiliar de Salvador de 1998 até 2004, quando foi removido para Belo Horizonte. Um salto e tanto. Porque é raro um bispo auxiliar, queimando a etapa de bispo em uma diocese pequena, ser nomeado arcebispo de uma grande província eclesiástica como é Belo Horizonte.

Um exemplo. Para a vaga do cardeal arcebispo de Salvador, dom Geraldo Majela Agnello, obrigado a deixar o posto pela compulsória etária vaticana, o papa Bento XVI saiu à procura de um bispo rodado. Dom Murilo Sebastião Ramos Krieger chegou a arcebispo primaz do Brasil (2011) depois de atuar como bispo auxiliar de Florianópolis (1885), bispo de Ponta Grossa (1991), arcebispo de Maringá (1997) e arcebispo de Florianópolis (2002).

Sua disposição de apreender a cultura baiana impressionou o padre Reginaldo Pessanha, que ouviu dele a confissão de compreensão de sua transitoriedade diante dos séculos de existência da arquidiocese: "Vou administrar com os padres daqui, porque serei arcebispo de Salvador no máximo por oito anos", disse dom Krieger, de 67 anos, referindo-se à fatídica data de 75 anos, quando todo bispo é obrigado a pedir o boné.

O lema de dom Walmor é uma frase, em latim, retirada do profeta Isaías: "*Ut mederer contritis corde*" — para curar os corações feridos. É altamente preparado: tem mestrado em ciências bíblicas pelo Pontifício Instituto Bíblico (1978–1980), em Roma, e doutorado em teologia bíblica, também em Roma, pela Gregoriana.

Dom Walmor informa que atualmente a Igreja tem nomeado bispos com idade acima de 45 anos — entre 45 e 55 anos, sobretudo a partir dos 50 anos. Acredita, porém, que em breve a Igreja conhecerá uma leva de bispos mais novos, porque está chegando um grande número de padres ordenados após a crise dos anos 1970, com a retomada vocacional dos últimos vinte anos.

O arcebispo sabe do que fala. Em 21 de dezembro de 2011, o papa Bento XVII nomeou, a pedido de dom Walmor, o quarto bispo auxiliar de Belo Horizonte: dom João Justino de Medeiros Silva, 45 anos, originário da arquidiocese de Juiz de Fora (MG).

Em texto distribuído pelo Serviço de Imprensa da Arquidiocese em 21 de junho de 2010, dom Walmor ataca de frente, mas sem citar nomes, as igrejas evangélicas que denominam de bispos alguns de seus pastores. "Bispo não é um título que alguém pode arvorar e definir para si, como fundador e líder de um grupo de fiéis que passam, ainda que por práticas religiosas, a se definir como uma Igreja", afirmou.

Segundo ele, "o bispo da Igreja Católica, um sucessor dos apóstolos, daqueles apóstolos primeiros chamados pelo mestre Jesus Cristo, assim constituídos por Ele, é nomeado de 'dom', uma forma de titulação precedendo o seu nome de batismo".

Dom Walmor lembra a narração do evangelista Marcos: "Jesus subiu a montanha e chamou os que quis", e então constituiu 12, "para que ficassem com ele e para que os enviasse a anunciar a boa-nova, com o poder de expulsar os demônios". Explica ainda que o bispo, que é chamado de dom, é uma tradição de 2 mil anos. "Dom não é um simples título honorífico. Não é uma formalidade para nomear uma pessoa, mas referência a quem foi consagrado para a missão dada por Jesus aos 12 primeiros apóstolos."

— E quanto à *invidia clericalis*, dom Walmor?

— Só uma espiritualidade profunda pode curar esse mal — concluiu.

CAPÍTULO 9 Bula secreta

O jornalista e escritor Carlos Heitor Cony diz que o modo com que a Igreja escolhe seus bispos "é complicado, um mistério". Em jantar na casa da empresária Ângela Gutierrez, em Belo Horizonte, em 12 de março de 2002, ele disse que nos seus dias de seminarista no Rio Comprido o seminário da arquidiocese do Rio de Janeiro teve dois reitores, e fala deles no seu livro *Informação ao crucificado*.

"Um deles, padre João Batista da Mota Albuquerque, era atrapalhado com dinheiro e desorganizado completamente. Por consolação, o fizeram monsenhor e ele continuou fazendo bobagens administrativas. Levaram-no para a nunciatura apostólica e ele piorou", conta.

Depois do seminário, Cony teve militância política importante no jornal *Correio da Manhã* contra o regime militar de 1964. Ele se lembra de que o monsenhor quase quebrou o núncio com suas trapalhadas financeiras, embora a nunciatura, com privilégios de embaixada, não pagasse impostos. "Um dia fizeram-no bispo de Vitória. Não dá para entender", goza. Dom João Batista, ordenado padre no Rio de Janeiro em 1933, foi sagrado bispo em 1957 e até 1984, quando morreu, foi arcebispo de Vitória.

Já o cardeal Dom Eugenio Sales, segundo Cony, era ótimo administrador. "Ele entra na catedral e a mede de alto a baixo com os olhos e tem suas medidas. Sabe lidar com dinheiro. Sagaz, até vendeu o prédio do Seminário do Rio Comprido para o Banco Nacional..."

O jesuíta americano Thomas Reese, autor do livro *Inside the Vatican* [Por dentro do Vaticano], critica a Cúria Romana por escolher alguns bispos ruins em administração das dioceses, principalmente em finanças. Jesuíta como ele, o arcebispo de Mariana, dom Luciano Mendes de Almeida, contestava o confrade. Ele dizia que os negócios devem ser entregues aos leigos. Além do mais, observou, os brasileiros diferem dos bispos americanos, que, geralmente, têm vocação para finanças e dispõem de grandes somas de dinheiro.

O núncio dom Lorenzo Baldisseri concorda com dom Luciano: a gestão financeira das dioceses deve ser confiada aos leigos. O bispo é chamado a cuidar preferencialmente da administração de almas.

Dom Luciano, descendente de família nobre e de posses, acreditava que o processo de escolha de bispos "perfeito não é", mas "é o melhor". Porque "garante a liberdade de se enviar o bispo certo para o lugar certo, onde geralmente ele nem é conhecido, porém onde ele é necessário".

Dom Mauro Morelli, bispo emérito de Duque de Caxias (RJ), acha que a indicação de novos bispos não pode ficar nas mãos de um único homem, o núncio. Defende a formação de um colegiado de bispos para a seleção de nomes. Disse que durante a visita do cardeal Giovanni Batista Re, prefeito da Congregação para os Bispos, ao Brasil, defendeu de público esse sistema, um retorno aos tempos da Igreja primitiva, mas foi desautorizado "de forma grosseira e agressiva" pelo emissário, que sequer "esperou que eu concluísse o pensamento".

"O cardeal Re fez ironia, dizendo que eu estava com nostalgia do primeiro milênio", e deixou claro que quem manda é a Cúria e que "eu me pusesse no meu lugar". Conta dom Mauro Morelli que os bispos presentes reagiram "com frio silêncio, que revelou a desaprovação à investida malcriada do cardeal". Dom Mauro disse que não retrucou por entender que "quem vomita se suja com seu vômito".

Por ocasião da sucessão de dom Eugenio Sales por dom Eusébio Scheid, o então bispo de Duque de Caxias, aposentado em 2005, prometia enviar carta ao sucessor de João Paulo II sugerindo mudança no sistema de escolha de bispos e de indicação dos arcebispos. Contou que a sucessão de dom Eugenio no Rio "foi uma vergonha". Segundo ele, dom Eusébio recebeu 3 dos 42 votos, mas foi escolhido "por politicagem do núncio, um italiano do Sul que nada entende de Brasil e de Rio de Janeiro".

Na verdade, o núncio Lorenzo Baldisseri é da Toscana, no coração da Itália, uma das regiões mais belas e desenvolvidas do país, com destaque para Florença. Dom Luciano teria recebido cinco votos e dom Alano Pena foi o mais votado.

Padre João Batista Libanio explica que é absolutamente normal o que aconteceu no Rio de Janeiro. Segundo ele, o Vaticano não abre mão de mostrar que quem faz bispo, arcebispo ou cardeal é Roma. Pouco adiantou que o cardeal dom Eugenio Sales fosse membro de meia dúzia de congregações pontifícias. Ele não conseguiu fazer seu candidato favorito, o bispo dom Carlos Alberto Navarro, seu sucessor no arcebispado do Rio de Janeiro.

"O sistema é um absurdo. Veja o caso do Rio: nenhum bispo é fluminense, todos vieram de fora, inclusive eu, que sou paulista." Sagrado bispo aos 39 anos, Mauro Morelli era pároco de Rio Claro e foi primeiro secretário da regional da CNBB em São Paulo, com dom Paulo Evaristo Arns.

Contou que foi feito bispo graças à mãe de dom Luciano Mendes de Almeida. Ela estava doente, no Rio de Janeiro, e padre Luciano hesitava em não comparecer a uma reunião da CNBB em São Paulo, para visitá-la. Morelli se ofereceu para substituí-lo na reunião da CNBB e se saiu bem. Acabou nomeado secretário da entidade, e conseguiu "aumentar de 15 para quarenta o número de bispos participantes das assembleias e unir o episcopado paulista", garante.

Dom Mauro Morelli aposentou-se sem conseguir pôr em prática um dos seus projetos mais polêmicos. Ele queria acabar com os seminários e ordenaria sacerdotes "pessoas de fé e de liderança da comunidade, fossem homens ou mulheres".

Diz que foi feito bispo por indicação de dom Geraldo Fernandes, de Londrina. Padre João Batista Libanio, SJ, contesta: "Morelli foi feito bispo por ser amigo do núncio apostólico da época, dom Carmine Rocco. Hoje, não seria."

Não seria mesmo, concorda o ex-franciscano Leonardo Boff, um dos expoentes da Teologia da Libertação. João Paulo II, segundo Boff, teria colocado mais três impeditivos para a seleção dos novos bispos.

Jamais seria escolhido: "1) o candidato que, alguma vez na vida, fez crítica ao papa; 2) que em público, ou em privado, manifestou-se contra o celibato; 3) que alguma vez foi contra a doutrina da Igreja em relação à moral familiar, manifestando-se favoravelmente à prática do aborto e ao divórcio."

Boff disse que essas mudanças foram feitas sob sigilo e quem lhe contou foi dom Fernando Figueiredo, bispo de Santo Amaro e protetor do padre Marcelo Rossi — fenômeno eclesiástico da TV brasileira. As novas exigências acrescentam-se ao antigo juramento contra o Modernismo, estabelecido no pontificado de Pio X.

Segundo frei Oswaldo Rezende, OP, não há novidades nessa matéria, basta ver o cânon 833, parágrafo 8, do Código de Direito Canônico. "Até para o cargo de diretor da faculdade de teologia, tive de fazer o juramento."

Frei Oswaldo entende que não houve mudanças substanciais na escolha de candidatos a bispo, porque, "francamente, mesmo antes dos últimos papas, todas essas regras já vigoravam e estão nos questionários, ainda que implicitamente". Categórico, afirma: "nunca ouvi dizer que alguém que fala mal do papa, é contra o celibato e a favor do aborto e do divórcio tenha sido escolhido para bispo. Nunca."

Padre Manoel Godoy, que trabalhou durante dez anos na CNBB, em Brasília, ensina uma fórmula para se chegar a bispo, na atualidade. Ele é diretor do Instituto Santo Tomás de Aquino (Ista) em Belo Horizonte, mantido por congregações religiosas, com trezentos alunos, entre seminaristas, padres e leigos — cem deles em cursos de pós-graduação e os demais cursando filosofia e teologia.

Eis a fórmula:

1. jamais questionar o celibato;
2. sempre chamar o papa de Santo Padre;
3. usar trajes com alguma identificação sacerdotal, pelo menos o *clergyman*;
4. escrever contra a Teologia da Libertação;

5. nunca discutir qualquer decisão proferida pelo papa, como a proibição da ordenação de mulheres;
6. escrever pouco.

A fórmula para não ser bispo é o avesso do anunciado acima, com um adendo:

Se você for parente de um bispo revolucionário, pode tirar o cavalo da chuva que não será feito bispo. Exemplo: apesar de uma folha exemplar de serviços à Igreja, padre Antônio Valentini Neto, cura da catedral de Erexim, no Rio Grande do Sul, tem sido preterido por ser parente de dom Demétrio Valentini, bispo de Jales, em São Paulo.

Padre Antônio Valentini parece ter sido incluído na lista dos *improponibili*, em companhia de outros padres que, de alguma forma, foram apanhados violando as normas da fórmula para se chegar ao episcopado. Para se sair dessa lista de condenados, só com a ajuda de um bispo muito influente, como era, no passado, dom Eugenio de Araujo Sales.

Dom Demétrio Valentini não leva a história a sério. "Padre Antônio não foi nomeado bispo porque eu o conheço bem, ele é meu sobrinho..." Em seguida, em tom sério, disse que o sobrinho é um grande liturgista. O bispo de Jales acabara de pregar o retiro espiritual para um grupo de padres da arquidiocese de Mariana, no final da manhã de 8 de julho de 2011. Brincalhão, disse: "Para dizer a verdade, eu é que não deveria ser bispo."

Contou que foi feito bispo em 1982. Perguntei quem era o núncio. "Não tinha núncio." "Mandaram-me responder a um telegrama. Eu respondi: concordo." Realmente, padre Luiz Demétrio Valentini foi apontado bispo em 8 junho de 1982. A nunciatura em Brasília estava vaga porque o núncio, dom Carmine Rocco, no Brasil desde 1973, acabara de morrer, em 12 de maio de 1982. O sucessor, dom Carlo Furno, somente foi nomeado em 21 de agosto daquele ano.

Nascido em São Valentim, no Rio Grande do Sul, em janeiro de 1940, dom Luiz Demétrio Valentini é considerado um bispo progressista, da linha do falecido dom Luciano Mendes de Almeida, segundo revelou um padre participante do retiro.

Mineiro de Belo Horizonte — o pai foi professor de Guimarães Rosa, Pedro Nava e Juscelino Kubitschek na faculdade de medicina da UFMG — e com a autoridade de quem foi diretor de estudos no Pio Brasileiro de 1963 a 1967 em Roma, o jesuíta João Batista Libanio confirma Boff: no pontificado do papa polonês Karol Wojtyla, não era nomeado bispo "quem falou contra a Humanae Vitae, de Paulo VI, que proíbe uso de contraceptivos; quem foi contra o celibato clerical e os adeptos da Teologia da Libertação".

Por isso, diz a imprensa italiana, o cardeal Carlo Maria Martini, na época cotado para suceder João Paulo II, foi colocado na lista negra, por ser liberal demais. Libanio lembra, contudo, que Martini ficou de fora da eleição papal após ter revelado estar no início da doença de Parkinson.

Fora do jogo, no conclave após a morte de João Paulo II, Martini foi fragorosamente derrotado pelo então prefeito da Congregação da Doutrina da Fé, o intelectual alemão cardeal Joseph Ratzinger. Sua eleição como papa Bento XVI foi considerada pelo dominicano brasileiro frei Betto "uma escolha infeliz", "um passo atrás" da Igreja, segundo informou em abril de 2005 a Agência Estado.

Porque o papa Ratzinger iria "reforçar os setores mais conservadores da nossa Igreja, sobretudo no que concerne à nomeação de novos bispos e cardeais". Isso afetaria "o trabalho das comunidades eclesiais de base, desencadeado no Brasil nos últimos quarenta anos", afirmou. "Eu peço a Deus que Bento XVI contradiga o cardeal Ratzinger", acrescentou frei Betto.

O cardeal dom Serafim Fernandes de Araújo diz que essa história de impedimentos é "coisa da imprensa". Não parece ser bem assim. Um padre nomeado bispo em 2007 teve seu processo retido na nunciatura em Brasília por mais de dez anos, por seguir uma cartilha pastoral avessa ao Vaticano.

De longos cabelos alourados, o padre mantinha boas relações com o Movimento dos Sem Terra (MST), ligado ao PT, e praticava a Teologia da Libertação, quando atuava no estado de Goiás na década de 1990. A primeira consulta do núncio apostólico anotou tais comportamentos.

Na segunda consulta, anos depois, poucas questões foram remetidas aos informadores. E dessa vez ele foi aprovado.

Dom Luciano Mendes de Almeida, cuja nomeação também enfrentou "objeções" em Roma, também achava que, apesar das falhas, o sistema funciona bem. Para ele, a mudança do processo, como muitos querem — eleição do bispo pelo clero local —, seria "um retrocesso, uma involução".

Segundo dom Luciano, "não se pode recorrer ao exemplo da Igreja primitiva, que assim procedia, para defender a adoção do sistema, porque os tempos são outros, a Igreja caminhou, ganhou experiência e aperfeiçoou o mérito". Acreditava que a escolha do bispo, restrita ao clero local, seria uma limitação, restringiria a opção a um universo diminuto, "muitas vezes carente de nomes adequados".

Às vezes, argumentava o arcebispo de Mariana, o candidato escolhido para a diocese parece o menos indicado, como foi o caso de dom Patrício José Hanrahan, redentorista nomeado bispo de Conceição do Araguaia em 1979 e sagrado pelo cardeal dom Aloísio Lorscheider. Nascido em Dublin, na Irlanda, Hanrahan não falava bem o português, mas conseguia dar o recado. Era corajoso, não tinha medo de nada. Defendia os padres perseguidos por posseiros, era "o bispo". Morreu em 1993, aos 67 anos.

Feito bispo em 1976 por Paulo VI, dom Luciano Mendes de Almeida, um poliglota e pensador de prestígio nas Américas e na Europa, dizia que "o tipo perfeito para bispo não é o intelectual", embora ele mesmo o fosse: foi diretor do Pio Brasileiro em Roma, seus artigos eram semanalmente publicados no jornal *Folha de S.Paulo*.

"O perfil ideal, segundo ele, é o do padre disposto a abrir mão de seu tempo pessoal. Ele não pode reservar para si um tempo que pertence aos outros. Sua missão é o pastoreio, zelar pelo rebanho, animar a comunidade, ter tino administrativo, conseguir manter relacionamento com as pessoas e, de certa forma, ter vocação para mãe", declarou.

"Por isso, pode acontecer — e isso não é tão frequente nem tão raro — de o padre não aceitar a mitra episcopal, por motivos que vão de doença a humildade", dizia. Dom Luciano garantia que conhecia alguns desses casos, "gente excelente, geralmente dedicada à pesquisa e a estudos teológicos". No clero mineiro, fala-se de dois padres que teriam recusado a nomeação papal: padre Pedro Pinto, conhecido por Pedrinho, em Belo Horizonte; e monsenhor Celso Murilo de Sousa Reis, vigário-geral da arquidiocese de Mariana.

Sobre a escolha de bispos, padre João Batista Libanio, SJ, citou o teólogo alemão Hünnermann, dos mais críticos do processo atual de seleção de prelados. Libanio fala alemão e foi ordenado padre em 1961, em Frankfurt, na catedral onde eram coroados os reis alemães. Ele conta ter ouvido de Hünnermann que no Vaticano "a regra consiste em fazer um candidato que seja um pouco abaixo do nível do que era seu antecessor".

No passado, os bispos eram pescados entre reitores de seminário e professores ou especialistas em direito canônico. Padre Libanio tinha um tio bispo, dom Lafayette Libanio, perito em direito canônico. O tio nasceu em Pouso Alegre, em 1886, e foi bispo de Rio Preto por 46 anos, até morrer aos 92 anos.

Mais tarde, os bispos passaram a ser recrutados entre o pessoal do Pio Brasileiro, onde padre Libanio foi diretor de estudos de 1963 a 1967. Dom Luciano Mendes de Almeida dizia que, durante muito tempo, "estudar na Gregoriana, em Roma, era praticamente a 'única via' para ser bispo. Atualmente, muitos nem sequer viajaram ao exterior".

Em 1968, padre Libanio defendeu tese na Gregoriana sobre "A reforma do ensino da Filosofia e da Teologia no período de 1958 a 1968". Explica que de 1500 a 1958, quando João XXIII foi eleito papa, o ensino eclesiástico quase não mudou. Em dez anos, com o Vaticano II, o ensino mudou mais do que em quatro séculos e meio.

Libanio contou que padre Fernando Ávila, SJ, mais tarde membro da Academia Brasileira de Letras, viu um noviço jesuíta entrar em sua sala, tempos depois do concílio ecumênico de João XXIII. Ele exclamou: "Entre mim e esse noviço há mais distância do que entre mim e santo Estanislau Kostcka!" O santo polonês morreu noviço jesuíta, no século XVI, e seu corpo se encontra em uma capela que fica em frente ao Palazzo Quirinale, em Roma.

Essas mudanças, em ritmo veloz, assustaram tanto a Igreja que os cardeais — prossegue padre Libanio — pensaram em frear o trem-bala do Vaticano após a morte de Paulo VI. Foi assim que elegeram João Paulo I e, em seguida, um papa jovem, da linha que desejavam, o papa João Paulo II.

No relato de Libanio, o Papa Wojtyla teria sido patrocinado pelos cardeais americanos, que sabiam de seu horror ao comunismo, e pelos alemães, temerosos das mudanças. Karol Wojtyla se revelara conservador durante o Concílio Vaticano II — basta verificar seus votos.

João Paulo II era o avesso de seu predecessor, Paulo VI, um papa hesitante. Pode ser que o papa Montini tenha tentado dispensar os núncios, conforme a sugestão de dom Helder, e não tenha conseguido. Segundo Libanio, o cardeal dom Paulo Evaristo Arns conta que antes de morrer era pensamento do papa alterar as regras do celibato clerical, tornando-o opcional. Não houve tempo.

Com João Paulo II não tinha isso, não. Não titubeava. Em 1981, por exemplo, os conselheiros da Companhia de Jesus indicaram o americano O'Keefe para substituir interinamente o superior-geral, padre Arrupe, acometido por distúrbios circulatórios — um derrame que o inutilizou.

João Paulo II interveio. Não hesitou em fazer valer seus direitos constitucionais na Ordem: destituiu o americano e nomeou o italiano Paolo Dezza, ex-reitor da Gregoriana, já velho, e ex-pretendente ao cargo quando o espanhol Pedro Arrupe foi eleito. Em seguida, trouxe de Tóquio o padre Pitau, um italiano da Sardenha, como interventor.

Os jesuítas brincavam que eram governados por um cego — Dezza enxergava mal, usava lentes grossas — e por um "surdo", que era o sardo Pitau. Tempos depois, Dezza foi premiado com o chapéu cardinalício e Pitau, feito arcebispo.

Padre Libanio diz que os papas são gente estranha. Durante sua visita ao Brasil, João Paulo II fechou a cara porque o neto de um imigrante polonês não sabia falar polonês. E fez dom Eusébio Scheid cardeal arcebispo do Rio porque gostou dele durante a visita a Santa Catarina, embora dom Eugenio Sales brigasse por seus coadjutores dom Romer e dom Navarro.

Pio XII, segundo Libanio, só confiava em auxiliares que conhecera antes de ser papa. Seu secretário particular e todos os principais assessores eram jesuítas alemães, que conhecera quando núncio na Alemanha. Libanio jura que o papa Pacelli nunca foi simpatizante dos nazistas. Criticado por não defender ostensivamente os judeus, padre Libanio o desculpa: "Pio XII fazia um juízo prudencial, não por maldade, mas por medo de prejudicar a Igreja na Alemanha, como acontecera na Holanda."

Sobre Hitler, afirma: "O Führer era tão fascinante que o superior-geral proibiu os jesuítas de ouvir seus discursos, para que não se deixassem seduzir." Os filhos de Goebbels estudaram com os jesuítas em Bad-Godesberg, cidade ao lado de Bonn.

João Paulo II, conclui padre Libanio, era mesmo estranho. Ele ficou sabendo, por outros bispos, que dom Luciano teria sido maltratado pelo papa, antes de ser removido de São Paulo para Mariana, onde assumiu em 1988.

Sobre o episódio, José Oscar Beozzo escreveu: "Tirou-se então dom Luciano de bispo auxiliar de São Paulo, a mais importante cidade do Hemisfério Sul e caixa de ressonância do país, e o enviaram como arcebispo para Mariana, cidade de 35 mil habitantes, onde nem aeroporto existe e cujo período de ascensão e glória aconteceu na mineração do ouro, no século XVIII, parando depois no tempo. A imprensa falou de um exílio! Isto custou a dom Luciano, homem obrigado por sua posição de presidente da CNBB a viajar continuamente pelo país e para o exterior, um terrível desastre, em janeiro de 1990, nas tortuosas estradas de montanha de sua arquidiocese" (*A Igreja do Brasil*).

Dom Luciano nunca reclamou. Em sua obediência jesuítica, manteve acesa a devoção ao papa. Certa vez, quando soube que João Paulo II estava ao telefone, dom Luciano ajoelhou-se para falar com ele — conta padre Marcelo Santiago, coordenador da Pastoral de Mariana.

Em palestra na Federação das Indústrias de Minas Gerais para empresários católicos, em 2010, o secretário-geral da CNBB, dom Dimas Lara Barbosa, aproveitou a oportunidade para desqualificar uma "maldade" que rondou os meios da Igreja, de que dom Luciano teria sido "empurrado" para a arquidiocese de Mariana como castigo pelas suas posições progressistas.

"Não é verdade, e aceitar essa versão ofende a todos nós mineiros." Disse que na época algumas dioceses estavam vacantes. O papa João Paulo II perguntou quais arquidioceses estavam vagas.

— Ribeirão Preto e Mariana — informaram oficiais da Cúria Romana.
— Qual delas é a mais importante? — perguntou o papa.
— Mariana.
— Então ele vai para Mariana.

Foi assim que aconteceu — afirmou dom Dimas Lara Barbosa, então secretário-executivo da maior conferência episcopal do planeta.

CAPÍTULO 10 A Cúria Romana
e seus adversários

O *making of a Bishop*, no rito da Cúria Romana, parece despertar mais fascinação fora do que dentro da Igreja. Por seus mistérios e segredos e também por sua metodologia peculiar. O austríaco Peter Ferdinand Drucker, considerado inventor da ciência da administração moderna, foi entusiasta declarado dos processos utilizados pela Igreja Católica para selecionar seus bispos e preservar a hierarquia da autoridade papal.

Autor de três dezenas de best-sellers e consultor de grandes corporações norte-americanas, ele recomendava aos executivos que se mirassem na Igreja e no Exército, quando tivessem de escolher gerentes para seus negócios. Para sua informação: com 190 mil soldados, o Exército brasileiro tem 190 generais. Já a tropa americana conta com 352 generais para 500 mil soldados, segundo dados de 2009.

"Discuta cada um dos candidatos com as diversas pessoas que já trabalharam com ele. Quando os militares escolhem os generais e a Igreja Católica escolhe seus bispos, esse tipo de discussão exaustiva é uma etapa do processo de seleção", escreveu, no capítulo sobre as fases da decisão ("The essencial Drucker", "O melhor de Peter Drucker", Exame, Editora Abril, 2002).

O grande pensador da gestão, que morreu em 2005, aos 95 anos, em Los Angeles, Estados Unidos, pregava também em suas palestras que "administrar é manter as organizações coesas, fazendo-as funcionar". Como acontece na Igreja Católica.

Segundo Peter Drucker, o executivo devia reduzir os níveis hierárquicos dentro da organização. Porque "na mais antiga e mais bem-sucedida organização do mundo ocidental, a Igreja Católica, existe apenas um nível de autoridade entre o papa e o padre da paróquia: o bispo".

Dentro da Igreja, principalmente após o Concílio Vaticano II, o fã-clube de Peter Drucker não é amplo, geral nem irrestrito. Pelo contrário. Em livros e, sobretudo, em sites eletrônicos, pode-se acompanhar a discussão sobre a nomeação de bispos na atualidade.

É um cabo de guerra entre tradicionalistas, encabeçados pela Cúria Romana, e progressistas, que se multiplicam pelo planeta, com destaque para a Espanha. Com 126 bispos, 24.578 sacerdotes e 44 milhões de habitantes declarados católicos (de um total de 46 milhões de habitantes), segundo as estatísticas do Vaticano, a Espanha desponta como sementeira de estudiosos sobre o tema, o Jesus histórico, a história da Igreja.

Um desses escritores extraordinários é o padre José Antônio Pagola, diretor do Instituto de Teología y Pastoral de San Sebastian, autor de *Jesús. Aproximación histórica* (Editora PPC, 4ª edição, Madri, 2007). A Editora Vozes publicou o livro em português, em 2010.

Os críticos têm onde se escorar. Um desses esteios é o renomado doutor em teologia, com vasta literatura publicada, padre Gonzáles Faus. Publicado em 1992 pela editora espanhola Sal Terrae, coleção Presença Teológica, o livro *Ningún obispo impuesto* (San Celestino, Papa) — *Las elecciones episcopales en la historia de la Iglesia* é uma contribuição ímpar do jesuíta espanhol José Ignacio González Faus à compreensão de como no passado se fazia e como hoje se faz um bispo.

Com a autoridade de doutor em teologia e ex-professor de cristologia da Faculdade de Teologia da Catalunha, em Barcelona, González Faus busca na história da Igreja exemplos concretos de que os papas são os grandes defensores da eleição dos bispos. Em 159 páginas, de leitura fácil para o leigo, ele mostra a evolução do processo de escolha dos bispos: nos primeiros séculos havia participação popular, depois passou a sofrer interferência do alto clero e das autoridades políticas, para finalmente tornar-se direito exclusivo do papa.

Como bom professor, González Faus resume sua obra em um curto capítulo de "conclusões".

Conclusão 1: Nos primeiros séculos, "uma Igreja fermento mantém ante a sociedade o princípio eletivo", apesar dos perigos de corrupção e de falhas humanas.

Conclusão 2: Já próximo ao segundo milênio, "uma Igreja identificada com a sociedade não consegue manter em pé o princípio eletivo".

Nesse período, explica, a Igreja tem dificuldade de manter o processo eletivo, "em primeiro lugar, devido à impressionante estratificação daquela sociedade, na qual o laico se reduz simplesmente ao rei e aos nobres". Observa, em seguida, que a clericalização cada vez maior da Igreja culminaria naquela "frase famosa e herética" de Gil de Roma: "Pode-se dizer que o papa é a Igreja."

"Assim, a Igreja vai se reduzindo primeiro ao clero, e logo os cônegos das catedrais se apropriam somente da eleição." Por fim, afirma o jesuíta, o princípio eletivo sucumbe devido "ao poder político dos papas, que desata pouco a pouco uma série de razões de Estado (de confrontos ou de alianças) que se tornam decisivas na hora das designações episcopais". Esta situação cobre quase toda a primeira metade do segundo milênio.

Conclusão 3: Por causa dessa situação, os papas vão aos poucos se reservando o direito de nomear os bispos, "que primeiro são uma emergência excepcional e acabam convertendo-se em uma prática habitual". Mas, tragicamente, segundo González Faus, o que podia ser entendido como "uma reconquista da liberdade da Igreja frente aos poderes políticos", deu errado: "Acabou significando uma certa devolução das nomeações aos reis", porque "o que antes se conseguia por imposição ou confronto, agora se obtinha por meio de concordatas". Esta situação, assevera o autor, "caracteriza a segunda metade" do segundo milênio.

Conclusão 4: A recuperação da liberdade da Igreja de nomear seus bispos é, segundo González Faus, uma importante contribuição do Concílio Vaticano II, que, de certa forma, realizou "o sonho utópico" do monge Hildebrando — um beneditino de Cluny que, por clamor popular, foi eleito papa com o nome de Gregório VII. Esse papa, diz o jesuíta, "lutou denodadamente para devolver as nomeações episcopais a seus legítimos detentores: o clero e o povo".

Conclusão 5: A reconquista pacífica dessa liberdade, que toda a Igreja deve agradecer a Roma e ao Vaticano II, obriga a Igreja "a voltar seus olhos para suas origens, para essa fidelidade a si mesma", ou seja, "fidelidade a Jesus e ao Evangelho".

Por fim, González Faus alinha algumas considerações, dessa vez práticas e pessoais, sobre o tema, com destaque para as seguintes:

a) É uma demanda evangélica e de fidelidade à tradição eclesial, e não uma falta de amor nem de obediência, o clamor atual em amplos setores eclesiais por uma volta à tradição primitiva em relação às nomeações dos bispos.

b) O sistema atual de nomeação dos bispos implica "tacitamente que a autoridade episcopal procede do papa e não diretamente de Cristo". Daí, pode-se também concluir, tacitamente, que "só o papa é o verdadeiro bispo de cada diocese e que os demais bispos não são mais que vigários paroquiais do papa". Isso, segundo o autor, "é simplesmente herético e gravemente pecaminoso", porque "reduz a colegialidade episcopal a uma condescendência benévola".

c) "Que a Igreja deve recuperar o princípio eletivo para recuperar a si mesma" não significa a adoção de medidas precipitadas, por decreto ou pelo simples desejo de mudanças.

A nomeação dos bispos mexe com a Igreja e inquieta quem tem coragem de pensar e de propor reformas. Embora isso seja muito perigoso, como adverte o teólogo e historiador Eduardo Hoonaert, padre casado belga que milita no Brasil há cinco décadas e conhece bem os riscos de se ter luz própria na Igreja.

Em artigo para a agência Adital, de março de 2011, Hoonaert, acredita que a Igreja hoje carece de uma reforma protestante. Segundo ele, ela "tem necessidade urgente de protestantes, ou seja, de pessoas que, na linha de personalidades dos séculos XV–XVI — como Hus, Wyclif, Lutero, Zwingli, Calvino, Karlstadt, Münzer, Erasmo e Morus —, protestem contra a condução da Igreja Católica pelos seus mais altos representantes em Roma".

Eduardo Hoonaert engrossa a fila dos que identificam no Vaticano de hoje um comportamento autoritário, *à la* Gregório VII, lembrado por monsenhor Avelino Marques. Em seu texto, Hoonaert é claro:

"Os(as) que trabalham pela reforma da Igreja Católica são considerados(as) *personae non gratae*. Reina um espírito de prepotência, fechamento e mesmo cinismo, como afirmou recentemente o escritor Saramago. Todos e todas que ousam apresentar uma sugestão que não seja do agrado das autoridades do Vaticano sentem isso na pele", afirma, acrescentando: "Como nos tempos de Lutero, necessitamos atualmente de uma reforma protestante a sacudir a Igreja Católica pela força do espírito evangélico. Temos de protestar, fazer ouvir nossa discordância dos desmandos praticados pelo papa e pelas autoridades do Vaticano."

À esquerda do pensamento oficial, a ala progressista amarra, sistematicamente, no pelourinho a Cúria Romana e os dois últimos pontificados chefiados pelos papas João Paulo II e Bento XVI.

Padre José Maria Castillo é uma das cabeças de ponte da crítica ao *status quo*. Aos 78 anos, esse teólogo da libertação e biblista de renome na Espanha, deixou a Companhia de Jesus em 2007 por sentir-se perseguido pela Igreja. Não pelos jesuítas, mas pelo Vaticano.

Desde 1998, ele vinha sendo castigado por Roma, que lhe retirou a *Venia Docendi*, ficando proibido de ensinar na Faculdade de Teologia de Granada. Confessa que não conseguia mais respirar dentro da Igreja.

Castillo permaneceu padre, mas independente de vínculos com sua congregação e com o bispo da diocese. Disse que não foi fácil tomar a decisão de sair naquela altura da vida, mas que foi necessário: "Tive dificuldades para pensar com liberdade e dizer livremente o que pensava. E falei para mim mesmo no pouco tempo de vida que me resta, que não será muito: quero pensar e falar com liberdade, até onde me seja possível."

Sobre a nomeação dos bispos, Castillo disse em dezembro de 2009 que nos tempos atuais a Igreja prefere "homens submissos", embora Jesus não o tenha sido. Nem o foram os bispos Oscar Romero e Helder Câmara. Falando a José Manuel Vidal, no site Religión Digital, sobre o tema "O poder da Igreja de hoje me dá pena e coragem", Castillo não vê condições de mudança em curto prazo.

"Seria preciso convocar um novo concílio, mas hoje, assim como é a política de nomeações de bispos de Bento XVI, e assim como foi a de João Paulo II, daria na mesma. Porque na maioria das dioceses colocaram homens orientados numa linha que um concílio não poderia mudar", disse.

Lembrando que João XXIII agiu numa época tão difícil ou mais que a atual, o velho teólogo espanhol afirmou:

> É verdade, mas há uma diferença. Pio XII foi um papa de mentalidade muito tradicional e conservadora, que tentou degolar os movimentos renovadores, por exemplo a Nouvelle Teologie, dos anos 1940–1950. E grandes teólogos, como Karl Rahner, foram condenados. Mas Pio XII, sendo tão conservador como era, não teve medo de nomear grandes personalidades como bispos e cardeais. Por isso, o concílio foi possível. Porque não deu tempo para João XXIII renovar o episcopado nem de mudá-lo. O concílio veio na sequência. Entretanto, os dois últimos papas tiveram esse medo.

Hans Küng concorda e amplia o debate. Em artigo para *Der Spiegel*, em 2005, o cáustico teólogo suíço fustiga o pontificado de João Paulo II como um retrocesso para a Igreja Católica. Ele disseca o contraditório papa polonês com a frieza de um legista.

> Como bispo sufragâneo e, mais tarde, como arcebispo de Cracóvia, Karol Wojtyla participou do Segundo Concílio do Vaticano. Contudo, como papa, ele menosprezou a colegialidade que havia sido instituída naquela ocasião e, em vez disso, celebrou o triunfo do seu pontificado à custa dos bispos.

E prossegue:

> Os critérios que definem a admissão de um bispo nada têm a ver com o espírito do Evangelho nem com a abertura de espírito pastoral, e sim muito mais com uma lealdade absoluta em relação à linha política seguida em Roma. Antes de eles serem confirmados na sua função, o conformismo fundamental dos candidatos a bispo é testado com base num questionário elaborado pela Cúria, e o seu compromisso é ratificado e sacramentado por meio de um juramento pessoal de obediência ilimitada ao papa que, em muitos pontos, se parece com o juramento que os nazistas prestavam perante seu *Führer*.

Hans Küng cita alguns membros do episcopado alemão, tidos como amigos do papa polonês, que tiveram seus nomes envolvidos com escândalos sexuais, entre eles Hans Hermann Groer, "que se demitiu do cargo de cardeal em Viena, em 1995, quando foi acusado de ter abusado sexualmente de vários alunos, alguns anos antes".

Esses casos de bispos prevaricadores, segundo o teólogo suíço, "são apenas alguns exemplos mais espetaculares dos equívocos desta política de recursos humanos que se revelou devastadora em termos pastorais, e que fizeram com que os níveis pastoral, intelectual e moral do episcopado desabassem perigosamente".

E conclui seu diagnóstico sobre o legado de João Paulo II: "Este episcopado extremamente medíocre, ultraconservador e servil constitui provavelmente uma das heranças mais dramáticas e críticas deste pontificado excessivamente longo."

No site italiano Adista, porta-voz da esquerda eclesiástica, Valerio Gigante escreve em 7 de março de 2011 sobre a sucessão do cardeal Dionigi Tettamanzi na arquidiocese de Milão, por ter atingido a idade de pedir o boné, 75 anos. O jornalista diz que a disputa é grande, com muitos candidatos de tendências antípodas.

Um nome forte seria o do ex-prefeito da Galeria de Arte Ambrosiana e presidente do Conselho Pontifício de Cultura, o cardeal Gianfranco Ravasi. Biblista como o antecessor cardeal Carlo Maria Martini, hoje emérito, Ravasi foi introduzido no Colégio dos Cardeais no consistório convocado pelo papa Bento XVI em fins de 2010.

Mas ele tem concorrentes, como o cardeal Angelo Scola, patriarca de Veneza, apadrinhado pelo Comunione e Liberazione, um movimento religioso fundado pelo padre Luigi Giussani, considerado de direita e com grande influência no Vaticano dos tempos atuais.

> Mas é exatamente a "estatura" o que falta aos "adversários" de Ravasi. Com a cumplicidade do pontificado de Wojtyla, que nos últimos vinte anos eliminou todos os expoentes mais vibrantes e ativos do episcopado italiano e do mundo teológico, substituindo-os por homens de "aparelho", de obediência comprovada, mas muitas vezes de baixa qualidade", afirma Gigante.

Em 28 de junho de 2011, saiu fumaça branca da chaminé do Vaticano: o cardeal Angelo Scola foi nomeado arcebispo de Milão e ponto final. Ele deixa a alta posição de patriarca de Veneza, que no século passado teve três de seus predecessores eleitos papa: Giuseppe Melchiorre Sarto (Pio X, em 1903); Angelo Roncalli (João XXIII, em 1958); e Albino Luciani (João Paulo I, em 1978).

É de esperar que a disputa se encerre. Porque, como se dizia na Igreja antigamente, "*Roma locuta, causa finita*". Filho de um caminhoneiro e de uma dona de casa, o novo arcebispo, nascido em Malgrate em 1941, está familiarizado com o belo *Duomo*, em cujo telhado Lucchino Visconti gravou Alain Delon e Annie Girardot no clássico do cinema italiano *Rocco e i suoi Fratelli* [Rocco e seus irmãos].

Viveu parte de sua juventude em Milão, onde estudou na Università Del Sacro Cuore. Não se perturba, portanto, diante do esplendor da Galeria Vittorio Emmanuele, nem do Teatro La Scala. Foi bispo de Grosseto. Em Roma, foi reitor da Universidade Lateranense e presidente do Instituto João Paulo II. O papa Wojtyla o fez patriarca de Veneza em 2002 e cardeal no consistório de 2003. Sua transferência para Milão parece indicar mais do que um ato administrativo de rotina: fica clara a escolha pessoal de Bento XVI, com quem Scola trabalhou na Congregação para a Doutrina da Fé, e o lança, antecipadamente, como nome de prestígio para a sucessão do trono de São Pedro. É o que já se comenta em Roma.

No Brasil, data de mais tempo a rebeldia aos métodos vaticanos para domar o clero. Sem meias palavras, o teólogo belga padre Joseph Comblin, com grande tradição de luta a favor da renovação da Igreja no Brasil, questiona o atual modelo centralizador do Vaticano na nomeação dos bispos no livro *O povo de Deus*, Editora Paulus, 2002:

> Qual é o papel real dos bispos no concreto da sua função? No mundo atual os bispos não seriam simplesmente os administradores do poder papal em cada região do mundo? O seu papel não seria o de montar, assegurar, aumentar o poder do papa nas suas cidades e nos seus campos? Não são escolhidos justamente por essa capacidade de agentes administrativos do poder do Papa?

Comblin afirma que "muitos teólogos, observadores e analistas contemporâneos acham que aqui está o nó do problema atual da Igreja e a chave da solução: a eleição dos bispos". Segundo ele, "a nomeação dos bispos pelo papa, sem interferência de outras pessoas, é a base do sistema atual da centralização romana".

É taxativo: "Não haverá mudanças relevantes na Igreja se não se começa com mudança radical no sistema de nomeação dos bispos pelo papa, isto é, pela administração curial." Padre Comblin diz que todos conhecem "casos embaraçosos" de bispos nomeados: "Alguns desses casos são tão fortes que somente se explicam por uma vontade decidida de romper a unidade do episcopado ou de romper uma tradição episcopal ou eclesial em determinada diocese. Tão claras foram as arbitrariedades que feridas permanecem anos depois."

Ele cita o papa são Celestino I (422–432), no livro de González Faus, para reafirmar a importância da escolha de bispos pela comunidade:

> Ninguém seja dado como bispo aos que não o querem (*nullus invitis detur episcopus*). Procurem-se o desejo e o consenso do clero, do povo e dos homens públicos. E somente se eleja alguém de outra Igreja quando na cidade para a qual se busca um bispo não se encontra ninguém que seja digno de ser consagrado que não cremos possa suceder.

Comblin informa que "durante mil anos a Cúria Romana lutou a fim de que o papa nomeasse todos os bispos, destruindo todos os costumes contrários". Diz ainda que "até meados do século XIX o papa nomeava poucos bispos". A situação mudou a partir do Concílio Vaticano I, quando a Cúria começou a centralizar as nomeações de bispos.

O poder episcopal da Cúria, informa, consolidou-se com a edição do Código de Direito Canônico, de 1917, elaborado pelo cardeal Pietro Gasparri (1852–1934), nomeado pelo papa Bento XV presidente da Comissão Pontifícia que reformou a legislação eclesiástica. Gasparri contou, segundo Comblin, "com a colaboração decisiva" do padre Eugenio Maria Giuseppe Giovanni Pacelli, filho de um jurista italiano especializado em direito canônico.

Em recompensa, Pacelli foi feito bispo naquele mesmo ano de 1917, já com o título de arcebispo, e três anos depois enviado à Alemanha como núncio apostólico. Comblin afirma que "a Cúria sabe que a nomeação dos bispos é a base de todo o sistema de centralização", e que, por isso, "escolhe como bispos as pessoas que incondicionalmente se submetem a ela e estão dispostas a praticar essa maneira de exercer a função episcopal".

Ainda o autor de *O povo de Deus*: "Se os bispos fossem escolhidos pelas Igrejas locais, tudo mudaria." Porque, argumenta, os bispos estariam mais próximos do povo e seriam mais responsáveis. "A chave da aproximação da Igreja com o mundo está na nomeação dos bispos", garante.

Comblin admite que em outras épocas os bispos nomeados por Roma fossem melhores do que os eleitos pelas populações locais. Mas ultimamente, não. Comblin afirma que, durante o século XX, nomeações de bispos fracos, como aqueles que toleraram o nazismo na Alemanha, tomaram conta também da América Latina. Os bispos considerados bons por ele, protagonistas de Medellín, "foram combatidos, desautorizados e substituídos por outros, que seguiam exatamente o caminho inverso".

Sem citar nomes, exemplifica sua afirmação com os casos de Recife, São Paulo, Santiago, Lima e San Salvador.

> Todos os bispos que constituíram a geração dos Santos Padres da América Latina foram repreendidos, advertidos, castigados, desautorizados ou simplesmente demitidos. Lembremos Riobamba, Cuenca, Puno, Puerto Montt, San Cristóbal de Las Casas, Valdivia, São Félix do Araguaia, Mariana, Catanduva, Blumenau, para citar apenas alguns casos mais notórios.

O texto vigoroso de Joseph Comblin ganha confirmação oficial em outro, escrito por dom Antônio Celso Queiroz, então bispo auxiliar de São Paulo, com data de 24 de agosto de 1995 (*Igreja no Brasil — Anos 80; evolução da CNBB; documentos e posições*). Parece que é a ele que se refere Comblin quando alinha Catanduva no grupo de bispos "repreendidos, advertidos, castigados, desautorizados ou simplesmente demitidos" pela Santa Sé.

A CÚRIA ROMANA E SEUS ADVERSÁRIOS

Dom Antônio Celso Queiroz foi removido de São Paulo, a mais importante arquidiocese da América Latina, para Catanduva — pequena e recém-criada diocese do interior paulista. Os outros citados seriam os bispos auxiliares de São Paulo, dom Luciano Mendes de Almeida, removido para Mariana; dom Angélico Sândalo Bernardino, transferido para Blumenau; e dom Pedro Casaldaliga, de São Félix do Araguaia, que renunciou em 1978 e aposentou-se em 2005 após contínuos desentendimentos com a Cúria.

No texto, que circulou em cópias xerocadas no clero brasileiro, dom Celso Queiroz analisa, a pedido do Instituto Nacional de Pastoral, a atuação da CNBB nos anos 1980, quando o Brasil vivencia os ventos da liberdade política e "a vida eclesial experimentou caminho inverso".

> A alegria primaveril e o clima de liberdade criadora, desencadeados no interior da Igreja pelo Vaticano II, foram paulatinamente sendo substituídos pela restauração do centralismo controlador, da suspeita e do fechamento", escreve. E prossegue: "Na América Latina, muda profundamente a linha do Celam e a CNBB é sistematicamente posta à margem de uma participação mais efetiva. O intenso ataque à teologia da libertação coloca sob suspeita todos quantos não aderem à (sua) condenação sumária. As orientações da Conferência de Puebla, para cujo sucesso os bispos do Brasil colaboraram decisivamente, encontram crescentes dificuldades em sua implementação.

Dom Celso Queiroz viveu na carne o que descreve: foi secretário-geral da CNBB por dois mandatos (1984-1994) e também seu vice-presidente (2003-2007). Também foi membro da Comissão Episcopal de Pastoral, delegado da CNBB junto ao Celam (1995-1998) e delegado à assembleia especial do Sínodo dos Bispos (1997) eleito pela CNBB e confirmado pelo papa João Paulo II.

O período de seu estudo abrange o pontificado de João Paulo II, em que vê, como marcas inovadoras, o trabalho pastoral desse papa que encantou o mundo. Como marcas inibidoras, "o movimento centralizador que volta atrás no caminho da valorização das Igrejas particulares, e a crescente preocupação pela ortodoxia e a disciplina, com o consequente estreitamento do espaço de pesquisa na teologia e avanços na pastoral".

Ele é afirmativo: "A injusta identificação da CNBB com a teologia da libertação, com uma suposta nova rotina de galicanismo, e com outros erros práticos, por um grupo extremamente minoritário mas influente do episcopado nacional, pela direção do Celam, e difundida nos ambientes do Vaticano, tornou muito doloroso e difícil o caminho da conferência."

Após historiar a "evangelização libertadora" da CNBB no Brasil e Igrejas irmãs na América Latina, dom Celso diz que "o modelo eclesiástico centralizador é incompatível com a existência de verdadeiras Igrejas particulares". "Nesse modelo", denuncia, "as conferências episcopais só subsistem reduzidas a postos de distribuição de material e orientações emanados da central, e de vigilância sobre sua execução. De próprio só lhes resta serem, onde possível, lugar de expressão da comunhão afetiva dos membros, como queria o documento das Congregações dos Bispos e da Doutrina da Fé, enviado em 1988 e felizmente arquivado até a presente data".

Dom Celso reclama dos ataques à atuação da CNBB: "A linha de evangelização libertadora assumida pela Igreja no Brasil foi identificada de maneira simplista com a teologia da libertação de corte marxista, como era voz corrente no Celam e no Vaticano." Conta ter ouvido essa expressão de "mais de um cardeal e bispo do Brasil, dita diretamente ao papa na reunião de encerramento da visita *ad limina*, em 1989".

E como na linha do horizonte todas as coisas parecem maiores do que realmente são, segundo o pintor espanhol El Greco, o Vaticano construiu uma imagem distorcida e negativa da CNBB, partindo para colocar em prática o projeto "Delenda Cartago".

Ele narra o insucesso de seu périplo em 1991, em companhia de dom Luciano Mendes de Almeida, então presidente da CNBB, pelos corredores do Vaticano, na tentativa de desfazer a versão de uma minoria de bispos. Ele e dom Luciano estiveram em audiência com João Paulo II, na Congregação para os Bispos, na Secretaria de Estado etc., sem que nunca tenham recebido qualquer correspondência de Roma.

"Guardo a lembrança angustiante do silêncio dos interlocutores" — diz, em resposta ao que relataram no Vaticano sobre "o sofrimento de ver a conferência desconsiderada pelos organismos romanos e por iniciativas que, com apoio de altas esferas, organizam um trabalho paralelo ao da conferência junto aos bispos; sofrimento de perceber critérios muito parciais na nomeação e transferência de bispos".

Coincidentemente, na mesma época do balanço apresentado por dom Celso Queiroz, o teólogo franciscano Clodovis Boff constatava a perda de importância das igrejas locais após a eleição do papa Wojtyla em 1979. "Temos hoje um papa grande e bispos pequenos. Igreja central (Roma) forte e igrejas locais (dioceses) fracas", diz em *Uma análise da conjuntura da Igreja Católica no final do milênio*, em publicação compartilhada com Ivo Lesbaupin e C. Steil, editada pela Vozes/ISER, em 1996.

Segundo Clodovis, que é irmão caçula de Leonardo Boff, desde os meados da década de 1980 a Igreja do Brasil desacelerou o projeto participativo e libertador, "por inibição do Centro Vaticano". Para ele, "intenta-se reduzir a CNBB a correia de transmissão do Centro".

Como resultado da centralização vaticana, ele aponta o surgimento do "neoconservadorismo" na Igreja universal. Nesse quadro, destaca as nomeações dos bispos como sintomáticas: "nomeações absolutamente *ad nutum et placitum* (por vontade e agrado) do Centro; fazem-se bispos até contra as expectativas das igrejas locais (Berlim, Viena, Chur, Feldenkirche, San Salvador).

Clodovis cita dois casos de substituição de bispos como emblemáticos do pontificado do papa Wojtyla: no lugar do "carismático" dom Helder Câmara, colocaram "o canonista" dom José Cardoso Sobrinho. O outro exemplo é a substituição de dom Rivera y Damas, sucessor de dom Oscar Arnulfo Romero y Galdamez, por dom Fernando Saeñz Lacalle, do Opus Dei.

No pontificado de João Paulo II, prossegue, "os bispos designados parecem ser de uma estampa só: leais sem condições ao Centro e dispostos a enfrentar os grupos críticos na Igreja". Além disso, "foram postos bispos pouco expressivos para grandes sedes e capitais (Paris, Madri, Berlim, Brasília etc.), e vice-versa (Mariana)".

Parece que "vice-versa" significa que em Mariana, de pouca expressão na atualidade, colocaram um grande bispo, que era dom Luciano Mendes de Almeida.

Como não citou nomes, não se sabe se fazia alusão a dom André Armand Vingt-Trois, de Paris; dom Antonio Maria Rouco Varela, de Madri; dom Georg Maximilian Sterzinsky, de Berlim; ou a dom José Freire Falcão, de Brasília.

O certo, conclui, é que as conferências episcopais "foram bastante desvalorizadas, como se viu pelo *Instrumentum laboris* sobre seu estatuto teológico, proposto pela Congregação dos Bispos em 1988".

Na Argentina, o descontentamento do episcopado ganhou as páginas da imprensa de Buenos Aires e da Itália, já no pontificado de Bento XVI. "Bergoglio critica as nomeações de Ratzinger", afirma o jornal milanês *Corriere della Sera*, em 3 de fevereiro de 2006, em matéria assinada pelo vaticanista Accattoli Luigi.

Citando os jornais portenhos *La Nación* e *Clarín*, Accattoli especula que o arcebispo de Buenos Aires, cardeal Jorge Mario Bergoglio, SJ, estaria em Roma para externar à Cúria Romana, e talvez ao próprio papa, "o mau humor" do episcopado com a nomeação de dois arcebispos conservadores para postos importantes, contra a vontade da maioria dos bispos argentinos.

Os bispos argentinos teriam ficado desapontados com a nomeação de dom Fabriciano Sigampa para a arquidiocese de Resistência e de dom José Luiz Mollaghan para Rosário. Nesses dois casos, diz o jornalista italiano, os nomeados pela Santa Sé — considerados muito à direita — não figuravam nas *ternas* de nomes que a nunciatura apostólica havia enviado a Roma depois de consultas à Conferência Episcopal Argentina, de que Bergoglio era o presidente. Para Rosário, o nome preferido seria o de dom Augustin Roberto Radrizzani, bispo de Lomas de Zamora, na Grande Buenos Aires.

Apesar dos pesares e das críticas generalizadas, o Espírito Santo continua soprando inspiração sobre os bispos. Mesmo sem o brilho que aureolava algumas mitras no passado, bispos profetas se fazem notar em exemplos registrados no mundo pós-papa polonês e sob as sandálias do papa alemão. Muitos bispos podem ser limitados, mas não raro alguns deles não hesitam em denunciar, de cima dos telhados, a injustiça e a violência.

Foi o que ocorreu durante o Sínodo da África, realizado em outubro de 2009, em Roma. O arcebispo de Bukavu, dom François Xavier Maroy Rusengo, denunciou, entre lágrimas, o sequestro de seus sacerdotes em seu país, a República Democrática do Congo. Ele contou ainda, segundo despacho da agência Zenit, que uma das paróquias da arquidiocese foi incendiada na ocasião. "Alguns padres foram açoitados e outros tomados como reféns por homens de uniforme, os quais exigem um elevado resgate que nos vimos obrigados a pagar para salvar suas vidas." Por isso, dom Rusengo anunciou a seus irmãos no episcopado que teria de abandonar o sínodo antes do término, para voltar à sua diocese "e consolar a aterrorizada comunidade católica local".

Os perseguidores da Igreja no Congo não estavam para brincadeiras. Seu antecessor, dom Christophe Munzihirwa, foi assassinado em 1996 "por sua tomada de posição durante a guerra congolesa, quando gritou que nenhuma lógica política valia mais que uma pessoa humana".

Segundo a Zenit, a diocese de Bukavu, com 1,7 milhão de habitantes, metade deles católica, presenciou inúmeros episódios de violações, mortes e crimes de guerra, entre 1996 e 2006, "por parte das tropas dos militares rebeldes do Reagrupamento Congolês para a Democracia (RCD), especialmente o general Laurent Nkunda e o coronel Jules Mutebesi".

Outros horrores registrados na África, como tráfico de pessoas, prostituição e abuso de multinacionais que exploram recursos minerais, foram denunciados na mesma assembleia sinodal por dom Joseph Bato'ora Ballong Wen Mewuda, porta-voz do sínodo para a língua francesa — acrescenta a Zenit.

Quatro outros mitrados africanos salientaram a importância de não só denunciar as multinacionais que exploram de forma abusiva os recursos minerais, destroem os bosques e contaminam a água da população, mas também afirmaram a necessidade de se denunciarem os políticos africanos mancomunados com as empresas estrangeiras, alertando para "a crescente invasão da China, que está construindo estradas e obras públicas em numerosos Estados africanos em troca de matérias-primas".

De forma pouco usual, dom Kevin Dowling, bispo de Rustenburg, na África do Sul, fez uma análise sem meias palavras sobre a situação atual da Igreja, publicada em meados de 2010 pelo *National Catholic Reporter*:

> Eu trabalhei com a conferência episcopal (da África do Sul), no Departamento de Justiça e Paz, por 17 anos. Após a nossa libertação política, em 1994, discernimos que essa libertação política teria pouca relevância para a realidade dos pobres e marginalizados, a não ser que resultasse em sua emancipação econômica. Nós, portanto, decidimos que uma questão fundamental para a África do Sul pós-1994 era a justiça econômica. Após muita discussão em todos os níveis, emitimos uma Nota Pastoral, em 1999, que intitulamos de *"Justiça Econômica na África do Sul"*. Seu foco principal foi necessariamente a economia. Entre outras coisas, tratou de cada um dos princípios da *Doutrina Social da Igreja*, e eu apresento agora uma citação de parte de como apresentamos o *princípio de subsidiariedade*:
>
> O princípio da subsidiariedade protege os direitos dos indivíduos e grupos diante dos poderosos, especialmente do Estado. Faz com que aquelas coisas que podem ser feitas ou decididas num nível mais baixo da sociedade não sejam substituídas por um nível mais alto. Assim, reafirma nosso direito e nossa capacidade de decidirmos por nós mesmos, como organizar nossos relacionamentos e como entrar em acordo com os outros. [...] Nós podemos e deveríamos dar passos para encorajar tomadas de decisões em níveis econômicos mais baixos, e capacitar o maior número de pessoas para participarem o máximo possível da vida econômica. (Texto integral no site padrescasados@grupos.com.br)

No Brasil, o bispo de Limoeiro do Norte, Ceará, dom Manuel Edmilson da Cruz, surpreendeu os senadores durante sessão solene realizada em 21 de dezembro de 2010, em Brasília, para justamente homenageá-lo. Dom Manuel recusou receber a Comenda de Direitos Humanos Dom Helder Câmara, que lhe fora concedida pelo Senado da República.

Segundo informa o *Jornal do Senado*, o bispo de Limoeiro do Norte discursou, em plenário, explicando que sua atitude era um protesto contra os parlamentares que, uma semana antes, haviam aprovado reajuste de 61,8% nos salários dos deputados, senadores, ministros, vice-presidente e presidente da República, enquanto os trabalhadores do transporte coletivo de Fortaleza mal conseguiram 6% de aumento.

Ele lamentou as aposentadorias reduzidas e o salário mínimo que "cresce em ritmo de lesmas", argumentando que o salário aprovado pelos parlamentares para eles próprios deveria guardar a mesma proporção dada ao salário mínimo e à aposentadoria.

Em 2007, o bispo de Petrolina, dom Luiz Flávio Cappio, no sertão baiano, fez greve de fome, em duas ocasiões, para protestar contra a transposição das águas do rio São Francisco, ordenada pelo governo do presidente petista Luiz Inácio Lula da Silva. Segundo o bispo, a obra serve a interesses das grandes empresas e de latifundiários, sem atender à população pobre. Para demovê-lo da decisão de permanecer em greve de fome, que durou mais de vinte dias, foi necessária a intervenção dos dirigentes da CNBB.

Remando contra a corrente da opinião pública, que deu ao presidente Lula o maior índice de popularidade da história do país, o bispo de Altamira, no Xingu, dom Erwin Kräutler, saiu com a seguinte declaração: "Lula será lembrado como o presidente que acabou com os povos indígenas do Xingu", se o projeto da hidrelétrica de Belo Monte, autorizado pelo governo brasileiro, for realmente implantado.

Austríaco que veio para o Brasil em 1960, dom Erwin preside o Conselho Indigenista Missionário (Cimi) e não teme denunciar as mazelas que a construção da barragem de Belo Monte acarretará às populações indígenas ao inundar grandes áreas da Região Amazônica (*IHU Online*, 1º de fevereiro de 2011). Desde que foi fundado, em 1972, em plena ditadura militar no Brasil, o Cimi reúne bispos de áreas indígenas que se organizaram para defender as tribos.

Tais comportamentos não condizem com homens submissos ou vaquinhas de presépio, embora sempre se lamente a perda de grandes bispos como dom Samuel Ruiz, bispo emérito de Chiapas, no México, falecido em janeiro de 2011. Chamado de "Tatik Samuel" nas comunidades indígenas, ele chegou a Chiapas, em 1959, para assumir a diocese de San Cristóbal de Las Casas.

Estudou na Gregoriana, ordenou-se em 1947 e foi feito bispo por João XXIII. Participou do Concílio Vaticano II. Em Chiapas, o contato com a realidade social da população indígena o fez abraçar a Teologia da Libertação, fazendo-se ouvir nas Conferências de Medellín, Puebla e Santo Domingo como o bispo dos pobres. Em 1991, exerceu papel de conciliação entre os zapatistas, revolucionários da região, e o governo mexicano.

O sacerdote e teólogo peruano Gustavo Gutiérrez, dominicano considerado pai da teologia da libertação, o chamou de "sucessor" de Bartolomeu de Las Casas. O argentino Adolfo Perez Esquivel, Prêmio Nobel da Paz, disse, em 2001, que Samuel Ruiz era "uma das vozes proféticas que anunciam e denunciam a situação de violência e injustiças em que vive a maioria dos povos latino-americanos".

Há ainda aqueles que padecem da perseguição oficial e à luz do dia. Como acontece na China, onde a Igreja Católica vive nas catacumbas. Um desses bispos, dom Andrew Hao Jinli, morreu na Quarta-Feira de Cinzas, de 2011, em Gonghui, segundo relato da agência Zenit.

De dom Hao Jinli diz a agência noticiosa católica: "serviu à Igreja subterrânea e suportou trabalhos forçados." Foi sagrado bispo, clandestinamente, no pontificado de João Paulo II, em 1984. Ele nasceu em uma família católica, em 1916. Foi ordenado padre em 1943 e tinha dois irmãos também sacerdotes.

Após Mao Tsé-Tung tomar o poder e instalar o regime comunista na China, a Igreja Católica foi banida e perseguida. Em 1958, padre Andrew Hao Jinli foi preso e condenado a dez anos de trabalhos forçados — tipo de sentença comum nos anos da Revolução Cultural maoísta que visava a reeducar clérigos, professores universitários e intelectuais considerados burgueses.

Dom Hao Jinli morreu aos 95 anos de idade na igreja paroquial da cidade de Gonghui, onde fora sentenciado a trabalhos forçados. Na China, segundo a Zenit, "a prática religiosa é controlada pelo governo através da supervisão da Associação Patriótica Católica, uma organização por meio da qual as autoridades designam a equipe religiosa e registram os locais de culto.

A CÚRIA ROMANA E SEUS ADVERSÁRIOS

"'Não se fazem mais bispos como antigamente!'" É o lamento que, de vez em quando, se ouve de padres e sobretudo de religiosos que se sentiram cativados pelas figuras de Helder Câmara, Paulo Evaristo Arns, Pedro Casaldaliga, Ivo Lorscheider, Aloísio Lorscheider, Mauro Morelli, Luciano Mendes de Almeida, Tomás Balduino e outros prelados que honraram a Igreja do Brasil nas últimas décadas do século XX", escreve o bispo de Dourados, em Mato Grosso do Sul, dom Redovino Rizzardo, da Congregação dos Missionários de São Carlos (CS) (www.cebs-sul1.com.br).

É um texto pungente, um desabafo desconcertante de um bispo que não se vê à altura de outros bispos. Quase pede desculpas por ter recebido o báculo no pontificado de João Paulo II, período em que os escolhidos são invariavelmente lançados na vala comum dos submissos e vaquinhas de presépio.

Gaúcho, nascido em 1939 em Bento Gonçalves e só ordenado bispo em 2001, aos 61 anos, quando o Brasil já havia superado os anos de chumbo da ditadura, dom Rizzardo historia o desempenho de grandes nomes do episcopado brasileiro:

> A fidelidade ao Evangelho os levou a enfrentar as injustiças cometidas contra a população brasileira por expoentes de governos ditatoriais e neoliberais que dirigiram os destinos do país a partir de 1964. Assumindo a defesa dos direitos humanos e dos pobres, lutaram por um novo estado de coisas. E, graças a Deus e a uma multidão de padres, religiosos e leigos que seguiram seu exemplo, seus esforços colaboraram para implantar a democracia que o povo sonhava.
>
> Para tanto, alguns deles apoiaram a criação de um partido político, que nasceu com o propósito de fazer seus os ideais que a Igreja buscava, mas tardava em concretizar. Em resumo, uma época gloriosa, que deixou saudades e granjeou as simpatias até mesmo de pessoas distantes da Igreja.
>
> Mas agora — prossegue — tudo isso terminou. Uma nuvem escura paira sobre o episcopado, arrefecendo sua profecia no campo político, social e econômico da nação. Os bispos atuais preferem ocupar-se com problemas de liturgia e de pedofilia. O que lhes interessa é a estrutura e o bom nome da Igreja. Sentem-se mais à vontade com os movimentos eclesiais e as novas comunidades do que com as pastorais sociais e as

CEBs. Diante dos graves problemas sofridos pelo povo, o medo e o silêncio lhes impedem uma tomada de posição firme e corajosa.

Não é bem assim, dom Rizzardo afirma. Ele diz que, apesar dos novos tempos, está "convencido de que a totalidade dos bispos do Brasil renova, a cada dia, sua opção evangélica e preferencial por todos os que se sentem distantes e excluídos". Por isso, afirma,

> sou agradecido a Deus por ter como irmãos no episcopado pessoas que, ainda hoje, sofrem perseguições pela justiça e pela verdade. É o que acontece com Erwin Kräutler, Luiz Flávio Cappio, José Luís Azcona Hermoso, Esmeraldo Barreto de Farias, Moacyr Grechi e outros, de quem a imprensa pouco ou nada se interessa.

Sobre o governo do presidente Lula:

> Se é verdade que, com a subida ao poder do partido que parte da Igreja ajudou a nascer, começaram a ser implantadas, em todo o território nacional, as reformas sociais e econômicas solicitadas pelos líderes da teologia da libertação, das CEBs e do próprio episcopado, então os bispos atuais agradecem a Deus (e ao governo?!) por disporem de mais tempo para se ocuparem com a missão que lhes é específica, assim delineada pelo Documento de Aparecida: "Os bispos, como pastores e guias espirituais das comunidades a nós encomendadas, somos chamados a fazer da Igreja uma casa e escola de comunhão."
>
> Como animadores da comunhão, temos a missão de acolher, discernir e animar carismas, ministérios e serviços na Igreja. Como pais e centro de unidade, nos esforçamos por apresentar ao mundo o rosto de uma Igreja na qual todos se sintam acolhidos como em sua própria casa. Para todo o Povo de Deus, em especial para os presbíteros, procuramos ser pais, amigos e irmãos, sempre abertos ao diálogo.

Em sua reflexão sobre a ausência de "celebridades no episcopado" brasileiro, observa:

Nessa mudança de época em andamento, talvez tenha chegado o momento em que, mais do que a grandeza e a atuação deste ou daquele bispo, se deva incentivar a ação de um episcopado unido e concorde. É o que também pensava Chiara Lubich, ao afirmar que a humanidade de hoje é mais sensível ante uma santidade coletiva e popular do que diante de pessoas que brilham quais estrelas de primeira grandeza num firmamento distante.

Fala-se que esse período opaco do episcopado brasileiro tenha começado há dez anos, o que coincide com o início de minha atividade episcopal. Se eu tivesse colaborado para essa "apatia" — mas não me atribuo tamanha importância! — estaria longe do ideal deixado pelo fundador do instituto religioso em que me formei, o bispo João Batista Scalabrini, para quem "o cristianismo não é apenas uma verdade teológica, mas também social, política e econômica" —, finaliza.

CAPÍTULO 11   O voo do Espírito Santo

Fabrice Tourre, filho de uma família de classe média francesa, graduou-se em matemática em 2000, na École Centrale, em Paris, faculdade das mais distintas, de onde saíram Gustave Eiffel e André Michelin.

Em 2001, Tourre, aos 22 anos, concluiu mestrado em Stanford, prestigiosa universidade californiana por onde passaram algumas das mentes mais criativas do Vale do Silício. No mesmo ano, foi recrutado pelo mais admirado dos bancos de Wall Street, o Goldman Sachs.

Antes dos 30 anos, o matemático, especialista em equações complexas, já havia alcançado os andares mais elevados da instituição financeira, ao ser promovido a uma das vice-presidências. Seu salto se deu depois de ter criado um investimento financeiro, o Abacus 2007-AC1, que ajudou um dos clientes do banco a faturar 1 bilhão de dólares ao apostar no desmoronamento da bolha imobiliária. Tourre foi compensado com a direção executiva do Goldman Sachs, em Londres.

Este é o relato de um caso de sucesso em Wall Street. Saiu publicado pela revista *Veja*, em 5 de maio de 2010, na seção Economia, sob o título "O fabuloso FAB".

Na Igreja Católica, ninguém, hoje em dia, chega ao episcopado na idade em que Fabrice Tourre foi recompensado com a remoção para Londres no Goldman Sachs. Mas também na Igreja os bons partidos, por uma lógica completamente diferente e incompreensível para nós, leigos, são observados por seus superiores imediatos, os reitores de seminário, os bispos diocesanos, e indicados à nunciatura apostólica como candidatos à mitra.

COMO SE FAZ UM BISPO

O cônego João Francisco Ribeiro, ex-ecônomo da arquidiocese de Mariana, em Minas Gerais, conta que circula no clero brasileiro uma piada sobre a nomeação dos bispos. Os candidatos, o cônego se diverte, são escolhidos por politicagem. Feita a "lambança", o Espírito Santo tenta, de tudo, para remediar o estrago. Às vezes consegue.

Apesar de piada, o fato é que, a cada divulgação de um novo nome para o episcopado, o mundo clerical se divide entre os que apoiam a nomeação e os que acham o candidato despreparado.

Padre Reginaldo Pessanha, que durante anos lecionou no Seminário Provincial do Coração Eucarístico, em Belo Horizonte, e atualmente reside em Salvador, cita o chanceler alemão Otto von Bismarck (1815–1890) para relatar como alguns bispos foram feitos: "Leis são como salsichas. É melhor não saber como são feitas."

A proximidade com o bispo pode ajudar na carreira eclesiástica. Ou pode ser desastrosa. Padre José Cândido da Silva, que se diz compositor da música entoada nos estádios brasileiros com a letra "Eu sou brasileiro, com muito orgulho e muito amor", recorre à sabedoria do vigário de sua cidade, Santa Maria do Itabira, em Minas. "Padre Luiz Moreira Costa, natural de Rio Espera, na arquidiocese de Mariana, dizia que não se deve ficar nem muito perto nem muito longe do bispo." Recomenda-se equidistância.

O cardeal dom Paulo Evaristo Arns, arcebispo emérito de São Paulo, tem uma explicação própria para a seleção de candidatos ao episcopado em seu livro *O que é Igreja* (Coleção Primeiros Passos, Abril Cultural/Brasiliense, 1985).

> Quando um padre cumpriu, por quinze ou vinte anos, sua missão com amor e certo êxito; quando, além disso, passou pela experiência de Coordenador de Pastoral na Diocese; quando ainda possui alguma especialização ou talento especial; quando, afinal, é apreciado por seus colegas, pelo Bispo e muito aceito pelos leigos; pode acontecer que, um dia, seja chamado pelo Núncio Apostólico, representante do Papa no País, e receba dele a proposta de ser Bispo de uma determinada Igreja.

Dom Arns historia a evolução do processo de nomeação episcopal, informando que, nos primeiros tempos, eles costumavam ser eleitos pelos padres e pelo povo, para, em seguida, serem confirmados e consagrados pelo metropolita, "uma espécie de Bispo maior, que naquela época presidia às reuniões dos Bispos da região".

Diz ainda que "quando começou a haver intromissão dos governos civis na escolha dos Bispos, a eleição passou a ser privilégio dos Cabidos das Catedrais", por volta do século XI. A partir do século XIV, a nomeação e a consagração dos bispos foram reservadas ao papa. Ele descreve o processo, com o vai e vem das consultas, até que a notícia chega ao candidato, que normalmente ignora o andamento das negociações.

"Como os melhores padres se sentem totalmente realizados dentro da tarefa que vêm exercendo, não costumam pensar que, um dia, possam ser Bispos. Mesmo que os colegas, por vezes, lhes dirijam indiretas a este respeito, não se preparam", escreve o cardeal, acrescentando:

> "Daí a perplexidade total diante da proposta do Núncio. Este insiste, como é seu dever, na explicação de que ser Bispo é cumprir um serviço, para a Igreja e para todo o povo. Acrescenta sempre que o Espírito Santo há de dar, em abundância, a graça necessária." Segundo o cardeal dom Paulo Evaristo Arns, diante dos argumentos de que é desejo do papa que ele aceite, "os homens mais humildes, que costumam ser generosos, se rendem à vontade de Deus".

O certo é que a Igreja precisa escolher seus bispos entre os presbíteros da casa. Aliás, o cardeal Peter Kodwo Appiah Turkson, nomeado novo presidente do Conselho Pontifício Justiça e Paz por Bento XVI, em outubro de 2009, foi claro sobre o assunto: todo sacerdote, ao ser ordenado, dá implicitamente sua disponibilidade para ser bispo, cardeal ou inclusive papa. Porque, explicou aos jornalistas o primeiro cardeal de Gana, "tudo vem no mesmo pacote".

Toda vez que um padre é ordenado bispo, o Espírito Santo entra em campo, como lembra dom Paulo Evaristo Arns. Como em 2008 foram nomeados no mundo 168 novos bispos pelo papa Bento XVI, vê-se o tamanho da responsabilidade daquele que na Trindade carrega a missão de alumiar a Igreja com divina luz.

Cipotânea, no interior de Minas Gerais, é uma cidade onde o Espírito Santo gosta de fazer descer sua luz. Rica em vocações sacerdotais — mais de cinquenta padres —, pelo menos cinco bispos nasceram lá: dom José Nicomedes Grossi, bispo de Bom Jesus da Lapa, na Bahia, de 1962 a 1990; dom José Gonçalves Heleno, bispo de Governador Valadares por 34 anos; seu irmão, dom Hélio José Heleno, bispo de Caratinga por 32 anos; dom Antônio Afonso de Miranda, bispo emérito de Taubaté, São Paulo; e dom Getúlio Teixeira Guimarães, bispo de Cornélio Procópio, Paraná.

Quem pode ser bispo?

Só o padre com pelo menos 35 anos, cinco anos de ordenação sacerdotal e boa reputação. Vale repetir, pois é crucial: boa reputação significa que o candidato nunca tenha participado de algum escândalo, nunca tenha se posicionado contra a doutrina da Igreja nem tenha desobedecido a seu bispo ou superior religioso. Se um dia criticou o papa ou defendeu o fim do celibato, não tem chance alguma.

É necessário ter doutorado ou licenciatura em Bíblia, direito canônico ou teologia e demais ciências eclesiásticas afins. E, sobretudo, se "destaque pela fé sólida, bons costumes, piedade, zelo pelas almas, sabedoria, prudência e virtudes humanas, e seja também dotado de todas as outras qualidades que o tornem capacitado para o desempenho do ofício em questão", segundo o parágrafo 1º do cânon 378. A palavra final sobre a idoneidade do candidato cabe sempre ao Vaticano.

Esses são requisitos do Código de Direito Canônico revisado e promulgado em 25 de janeiro de 1983 pelo papa João Paulo II. Segundo comentário do padre Jesús Hortal, SJ, em edição da Loyola (dezembro 2008), o novo código suprimiu "o requisito da legitimidade de nascimento" e aumentou de 30 para 35 anos a idade requerida. Em latim, o Código de Direito Canônico de 1917, no cânon 331, não deixava dúvidas sobre quem podia ordenar-se bispo: *natus ex-legitimo matrimonio; annos natus saltem triginta.*

Até então, podiam-se ordenar padres muito jovens. Um deles foi dom Vital Maria Gonçalves de Oliveira, OFM, nascido em Pedras de Fogo, em 1844, ordenado padre em 1868 e nomeado bispo de Olinda em 21 de maio de 1871, aos 26 anos.

No Brasil, mesmo na época colonial e do Império, a Igreja já era mais liberal nos aspectos da origem dos candidatos ao sacerdócio, embora não o fosse em relação à abolição da escravatura. Passava-se por cima, com frequência, das restrições impostas pelas "Constituições Primeiras do Arcebispado da Bahia", do século XVI. Por exemplo, em relação ao veto à ordenação sacerdotal de negros.

Em junho de 1791, o jovem José Maurício Nunes Garcia pediu ao bispo do Rio de Janeiro dispensa "do defeito de cor" para ordenar-se sacerdote, segundo Anderson José Machado de Oliveira, doutor em história pela Universidade Federal Fluminense. José Maurício era negro, filho de libertos "pardos". Padre José Maurício é considerado um dos grandes compositores do barroco brasileiro.

Machado de Oliveira, que pesquisou o clero "de cor" no Brasil, diz que o "muito reverendo doutor Francisco Gomes Villasboas" despachou favoravelmente ao pedido, respondendo pela Câmara Eclesiástica do Bispado do Rio de Janeiro. Argumentou que "embora as Constituições da Bahia levantassem o impedimento da cor, elas eram somente diretivas e não preceptivas ao Direito Canônico e que, portanto, a dispensa podia ser dada".

Em *As Minas setecentistas*, trabalho coordenado por Maria Efigênia Lage Resende, conta-se como na arquidiocese de Mariana sempre se dava um jeito para permitir a ordenação sacerdotal de candidatos com problemas de "sangue impuro", seja pela cor, seja por origem judaica ou ilegitimidade de nascimento. Burlavam-se sistematicamente as normas nos Processos de Habilitação.

Embora Joaquim Nabuco critique com dureza a complacência da Igreja com os senhores de escravos, houve sempre bispos que estimularam vocações sacerdotais entre os negros. Um deles foi dom Viçoso, que abriu as portas do Seminário de Mariana para o jovem negro Silvério Gomes Pimenta.

Para se ter ideia do feito de dom Viçoso, basta ler o que o jornalista José Maria Mayrink escreveu no jornal *O Estado de S. Paulo*, em matéria com o padre Antônio Aparecido da Silva, o padre Toninho, 59 anos, negro e professor de teologia dos sacramentos em faculdades de São Paulo:

> (...) quando era provincial da Pequena Obra da Divina Providência, fundada pelo italiano Dom Orione, o padre Toninho constatou que havia discriminação contra negros, uma discriminação institucional registrada em documentos. Pesquisando as atas da assembleia-geral da Conferência dos Religiosos do Brasil (CRB), de 1960, ele descobriu que a reunião foi para discutir se as congregações masculinas e femininas deviam receber ou não candidatos de cor.

A matéria continua:

> Não se falava de negros, mas de candidatos de cor, isso apenas dez anos após a aprovação da Lei Afonso Arinos, que proibia a discriminação racial, disse o padre Toninho. Advertidos pelos assessores de que poderiam ser punidos por não admitirem negros, os participantes da assembleia saíram pela tangente: "Decidiram, como consta das atas, que pessoas de cor poderiam ser aceitas, mas só depois de 'minucioso exame', para saber se não eram indolentes ou de temperamento não compatível com a vida religiosa, explicitamente em relação ao voto de castidade e do celibato".
> (*O Estado de S. Paulo*, 18/11/2007)

Em todo o mundo, são poucos os bispos que deram dor de cabeça à Igreja. Como Milingo e Richard Williamson. No aeroporto de Ezeiza, em Buenos Aires, um homem de blusão e boné pretos, óculos escuros e cabelos brancos foge apressado do microfone de um insistente repórter de TV. De repente, o homem que carrega uma pasta do tipo James Bond, volta-se e faz que vai esfregar um punho fechado na cara do repórter.

O repórter é contido por dois seguranças e o homem de preto escapa pela área de embarque. O fugitivo é dom Richard Williamson, um bispo britânico que deixou a Argentina às pressas em meados de fevereiro de 2009, ameaçado de expulsão pela presidente Cristina Kirchner.

As cenas do bispo pugilista, exaustivamente mostradas nas TVs do mundo inteiro, botaram lenha na fogueira de um grave incidente religioso e diplomático entre o Vaticano, Israel e a Alemanha.

O bispo Richard Williamson, de origem britânica, deixou o Vaticano de saia justa e a comunidade judaica enfurecida. Suas declarações à televisão pública sueca Svt, negando o Holocausto judeu no nazismo, foram divulgadas em 21 de janeiro de 2008, logo após o papa Bento XVI haver retirado a excomunhão sobre ele e mais três bispos da ultraconservadora Fraternidade São Pio X, fundada pelo bispo dissidente dom Marcel Lefebvre.

O esforço da Santa Sé para trazer de volta ao redil as ovelhas negras da Fraternidade, com sede na Suíça, acabou ganhando conotação de conivência papal com os admiradores de Adolf Hitler. Até a chanceler alemã, Angela Merkel, cobrou clareza de seu compatriota, o papa alemão Joseph Ratzinger, uma vez que, em seu país, negar o Holocausto é crime.

Foi preciso que o papa Ratzinger viesse a público reafirmar a existência do *Shoah*, palavra hebraica para a tragédia judia durante o nazismo. Bento XVI exigiu retratação de seu irmão no episcopado, que fora excomungado por João Paulo II junto com a Fraternidade por ordenar sacerdotes à revelia da Igreja.

Renitente, Williamson alegou que precisava ser convencido de que realmente existiram câmaras de gás na Alemanha, que 6 milhões de judeus — e não uns 400 mil, apenas — tenham sido cremados nos fornos nazistas. Mas, em 26 de fevereiro, em carta divulgada pela agência Zenit, ele pediu perdão a Deus e ao papa pelas declarações deploráveis que escandalizaram o mundo.

Já era tarde. O estrago estava feito.

Bispos como o inglês valentão são do tipo que o bom humor brasileiro denomina "amigo da onça" e que nos corredores da Cúria Romana, em Roma, é classificado como "pedra de escândalo", dor de cabeça para a Santa Sé, uma espécie de reencarnação de Judas.

São sobretudo motivo para os cardeais da Congregação para os Bispos, os núncios apostólicos e demais fazedores de bispos pelo mundo se perguntarem onde foi que erraram. O processo de escolha dos candidatos ao episcopado é rigoroso e eficiente, mas mesmo assim as surpresas negativas pululam, até sob a sombra da Basílica de São Pedro, na Cidade Eterna.

Em 2 de julho de 2000, o jornal italiano *La Reppublica* registrava o veto do Vaticano à participação do francês Jacques Gaillot, bispo de Evreux, na Normandia, no "Gay Pride" organizado na Itália. Dom Gaillot viajara a Roma para participar de um debate sobre homossexualidade e religiões marcado para o Hotel Cicerone, entre outras manifestações do "Orgulho Gay".

"Obedeço", teria dito o bispo, mas em seguida, registra o jornal italiano, dom Gaillot, em entrevista coletiva à imprensa, manifestou seu desaponto: "A Igreja deve estar onde precisam dela, e os homossexuais têm sofrido inúmeras discriminações." Os organizadores do evento, segundo o mesmo jornal, disseram que houve uma intervenção direta do papa João Paulo II e que a ordem chegara a dom Gaillot diretamente do presidente da Conferência Episcopal da França.

Era o ano do Jubileu de 2000, que levou milhares de romeiros a Roma. Dom Jacques Gaillot, que se notabilizara pela defesa dos homossexuais, padres casados, ordenação de mulheres no sacerdócio, disse que fora a Roma para ajudar na superação das dificuldades em relação aos gays, prover alguma assistência religiosa a eles em um culto ecumênico na igreja Valdese.

Ele obedeceu, mas registrou, "com dor", a posição da Igreja "próxima à da direita". Segundo *La Reppublica*, o bispo "confirmou sua lealdade absoluta à hierarquia eclesiástica e à decisão de respeitar a vontade de João Paulo II". Disse: "A Igreja é minha casa e a minha família, mas não posso deixar de criticar porque ninguém deve ser excluído, inclusive os gays. O jubileu é a ocasião certa para dialogar, não para dividir."

Por mais embaraçoso que fosse, dom Jacques Gailott era apenas uma cabeça rebelde na estatística da Igreja sob papa Wojtyla — o pontífice polonês que enquadrou bispos e sacerdotes na linha de seu pensamento conservador.

Segundo o Anuário Estatístico da Igreja, entre 1978, ano do início do pontificado de João Paulo II, e o ano 2000, o número de bispos passou de 3.714 a 4.541, com um aumento perto de 22%. A maioria deles ficava na América — 37,3%. Em seguida, apresentava-se a Europa, com 33%; a Ásia, com 13,8%; a África, com 13,2%; e a Oceania, com 2,7%.

Era o que informava em 4 de maio de 2002 o Vatican Information Service (VIS), observando que no mesmo período o número de católicos batizados subira de 757 milhões para 1 bilhão e 45 milhões — aumento de 38%. Cabia aos bispos o pastoreio também de 405.178 sacerdotes — 265.781 diocesanos e 139.397 religiosos —, mais 27.824 diáconos permanentes e 111 mil seminaristas.

Entre tantos números otimistas, destaque para a queda no número de freiras, que entre 1978 e 2000 diminuiu de quase um milhão para 801 mil, e de irmãos leigos, que despencou de 75.802 para 55.057.

As estatísticas mais recentes da Igreja Católica datam de 2010, quinto ano do pontificado de Bento XVI, eleito papa em abril de 2005. Os números mundiais do *Anuário Pontifício*, apresentados ao papa em 3 de março de 2012 pelo secretário de Estado, cardeal Bertone, são os seguintes: os católicos somam um bilhão 200 milhões fiéis batizados; o número de bispos passou de 5.065 para 5.104; os padres aumentaram para 412.236; os diáconos permanentes aumentaram de 38.155, em 2009, para 39.564; o número de seminaristas variou pouco, de 117.978, em 2009, para 118.990 em 2010, com destaque para as taxas de crescimento na Ásia e na África. Na Europa e nas Américas, o número caiu. Também caiu o total de religiosas professas — de 729.371 para 721.935 freiras.

No processo de escolha de bispos, explica o cardeal dom Serafim Fernandes Araújo, "o Vaticano faz tudo para acertar, mesmo assim pode pisar na bola".

Pisar na bola é o de menos. Ruim é gol contra. Certamente, o papa Paulo VI foi autor de um desses lamentáveis gols contra quando nomeou e foi o principal consagrante do arcebispo de Lusaka (Zâmbia), dom Emmanuel Milingo, em cerimônia na Basílica de São Pedro.

Milingo nasceu em Mnukwa, em 1930. Foi ordenado padre em 1958 e nomeado bispo pelo papa Giovanni Battista Enrico Antonio Maria Montini, em 29 de maio de 1969, numa época em que o Concílio Vaticano II estimulava a substituição de missionários europeus na África pelo clero local.

Milingo foi um dos 103 bispos sagrados pessoalmente pelo papa Paulo VI nos 15 anos de pontificado. Como coconsagrantes, atuaram os cardeais Sergio Pignedoli, então arcebispo secretário da Congregação para Evangelização dos Povos, e Emmanuel Kiwanuka Nsubuga, arcebispo de Kampala, Uganda.

Dom Milingo foi sempre controvertido. Por se acreditar com poderes de curar os enfermos, era chamado pela imprensa de "arcebispo feiticeiro". Ele apresentou sua renúncia em 1983, depois de se desentender com colegas do episcopado africano que reprovavam suas sessões de cura.

Em 2001 foi afastado das funções episcopais pelo papa João Paulo II, por ter se casado. Em 2006, o papa Bento XVI o excomungou por ter conferido a ordenação episcopal a quatro homens casados nos Estados Unidos, onde passou a residir. Entre os muitos atos condenados pela Santa Sé, o arcebispo de Lusaka ordenou o padre excomungado George Augustus Stallings Jr.

Apesar de ilícitas, são válidas, para desgosto do Vaticano, todas as ordenações presididas por dom Emmanuel Milingo, casado com a acupunturista coreana Maria Sung, em badalada cerimônia realizada no Hotel Hilton, em Nova York. Na ocasião, uma centena de casais recebeu a bênção do reverendo Sun Myung Moon, fundador da Igreja da Unificação.

O casamento de Milingo, então com 71 anos, com Maria Sung, na época com 43 anos, deu o que falar. Ele não pediu dispensa do episcopado ao Vaticano para se casar. Por isso, o bispo colombiano Victor Tamayo, de Barranquilla, definiu o casamento como "autobofetada na Igreja Católica e uma falta de honradez do prelado africano", segundo a edição do *JB Online* de 21 de maio de 2001.

A validade das ordenações episcopais é motivo de embaraço no Vaticano, que pode adotar a medida extrema da excomunhão. Em 25 de novembro de 2010, a agência portuguesa Zenit distribuiu a seguinte nota sobre caso semelhante ocorrido na China:

CIDADE DO VATICANO, quinta-feira, 25 de novembro de 2010 (ZENIT.org) — No último sábado, dia 20, a Associação Católica Patriótica — a Igreja Católica considerada "oficial" na China e controlada pelo governo — ordenou um bispo, Joseph Guo Jincai, sem a aprovação do Papa. Além disso, obrigou 8 bispos legítimos — em comunhão com a Igreja de Roma e com o Papa — a participarem da cerimônia de ordenação. Tudo isso, não obstante os prévios protestos da Santa Sé.

De qualquer forma, precisa a nota, com esta ordenação ilegítima, tanto o padre Guo Jincai como os bispos que participaram da cerimônia poderiam incorrer na pena de excomunhão, com base no cânon 1.382 do Código de Direito Canônico.

Este cânon afirma que "o bispo que confere a alguém a consagração episcopal sem mandato pontifício, assim como o que recebe a consagração, incorre em excomunhão *latae sententiae*, reservada à Sé Apostólica".

Em outro despacho da Zenit, informa-se que o papa Bento XVI recebeu "com profunda amargura" a ordenação do padre Guo Jincai, como bispo de Chengde, conferida sem mandato apostólico, o "que representa uma dolorosa ferida à comunhão eclesial e uma grave violação da disciplina católica", segundo comunicado oficial da Santa Sé.

Após condenar as pressões do governo chinês, que obrigou os bispos a ordenar o padre, o Vaticano diz que o fato repercute dolorosamente, em primeiro lugar, sobre Joseph Guo Jincai, que, por causa da ordenação episcopal, encontra-se em "uma gravíssima condição canônica". Em seguida, o Vaticano afirma que a ordenação "humilha" os católicos de Chengde, porque as autoridades civis chinesas querem impor-lhes um pastor que não está em plena comunhão nem com o Santo Padre nem com os demais bispos do mundo.

Em março de 2011, porém, Roma e Pequim chegaram a um acordo para a sagração do padre Paul Liang Jiansen, de 46 anos, bispo de Jiangmen, na província de Guangdong. A ordenação episcopal, segundo despacho da Zenit, citando a Union of Catholic Asian News, contou com a aprovação do papa Bento XVI e do governo comunista de Pequim.

Mais de quarenta bispos e padres concelebraram a missa da ordenação lícita de dom Paulo Liang Jiansen, realizada em 30 de março de 2011, na Catedral do Imaculado Coração de Maria. A diocese de Jiangmen, com 20 mil católicos, sete sacerdotes e vinte religiosos, estava vacante desde 2007, quando dom Peter Paulo Li Panshi morreu, aos 95 anos. A diocese tem importância para o catolicismo chinês porque lá se encontra o Santuário de Shangchuan, em homenagem a são Francisco Xavier, morto em 1552.

O novo bispo disse à Asia News que se sentia "aliviado e apoiado" porque a liturgia da sagração realizou-se sem incidentes, com a participação do clero chinês fiel ao Vaticano. Afirmou que seu ministério terá como prioridade a formação espiritual dos sacerdotes e freiras. Na Páscoa, informou, "haverá cinco ou seis novos batismos". Ele próprio, nascido em 1964, recebeu o batismo somente na idade adulta, em 1985.

Padre desde 1991, Dom Liang Jiansen fora nomeado vigário-geral da diocese pelo seu antecessor, dom Li, e eleito bispo de Jiangmen ainda em novembro de 2009. Em seu escudo, ele colocou as imagens de dois grandes missionários na China, são Francisco Xavier e o padre italiano Matteo Ricci.

No Brasil, a excomunhão do bispo de Maura, dom Carlos Duarte Costa, pelo papa Pio XII, suscitou discussões sobre a validade das ordenações episcopais feitas por ele, depois de fundar a Igreja Católica Apostólica Brasileira, em 1945. Valeram. Tanto que o bispo dom Salomão Barbosa Ferraz, sagrado por dom Duarte, uniu-se a Roma, foi recebido em audiência pelo papa João XXIII e reintegrado à Igreja Católica sem a necessidade de outra ordenação episcopal.

No caso dos bispos anglicanos, readmitidos no seio romano pelo papa Bento XVI, a situação ficou complicada por causa da bula *Apostolicae curae*, assinada em 1896 pelo papa Leão XIII. No documento, preparado pelo então padre e futuro cardeal Rafael Merry Del Val a pedido do papa, o Vaticano negou a validade das ordenações anglicanas, não reconhecendo a sucessão apostólica de seus bispos.

Por essa razão, os bispos anglicanos Andrew Burnham, Keith Newton e John Broadhurst, convertidos ao catolicismo, foram ordenados padres pelo arcebispo dom Vincent Nichols, em meados de janeiro de 2011, na Catedral de Westminster, em Londres. Por serem casados, os três não podem conservar a mesma hierarquia como bispos na Igreja Católica.

Eles, no entanto, protagonizam uma revolução na Igreja Católica e acendem a esperança dos que, como os integrantes do Movimento dos Padres Casados, aguardam o fim do celibato presbiteral obrigatório. O papa Bento XVI criou um ordinariato especial para abrigar esses anglicanos que, contrários à ordenação de mulheres e à benção de uniões homossexuais, romperam com a Igreja Anglicana, surgida do cisma estabelecido em 1534 pelo rei inglês Henrique VIII.

CAPÍTULO 12   A mulher e o bispo

Casamento de padre sempre dá ibope. Imaginem o de bispo. Na Argentina, dom Jerónimo Podestá, feito bispo de Avellaneda, em 1962, por João XXIII, casou-se com sua secretária, Clelia Luro, em 1967. Ele morreu no ano 2000, aos 79 anos.

Agora, ela conta em tom confessional a história, o pensamento e a luta política do marido com quem conviveu durante 33 anos, no livro *Jerónimo Obispo, un hombre entre los hombres* (Ediciones Fabro, 2011). Na reportagem de Sergio Rubin, do jornal *Clarín*, publicada em 28 de julho de 2011, o livro é uma "homenaje de una mujer al cura que la amó". No Brasil, o primeiro bispo de Itabira também se casou e deixou por escrito sua versão de vida.

Na Argentina, dom Jerónimo combateu o silêncio da Igreja Católica diante do golpe de Estado de 1966. Nem hesitou em enfrentar o general ditador Juan Carlos Onganía e o núncio apostólico em Buenos Aires, dom Umberto Mozzoni. Este mesmo Núncio foi uma pedra no meio do caminho do bispo itabirano.

Dom Marcos Noronha está sepultado na Cripta dos Bispos, na catedral de Itabira. A viúva, Zélia Froes, leva-lhe flores. Muitos conterrâneos de Carlos Drummond de Andrade também. Marcos Antônio Noronha morreu em 16 de fevereiro de 1998. Tinha 73 anos e fazia 28 anos que renunciara ao governo da diocese de Itabira. Pediu redução ao estado leigo e foi trabalhar como professor em Guaxupé. Em 1976 mudou-se para Belo Horizonte, onde se casou com Zélia.

Dele, seu primeiro bispo, diz o site diocesano:

"Governou a Diocese de Itabira de 29 de dezembro de 1965 a 2 de novembro de 1970. Bispo jovem e idealista, procurou imprimir na pastoral da nova Diocese as orientações do Concílio Vaticano II. Foi um bispo zeloso e competente. Colocou a Diocese em caminhada." O site prossegue: "O brasão de um bispo sinaliza como ele encara sua missão pastoral. Nomeado bispo da recém-criada Diocese de Itabira pelo Papa Paulo VI e ordenado em 24 de agosto de 1965, Dom Marcos escolheu para seu brasão um sol brilhante sobre um campo de prata, com os dizeres: '*in caritate radicati*', enraizados no amor (das Cartas de São Paulo).

Dom Marcos Noronha foi vítima de uma praga que viceja na Igreja e que atingiu também o santo Cura D'Ars — a *invidia clericalis*. Em comovente relato de sua vida na Igreja, publicado três anos após sua morte (*Marcos Noronha e a Igreja*, Editora Vozes, 2001), ele narra, em forma de diário de um bispo, o drama invertido de sua ressurreição, paixão e morte. Da entrada triunfal na Basílica de São Pedro para o fechamento do Concílio Vaticano II à via-crúcis na condução da diocese sob o fogo amigo de bispos conservadores mineiros, até o golpe final dado pelo núncio apostólico Umberto Mozzoni.

Essas novas inconfidências itabiranas põem o dedo na ferida no processo de espionagem que a Igreja utiliza para a seleção de candidatos a bispo e vigilância dos já ordenados. Questionam o sistema de "delação" incentivado pelo Código Canônico para buscar a verdade, mas que, não raro, torna-se instrumento para prejudicar os desafetos. Essa "delação premiada", que na justiça civil mitiga penas de culpados, na Igreja funciona como prêmio para a vingança.

Seminarista em Guaxupé e no Coração Eucarístico de Belo Horizonte e ordenado padre aos 23 anos, ele escreve, em tom de diário, como foi feito bispo.

Dom Inácio, bispo de Guaxupé, foi visitar o arcebispo de Ribeirão Preto, Dom Mousinho, então gravemente doente. Era princípio de 1962. Dom Mousinho confidenciou a Dom Inácio que pediria a Roma minha eleição para bispo auxiliar de Ribeirão Preto. Dom Inácio só me contou isso depois da morte de Dom Mousinho.

Dom Inácio João Dal Ponte, franciscano capuchinho, foi o quarto bispo de Guaxupé (de 1952 a 1963). Dom Luís do Amaral Mousinho foi nomeado bispo de Cajazeiras, na Paraíba, em 1948, pelo papa Pio XII, que o transferiu para Ribeirão Preto, São Paulo, em 1952, e o fez arcebispo em 1958. Ele ficou ali até a morte, em 1962.

"Para ir mais longe, um pouco, na intimidade da minha história, devo confessar a você que senti duas grandes alegrias: o fato de ser escolhido e o da escolha ter sido feita por esse arcebispo. Eu tinha por ele uma grande admiração, achava que era um pastor de verdade."

Segundo Marcos, dom Inácio voltou muito doente da primeira sessão do Concílio Vaticano II, que o papa João XXIII convocara. O bispo teve uma perna amputada em Poços de Caldas, em 1963, e quando regressou a Guaxupé "encontrou aí uma consulta da nunciatura sobre minha eleição para bispo auxiliar de Guaxupé".

> Dom Inácio faleceu em maio desse ano [1963]. Fui eleito vigário capitular e governei a diocese até 1º de maio do ano seguinte, quando chegou e tomou posse dom José de Almeida Batista Pereira. O vigário capitular tem algumas limitações no governo da diocese. Recebi, porém, de Roma um documento segundo o qual eu governaria com todos os poderes de bispo diocesano.
>
> Não contei isso a ninguém, a não ser na hora de assinar, em nome da mitra diocesana, como instituidora, o documento de fundação da Faculdade de Filosofia, Ciências e Letras de Guaxupé.

Marcos Noronha experimentou, então, a aflição que tortura muitos padres que, após tomarem conhecimento das movimentações da nunciatura em torno de seus nomes, passam anos sem notícia se o processo caminhou. Ou emperrou. Esses padres "frustrados", quando o processo emperra, eram chamados de "náufragos" por padre Alberto Antoniazzi, de Belo Horizonte.

No princípio de julho de 1965, dom José chegara de viagem, após muitos dias de ausência. Enquanto eu falava de alguns problemas surgidos e das tentativas de solução, ele estava meio ausente, os olhos no longe. A certa altura, voltando de lá, falou assim: mais grave é o que eu vou dizer a você agora. O papa vai criar uma nova diocese e manda consultá-lo para ser o primeiro bispo.

Conta que "caiu na sala um interminável minuto de silêncio", em que se misturaram os sentimentos de susto, alegria, pavor e vaidade. Embalados por intenso torpor.
Até que dom José o socorreu, levando-o à biblioteca:
— Vamos ver onde fica a diocese e o que há por lá.
Então, dom José "abriu uma enciclopédia e leu: é no vale do Rio Doce, a 100 quilômetros da capital, terra de Carlos Drummond de Andrade". Tratava-se de Itabira.
Era 7 de julho de 1965. No mês seguinte, no dia 24 de agosto, dom Marcos Noronha foi sagrado bispo na catedral de Guaxupé. Não houve nem tempo para tomar posse da diocese. Já no mês seguinte encontrava-se em Roma, participando da IV (e última) Sessão do Concílio Vaticano II, inaugurada em 14 de setembro. No dia 18, completou 41 anos de idade.
O prelado de Itabira, então o bispo mais jovem do Brasil, arrepiava-se por descobrir-se titular do primeiro time da Igreja Católica. Era um dos 2.625 padres conciliares, convocados pelo papa João XXIII para tirar a poeira que os tempos depositaram sobre os altares e genuflexórios da Igreja. A frase exata de João XXIII, na verdade, almejava "espanar o pó que desde Constantino foi se acumulando no trono de Pedro".
Dom Marcos e a primeira sessão solene:

> Basílica preparada, cheia de luzes, um mar de vestes roxas pelas naves imensas. Lá no fundo, bem longe, o altar espera o Papa. Os olhos de todos estão postos na porta, ansiosos pela chegada. Daí a pouco, enchem o vazio das abóbadas as notas graves do órgão, o coro começa a cantar o *"Tu es Petrus"* e uma longa fila de cardeais vai entrando lentamente, em ritmo de igreja-sem-pressa, igreja que disfarça a procura, igreja-caravana que tem muitas certezas e não sabe correr.

O bispo calouro descreve tudo com o entusiasmo de um foca no jornalismo:

À frente, a cruz. Há sempre duas cruzes nessas festas. Uma vai à frente, abrindo caminho no meio do povo, a outra vai atrás perto daquele que preside. A da frente marca os caminhos da longa procura, chega sempre na frente e depois deve esperar os passos lentos da outra. A cruz das certezas é mais prudente e caminha no ritmo da música, precisa esperar a música acabar.

Nesse dia não estavam ainda marcados os lugares, cada um ficou onde quis. Fui de muita sorte, coloquei-me na primeira fila de baixo, logo à entrada da basílica, e pude ver a chegada a dois metros de distância. Não é preciso dizer que, com o susto, houve uma grande emoção, era a primeira vez que via um Papa.

O papa era Paulo VI, então com 68 anos eleito em 23 de junho de 1963 para suceder João XXIII, o mentor do concílio.

Diz o itabirano:

À minha esquerda, estava um bispo italiano, gordo e bem-humorado. Quando descobriu que eu era novato, pôs-se a dar explicação de tudo, com muita graça e um pouco de desilusão. Falou durante a cerimônia inteira. A certa altura, pegou na minha cruz e comentou, examinando sua beleza simples: *Non erit, videbis, tantum tibi honor et gloria sed pondus et labor.* Você vai ver que ela não é apenas honra e glória, mas peso e trabalho.

Com a precisão de repórter, dom Marcos Noronha informa que durante os três meses seguintes, até o encerramento, em 8 de dezembro, todas as manhãs, às 9h30, lá estava ele sentado na cadeira de número 45, ala D, no interior da Basílica de São Pedro, para os trabalhos conciliares.

Os bispos apresentavam petições que às vezes incomodavam o mineiro novato. Como o bispo que pedia ao concílio que definisse, de vez, o uso do colarinho eclesiástico. E outro que queria condenar o filósofo Jacques Maritain. E aquele que teve a seguinte ideia: *Peto condemnationem comunismi et capitalismi* (peço a condenação do comunismo e do capitalismo).

"Um bispo, não sei de que país, disse assim, com todas as letras: Missa *versus populum* não é bom, é ocasião de o celebrante ver pessoas de outro sexo", conta no livro que levou dez anos escrevendo. Diz que "o Concílio era reunião de nascimento, era o batizado de um mundo novo que pedia entrada, ele não se reuniu para condenar ninguém".

Na cadeira 45, da ala D, ele se perguntou muitas vezes: "É esta a Igreja de Cristo, a menina criada com mel silvestre?" Ao fim das reuniões, estava seguro de que o concílio fora "uma pausa de meditação e de revisão de passos". Que "as aspirações do povo vieram à tona", em meio a uma grande esperança de mudança.

De volta ao Brasil, dom Marcos Noronha tomou posse da diocese de Itabira em 29 de dezembro de 1965. Para um bispo ser oficialmente empossado, segundo as normas canônicas, celebra-se uma missa solene de posse. Na festa, é feita a leitura do documento assinado pelo núncio apostólico, em que diz que aprouve a Sua Santidade, o papa, nomear o novo bispo para a diocese.

A nova diocese fora criada em 14 de junho de 1965 pelo papa Paulo VI com a bula *"Haud Inani"* (as duas primeiras palavras do documento pontifício em Latim). Com território desmembrado das arquidioceses de Mariana e Diamantina, ambas conhecidas pelo seu conservadorismo militante, a nova diocese tinha dupla feição.

Destacava-se pela tradição de suas fazendas, onde ainda sobrevivia um bom número de donos da casa-grande e da senzala. Abrigava também importantes núcleos operários do Brasil, entre eles os mineiros da Companhia Vale do Rio Doce, em Itabira, os metalúrgicos da Companhia Siderúrgica Belgo-Mineira, de João Monlevade, e principalmente os trabalhadores da Usiminas, em Ipatinga, e da Acesita, em Timóteo.

Ali, tal qual no ABC paulista, começava a engatinhar um vibrante movimento sindical, liderado pelo presidente do Sindicato dos Metalúrgicos de João Monlevade, João Paulo Pires Vasconcelos.

Sua atuação pastoral trouxe entusiasmo às pessoas. Ele tentava aplicar fielmente o espírito renovador do concílio. Pregava uma Igreja despojada, mais próxima do povo. Cidades vizinhas, que continuaram sob o báculo conservador do arcebispo dom Oscar de Oliveira, de Mariana, e de dom Geraldo Proença Sigaud, de Diamantina, invejavam a sorte das paróquias selecionadas para compor a diocese de Itabira. Segundo o ex-seminarista de Mariana Helvécio Trindade, que produziu um vídeo sobre o jovem bispo, dom Marcos

> buscava imprimir à diocese características inteiramente diferentes: intensa participação popular, contato direto e constante com o povo, visitas pastorais às comunidades, mesmo as mais distantes, celebrações eucarísticas com pequenos grupos, até em residências, escolha de um leigo como chanceler da Cúria e muitas inovações mais.

Por meio do esforço de mudança de mentalidade e substituição de ritos e tradições envelhecidas — inclusive desmistificando a figura do bispo — "Dom Marcos buscava, com empenho, criar uma nova consciência de Igreja". Quando não dava certo, o bispo se irritava. Em 1966, ele convidou os dominicanos para vivenciarem uma experiência de aproximação com o povo. Na época, os dominicanos formavam a vanguarda da Igreja progressista no Brasil. Alguns até se envolveram em movimentos de resistência à ditadura militar, conforme relato de frei Betto no livro *Batismo de sangue: Guerrilha e morte de Carlos Marighella* (Editora Rocco). Em plena Copa do Mundo, uma dezena de frades dominicanos, todos sem batina e sob o comando do mestre frei Estêvão, mais tarde bispo, desembarcou em Itabira.

Todos jovens, todos idealistas. Dom Marcos os queria fermento na massa, vivendo como gente do povo no meio do povo. "Logo percebemos que as pessoas nos olhavam desconfiadas. Não usávamos batina, não tínhamos cara de operário; pensavam que fôssemos olheiros dos patrões", contou, onze Copas do Mundo depois, um dos frades participantes da experiência, o dominicano Oswaldo Resende. Ele e frei Ivo, também presente em Itabira, são personagens do best-seller de frei Betto.

Os frades resolveram sair às ruas vestidos com o hábito dominicano, e, como que por milagre, passaram a ser acolhidos fervorosamente. "Havia dias em que jantávamos duas vezes, tantos eram os convites das pessoas para irmos às suas casas", disse frei Oswaldo. Já dom Marcos não gostou que tivessem usado o hábito clerical. Achou que essa mudança invalidava seu projeto de Igreja popular.

Os tempos eram difíceis. O Brasil vivia o breu da ditadura militar. Alguns padres da diocese foram listados como subversivos pelos militares e tiveram de responder a Inquérito Policial Militar (IPM) em Juiz de Fora. Dom Marcos acompanhou e apoiou seus padres durante todo o processo, que resultou na absolvição deles. Ele não sabia que viveria o drama da Semana Santa, vivamente encenada pela gente da região nas ruas de Minas, em ordem inversa à liturgia: após viver o êxtase do concílio, caminharia para o Gólgota.

Logo críticas surgiram no episcopado. Dom Sigaud não hesitava em denunciar, no púlpito e na imprensa nacional, uma suposta infiltração do comunismo no clero brasileiro. No vídeo dirigido por Helvécio Trindade, o ex-padre de Itabira, José Ivani Américo, diz que alguns bispos mineiros zombavam e tratavam dom Marcos com desprezo. Isolavam-no. A ponto de certa vez um bispo virar-lhe as costas para não receber seu cumprimento. Alguns afirmam que esse bispo seria dom José Dângelo, de Pouso Alegre, no sul de Minas.

O próprio dom Marcos diz que ficou magoado quando soube que o cardeal de São Paulo dissera a um padre: "Você quer fazer isso? Vá para a diocese de Itabira." Na época, São Paulo tinha como cardeal dom Agnelo Rossi.

Com bem-humorada compaixão, seu livro traz notícia de algumas aventuras amorosas de seus padres — alguns acolhidos por ele numa tentativa de recuperá-los para o ministério. Revela a triste situação de padres que se queixavam da solidão, da vontade de amar uma mulher. Os desafios das paróquias de uma diocese em formação. Ele chegou a pedir ao núncio, dom Sebastião Baggio, sua remoção para alguma diocese de São Paulo, onde, devido à proximidade cultural com Guaxupé, acreditava que se daria melhor.

Em julho de 1969, no auge da repressão política no País, dom Marcos Noronha participa em São Paulo da assembleia-geral da CNBB. Junto com os bispos dom Cândido Padin, de Lorena, e dom Waldyr Calheiros, de Barra do Piraí–Volta Redonda, reúne-se com padres e líderes operários de uma facção da esquerda. Eles ameaçavam invadir a assembleia-geral e exigir uma posição dos bispos diante da repressão policial-militar do governo revolucionário. O trio conseguiu impedir isso.

Dois meses depois, em novo encontro com o grupo do movimento operário paulista, agora em companhia de dom Waldyr Calheiros e de dom Luís Fernandes, bispo auxiliar de Vitória, hospedou-se em um convento de freiras — "os três em um quarto com beliches". Eles voltaram às suas casas, após a reunião realizada em uma casa da periferia de São Paulo.

Em 2 de novembro de 1970, o Vaticano aceitou seu pedido de renúncia. Deixou Itabira imediatamente. No dia seguinte, como um mau presságio, ruiu a fachada da Igreja de Nossa Senhora do Rosário. O jornal Diário de Minas estampou na primeira página a sequência de imagens, em câmera lenta, do fotógrafo Theodomiro Ferreira, que teve a sorte de registrar o desabamento da torre.

Para desapontamento geral da cidade, Marcos seguiu para Guaxupé, que exultara com sua sagração, anos antes. Lá, funcionava como nos tempos de sacerdote, celebrando, ajudando o bispo local, enquanto aguardava a nomeação do papa Paulo VI para uma nova diocese.

Tempos depois, ele recebeu o convite para participar da sagração de um bispo em Três Corações, no sul de Minas, marcada para 6 de agosto de 1971. O bispo era dom Estêvão Cardoso Avelar, dominicano.

"Recebi um convite para a sagração de dom Estêvão, em Três Corações. Deveria ir, pois era preciso haver três bispos." Ele foi.

> Quem vai presidir o rito é o núncio apostólico, dom Umberto Mosconi (o correto é Mozzoni, e ele nasceu em Buenos Aires), um italiano sem muita cerimônia. E assim foi comigo. Sabendo que eu estava aí, na véspera da festa, chamou-me à cúria, fechou a porta, ofereceu-me um cigarro e foi direto ao assunto, dizendo, nem mais nem menos, isto: "Há uma queixa na Secretaria de Estado do Vaticano, segundo a qual V. Exa., durante assembleia de bispos, em São Paulo, dormiu com duas freiras e uma moça."
> Não sei mais dizer o que pensei na hora em que esse raio caiu. Pensei mil coisas na fração de segundo e depois fiquei mudo, ferido de morte.

A sensação que sinto hoje é a de um tiro de misericórdia, aquele que se dá ao agonizante para que não sofra mais ou sofra tudo de uma vez.

Eu estava ainda em órbita e sem voz, quando ele quis suavizar o golpe. Parece que ele sentiu de relance, lendo nos olhos, que tinha falado algo de infinito para uma criança. Eu era realmente uma criança naquela hora, um infante que acabava de ser rebatizado no seu próprio sangue. Na matéria de que me acusaram eu era, até então, um ingênuo.

Depois do susto, lembro-me vagamente que ele perguntou quais eram meus propósitos em termos de trabalho, ser bispo diocesano ou auxiliar. Falei qualquer coisa parecida com isto: não quero mais nada na Igreja de Roma. Despedi-me, fui para o quarto e só de madrugada consegui dormir alguns minutos.

No dia seguinte, fui um dos consagrantes. Não me lembro de nada do que se passou, estava nas nuvens e simplesmente acompanhei os gestos. Minha cabeça dançava pelos corredores da reunião de São Paulo e suas consequências. Ao sair da igreja, dirigindo-me diretamente ao carro, o núncio veio ao meu encontro e disse-me assim: 'Hoje é outro dia.'

E era mesmo. Nascia ali, na praça da Matriz de Três Corações, um passo novo de minha vida. Do jeito que eu estava, tomei o carro e parti para sempre.

Em seu relato, escrito passados muitos anos, Marcos Noronha afirma que, se fosse nos dias atuais, não teria perdido o sono com a frase do núncio. Na época, levava a sério "essa gente".

Aconselhado pelo bispo de Guaxupé, dom José de Almeida Batista Pereira, escreveu ao núncio, pedindo o nome do denunciante. "Guardo até hoje a resposta em que ele diz literalmente tratar-se de um erro de nomes e de alguma vingança política."

Mas tudo já estava consumado.

CAPÍTULO 13   O núncio, o bacalhau e a capivara

Segundo o decreto "Christus Dominus", divulgado por Paulo VI em 28 de outubro de 1965, "os bispos, constituídos pelo Espírito Santo, sucedem aos Apóstolos como pastores das almas e, juntamente com o Sumo Pontífice e sob sua autoridade, foram enviados a perpetuar a obra de Cristo, Pastor Eterno".

"Na verdade", prossegue o decreto pontifício sobre o múnus pastoral dos bispos na Igreja, "Cristo deu aos Apóstolos o mandato e o poder de ensinar a todas as gentes, de santificar os homens e de os apascentar. Por isso, foram os bispos constituídos, pelo Espírito Santo que lhes foi dado, verdadeiros e autênticos mestres, pontífices e pastores".

Paulo VI acolheu determinação do Concílio Vaticano II e pôs fim à participação de príncipes, reis e governantes civis na nomeação dos bispos.

> Tendo sido instituído por Cristo Senhor o múnus apostólico dos Bispos, e visando ele a uma finalidade espiritual e sobrenatural, o sagrado Concílio Ecumênico declara que o direito de nomear e criar os Bispos é próprio, peculiar e, por sua natureza, exclusivo da competente autoridade eclesiástica.

O texto continua:

> Por isso, para defender devidamente a liberdade da Igreja e promover mais eficaz e prontamente o bem dos fiéis, o sagrado Concílio deseja que, de futuro, não se continuem a conceder às autoridades civis

quaisquer direitos ou privilégios de eleição, nomeação, apresentação ou designação para o episcopado. Às autoridades civis, porém, cuja deferência para com a Igreja o sagrado Concílio reconhece e aprecia com gratidão, pede-se com todo o respeito que, de acordo com a Sé Apostólica, renunciem espontaneamente aos sobreditos direitos ou privilégios de que gozem atualmente em virtude de concordata ou costume.

Na concordata assinada em 20 de julho de 1933, no Vaticano, pelo cardeal Eugenio Pacelli, secretário de Estado de Pio I, e o vice-chanceler da Alemanha, Franz von Papen, o texto do artigo 14 em italiano diz:

> Prima di spedire le Bolle di nomina per gli Arcivescovi, Vescovi, per un Coadiutore *cum iure successionis* o per un Prelato *nullius*, si comunicherà al Luogotenente del Reich (*Reichsstatthalter*) nel competente Stato il nome della persona prescelta per accertare che contro di essa non esistono obbiezioni di carattere politico generale. Mediante intesa tra le Autorità ecclesiastica e governativa si potrà prescindere dai requisiti enumerati nel num.1) capoverso 2, lett. a), b), c).

Na concordata assinada entre o Vaticano e Portugal, em 1940, o texto se repete, praticamente, com as mesmas palavras:

> A Santa Sé, antes de proceder à nomeação de um arcebispo ou bispo residencial ou de um coadjutor *cum iure successionis*, comunicará o nome da pessoa escolhida ao Governo Português a fim de saber se contra ela há objecções de carácter político geral. O silêncio do Governo, decorridos trinta dias sobre a referida comunicação, será interpretado no sentido de que não há objecções. Todas as diligências previstas neste artigo ficarão secretas (artigo 7, Acordo Missionário).

Não é somente a turma do baixo clero, como jocosamente se definem os padres seculares, que vê politicagem na seleção dos candidatos a bispo. O bispo emérito de Duque de Caxias, dom Mauro Morelli, não tem dúvidas disso.

O NÚNCIO, O BACALHAU E A CAPIVARA

Na dúvida, se há ou não política na história, a cerimônia de sagração de um bispo começa, de fato, após a homilia do consagrante, com a invocação do Espírito Santo. A assembleia entoa em gregoriano *Veni, Creator Spiritus*.

O novo bispo vai precisar muito DELE. De seus sete dons — fortaleza, sabedoria, piedade, conhecimento, conselho, entendimento e temor de Deus.

O cardeal dom Paulo Evaristo Arns, arcebispo emérito de São Paulo, conta que algumas semanas depois de o padre responder afirmativamente à consulta do núncio apostólico, "Roma torna público o nome do novo Bispo. A partir desta hora, tem ele o título de Bispo eleito e marcará o dia de sua consagração ou ordenação episcopal. Antes, porém, faz um juramento de fidelidade ao Papa e à sua nova missão" (*O que é a Igreja*, Abril Cultural/Brasiliense, 1985).

Geralmente, a sagração do bispo acontece na catedral local. É uma festa. De toda parte vêm caravanas de parentes, amigos, ex-paroquianos para assistir à cerimônia. Na sagração de dom José Carlos dos Santos, realizada em Luziânia, nas proximidades de Brasília, impressionou o cortejo de bispos: quase trinta — todos de mitras douradas.

Mas são necessários apenas três bispos, segundo o Código de Direito Canônico, para a sagração de um bispo. O celebrante, que preside a cerimônia, é denominado principal consagrante. Os outros dois são coconsagrantes.

Após o canto do "Veni, Creator", lê-se a bula papal, enviada pelo secretário de Estado do Vaticano. Sem esse documento não há cerimônia. Então, o núncio apostólico, geralmente presente às sagrações, costuma falar. O tema, quase sempre, versa sobre o episcopado como serviço ao povo de Deus, e não uma honra.

José Carlos dos Santos, ordenado em 29 de setembro de 2001, escolheu para presidir sua sagração o bispo dom Agostinho Stefan Januszewicz, dos franciscanos conventuais, titular da diocese de Luziânia, onde foi indicado como auxiliar. Escolheu dois coconsagrantes: dom Aloísio Hilário de Pinho, também orionita e bispo de Jataí (GO), e dom José de Lima, de Sete Lagoas.

Em seguida, o principal celebrante — convidado pelo eleito — faz a imposição de mãos sobre o novo bispo nomeado pelo papa. Momentos de silêncio. O gesto é repetido pelos bispos coconsagrantes e por todos os bispos presentes.

O livro dos Evangelhos também é colocado sobre o novo bispo, enquanto o consagrante reza a Oração Consacratória: "Concedei-lhe a plenitude da missão sacerdotal. Cumulai-o com a irradiação da vossa glória, santificai-o com o orvalho da celeste unção."

A Igreja Católica acaba de ganhar mais um bispo, sucessor dos Apóstolos.

Em seguida, o consagrante unge a cabeça do novo bispo com o óleo do Santo Crisma e entrega a ele o livro dos Evangelhos. Doravante, ele será pastor e mestre, anunciador do Evangelho. O anel que recebe é para lembrar a fidelidade ao povo de sua diocese. O báculo é o cajado do Bom Pastor. O Evangelho é para lembrar sua missão de pregador.

Na ordenação, o principal consagrante diz ao novo bispo que ele está recebendo a plenitude do sacramento da Ordem, "para proclamar o Evangelho; para distribuir, aos que creem, os sacramentos da fé; e para conduzi-los nesta peregrinação terrena (*O que é a Igreja*).

No final, o novo bispo recebe a mitra. Como um capacete, ela simboliza a proteção de Deus. Canta-se o "Te Deum". Ele dá sua primeira bênção episcopal, com a mão direita movimentando-se, em sentido horário, em gestos formando a cruz, por três vezes, no lado esquerdo, no centro do peito, e no lado direito.

Então, faz-se fila e todos beijam, pela primeira vez, a mão do bispo.

"Uma das grandes lembranças de minha infância, na terra natal, foi a sagração do bispo conterrâneo dom Lucas Moreira Neves", escreveu o desembargador Rogério Medeiros Garcia de Lima, do Tribunal de Justiça de Minas Gerais, natural de São João del-Rei, tal como o frade dominicano Lucas. A ordenação episcopal aconteceu em 1967, presidida por dom Agnelo Rossi, cardeal arcebispo de São Paulo, de quem o novo bispo foi nomeado auxiliar.

O Largo do Rosário estava apinhado de eclesiásticos. Compunha bela paisagem purpúrea. Nunca apaguei da memória a solene e concorrida celebração. Sou privilegiado por ter assistido ao despontar de um dos maiores prelados da Igreja Católica. Poucos religiosos brasileiros galgaram tão altos cargos na hierarquia do Vaticano (jornal *Decisão*, Associação dos Magistrados Mineiros, 2005, e *Revista da Academia de Letras de São João del-Rei*, 2009).

Dom Francisco Barroso Filho completou 80 anos de idade em 8 de outubro de 2010. Em 22 de agosto de 2008, ele exultava: fora nomeado pelo arcebispo de Mariana, dom Geraldo Lyrio Rocha, na época presidente da CNBB, coordenador do Clube Serra, que cuida das vocações sacerdotais.

Dom Barroso vive os dias de bispo emérito no casarão da família, em Ouro Preto, onde mora com a irmã, de 95 anos. Fica na rua dos Paulistas, 6, atrás da Matriz de Antônio Dias, em que foi vigário por mais de vinte anos. Na época, ele e padre José Feliciano da Costa Simões, da Matriz do Pilar, rivalizavam para organizar a Semana Santa mais bacana, a cada ano. Padre Simões e dom Barroso nasceram em Ouro Preto e foram colegas de seminário em Mariana. Ordenaram-se no mesmo dia.

Mas Barroso foi feito bispo. Simões, não. "Padre Simões não serve pra bispo. Tem estopim curto. Fala o que deve e o que não deve", dizia dom Barroso. Quanto à sua sagração, faz deboche. Diz que seus colegas de sacerdócio o acusam de ter ganhado o episcopado em troca de uma bacalhoada portuguesa, servida ao núncio apostólico.

Pode parecer absurdo, mas não é incomum a Igreja selecionar seus altos quadros de maneira tão prosaica. O padre Helvécio Gomes de Oliveira também teria sido feito bispo por capricho do núncio apostólico. Em 1918, o salesiano e capixaba padre Helvécio, lotado no Colégio Santa Rosa, em Niterói, foi escalado para acompanhar o núncio, dom Angelo Scarpadini, numa excursão à aldeia dos índios krenaques, perto da cidade de Resplendor, no vale do Rio Doce mineiro.

Conta padre Pedro Maciel Vidigal nas páginas 478–479 de suas memórias, *No seminário e no clero*:

Atravessando, de canoa, o rio Doce, em Colatina, Sua Excelência, o representante do papa junto ao governo do Brasil, pediu-lhe que matasse uma das capivaras que, de vez em quando, surgiam à flor das águas. Bom atirador, o padre abateu uma das maiores, ao alcance do certeiro tiro de sua boa espingarda. Encantado com a beleza do grande animal, e passando as mãos por cima do seu dorso molhado, o núncio não se conteve e anunciou: "Irei fazer-te bispo, na primeira oportunidade."

E realmente o fez. Dom Helvécio foi sagrado bispo em 15 de agosto de 1918 pelo núncio apostólico, dom Angelo Scapardini, na Catedral de Niterói.

Bem, nada de espanto. A primeira nomeação episcopal foi feita por sorteio, para substituição de Judas Iscariotes, que se enforcara. Diante de dois nomes para a vaga, Matias e José Barsabás, de sobrenome o Justo, os apóstolos optaram pelo sorteio e a sorte caiu em Matias — diz o professor de teologia da Faculdade Jesuíta de Teologia e Filosofia, em Belo Horizonte, padre João Batista Libanio, citando o "Ato dos Apóstolos, 1".

Em 1981, o arcebispo dom Oscar de Oliveira, sucessor de dom Helvécio no trono de Mariana, pediu ao padre Francisco Barroso que oferecesse um jantar ao núncio dom Carmine Rocco. O núncio apostólico estava em Belo Horizonte e queria conhecer Ouro Preto. Barroso telefonou para a nunciatura, em Brasília, e descobriu os gostos gastronômicos do representante do papa João Paulo II no Brasil.

Barroso encomendara a paroquianos uma bacalhoada portuguesa, com bacalhau alto, caprichado. Uma macarronada, também. Mas o núncio ficou apenas na bacalhoada e se fartou. "Pensei que Sua Excelência fosse morrer de tanto comer." Deliciou-se também em taças de Campari — a bebida favorita, segundo informara a secretária da nunciatura.

Enquanto trancava a igreja de Antônio Dias, o núncio Carmine Rocco saiu a contemplar o casario da cidade, em companhia de dom Oscar. Pediu ao arcebispo um padre da arquidiocese que pudesse ser nomeado reitor do seminário do Mato Grosso ou de Goiás. Dom Oscar apontou o vigário de Antônio Dias. E o núncio foi embora.

O NÚNCIO, O BACALHAU E A CAPIVARA

Dois anos depois, chegou à casa paroquial uma carta da nunciatura. A princípio, nem tocou a correspondência. Mas, quando abriu o envelope, havia outro dentro. Com lacre pontifício. Padre Barroso passou três noites sem dormir. Ligou para a nunciatura. Disseram que o núncio estava em uma reunião, que não podia ser interrompido, se era urgente. O emissário voltou ao telefone. O núncio ligaria no dia seguinte, às oito da manhã. Padre Barroso estava decidido a não aceitar sua nomeação a bispo, conforme teor da carta chegada sob lacre. Não se achava preparado, competente. Fora um seminarista medíocre. Nunca despontara pela inteligência nos estudos. Havia gente mais bem qualificada. Ele se destacava apenas em música. Tocava na banda e, vigário em Ouro Preto, formara uma orquestra, uma escola de música, criara o Museu do Aleijadinho.

Tinha 55 anos. Diria ao núncio que a artrite havia piorado, danificado os dedos da mão esquerda. Não dava para aceitar. No dia seguinte, levantou mais cedo, trocou de horário de missa com seu coadjutor. Celebraria a missa das sete da manhã, à espera do telefonema. O coadjutor podia dormir mais um pouco, celebraria à noite.

No altar, trôpego, leu o Evangelho. A Anunciação de Maria. À medida que lia, foi percebendo que a mensagem era direta a ele. Maria respondera ao Anjo como seria possível dar à luz se não conhecia nenhum homem. E completou com a frase que ele repetiu logo depois ao núncio: faça-se em mim segundo a tua vontade. Como manda a ritualística vaticana, enviou ao núncio um telegrama: "Aceito o compromisso."

Adotou como lema as palavras do apóstolo Paulo na carta aos Efésios: *"In unitatem Fidei"* — para a unidade da fé. Em 2008, no restaurante Bené da Flauta, Dom Barroso chega à janela do segundo andar e mostra a paisagem de sua cidade natal. Há cinco anos é resignatário. Pensara em morar em Belo Horizonte, onde há assistência médica fácil. Mas a irmã, de 95 anos, não aceitou mudar.

Dom Aloísio Sinésio Bohn, bispo de Santa Cruz do Sul, afirma ter notado que muitos consideram o bispo emérito "como 'aposentado', em repouso, qual funcionário público".

"Mas o bispo não se aposenta. O que ele faz é renunciar ao ofício de governar ou presidir uma diocese, e passa a servir à Igreja de outro modo", afirma, em artigo para a Conferência Nacional dos Bispos do Brasil, em 2008. De acordo com o prelado, o bispo emérito

> recebe uma nova missão em prol do bem da Igreja: continua membro do Colégio Apostólico, em comunhão com o Romano Pontífice e, com os demais bispos, corresponsável pela Igreja inteira. Pode participar do Concílio Ecumênico com voto deliberativo e do Sínodo dos Bispos. Numa palavra, assume fortemente a dimensão missionária da Igreja.

Dom Sinésio explica que o bispo emérito não governa. "Antes assume a função de intercessor da Igreja e do mundo, mediante a oração de caráter apostólico, o conselho forjado na experiência, as obras de caridade, a pregação do Evangelho, a celebração dos sacramentos, o cuidado pastoral dos fiéis, a defesa dos pobres e dos fracos e pode ser juiz eclesiástico."

"É preciso lembrar que o Corpo de Cristo se edifica não só pelo poder e o ativismo, mas muito pela doação discreta da própria vida a Deus e às pessoas, assumindo, como Jesus, o sofrimento pela salvação da humanidade. É o sofrimento apostólico tão recomendado aos enfermos e idosos", destaca.

O prelado recorda que, de acordo com o direito canônico, ao bispo diocesano que tiver completado 75 anos de idade é solicitado que apresente a renúncia, de ofício ao Sumo Pontífice, que pode aceitá-la imediatamente ou demorar algum tempo. O discernimento é do papa.

Segundo dom Sinésio, esta norma, fruto do Concílio Ecumênico Vaticano II, é "sábia e oportuna, pois a pessoa, quando perde a capacidade de presidir uma diocese, pode não ter a percepção exata da conjuntura. Cada idade é bela e, colocada a serviço, agrada a Deus e edifica a Igreja de Deus", afirma.

Dom Lelis Lara, CSSR, emérito da diocese de Itabira–Coronel Fabriciano, considera, no entanto, necessária uma revisão da legislação canônica atual, segundo a qual, "o bispo emérito se torna um simples fiel" (*O Direito Canônico em cartas, O Bispo* — Edições CNBB, 2008).

Escreve, portanto, sobre o que lhe é familiar, como redentorista e ex-consultor jurídico-canônico da CNBB:

> Ele não pertence ao clero da Diocese onde ele foi o bispo. Se era membro de um instituto religioso, mesmo se voltar a residir em alguma casa do instituto, não goza de voz ativa nem passiva e, sem um indulto especial, não pode ser superior. Não é membro da Conferência dos Bispos, podendo apenas ser convidado para as assembleias. Não pode ser membro de Comissão Episcopal, podendo ser apenas convidado a integrar alguma comissão de trabalho, como perito ou assessor.

Dom Lelis Lara, apesar de considerar acertadas as normas para a renúncia dos bispos, por idade ou por doença, tem outras sugestões sobre a situação jurídica do bispo emérito.

> Creio que a norma estabelecida pelo cânon 401,
> 1 poderia ser formulada de modo diferente. Por exemplo: aos setenta e cinco anos, ou, antes dos setenta e cinco se o próprio bispo desejar, o Sr. Núncio Apostólico conversará com o próprio bispo sobre seu estado de saúde e sua disposição de continuar à frente da Diocese.

Acrescenta: "Também o Colégio dos Consultores e outras pessoas, inclusive leigos, seriam consultados sobre as condições de saúde do bispo e seu desempenho à frente da Diocese. O estado de saúde da pessoa e sua disposição para o trabalho são fatores essenciais. Conta muito nesta questão o fator genético."

Dom Lara observa que o local de residência do emérito "é uma questão delicada". E sempre envolve dificuldades sobre onde morar. Seja porque, como religioso, ele passou muitos anos afastado do convívio da congregação; seja porque aposentou-se após pouco tempo em uma diocese, onde ainda não tem amigos e ambiente. Mas sobretudo porque corre sempre o risco de criar problemas se resolver morar na diocese onde foi principal.

* * *

Se o bispo emérito residir na Diocese onde serviu, requer-se, de um lado, que ele seja discreto, não se imiscua nos negócios e se lembre sempre de que já não é o bispo diocesano. De outro lado, o bispo diocesano não tenha ciúme nem inveja do anterior; que talvez tenha sido uma presença marcante na Diocese. Cada um tem seus defeitos e suas qualidades. Creio que o amor e o bom-senso devem regular toda a presença do bispo emérito na Diocese onde serviu. Nesta questão, como, aliás, em tudo, o amor é a *lex suprema*.

CAPÍTULO 14 Na corte papal
e nos cursinhos pontifícios

Aparentemente, a proximidade com o centro de poder pontifício, a Cúria Romana, não atrasa nem apressa a nomeação de bispos. Mas quase sempre ajuda a fazer bispos. Com dom Fernando Guimarães, bispo de Garanhuns (PE), com monsenhor Giovanni D'Ercole, bispo auxiliar de L'Aquila, na Itália, e com dom Rafael Biernaski, bispo auxiliar de Curitiba, foi assim.

Em 1980, o padre redentorista Fernando José Monteiro Guimarães, da assessoria pastoral e de imprensa do cardeal Eugenio Sales, do Rio, foi transferido para a Secretaria de Estado, no Vaticano. Sua missão era participar da preparação da primeira viagem do papa João Paulo II ao Brasil, segundo ele relatou em entrevista à agência católica Zenit, em junho de 2009.

De fevereiro a julho daquele ano, padre Fernando ficou perto do papa polonês. Foi designado para dar aulas de português a ele. Duas vezes por semana, o secretário pessoal de Wojtyla, monsenhor Stanislaw Dziwisz, hoje cardeal arcebispo de Cracóvia, na Polônia, organizava a celebração da missa em língua portuguesa. Padre Fernando concelebrava com o papa. As leituras eram feitas em português. Até um grupo de religiosas brasileiras era convocado para rezar e cantar em português.

Além de ensinar o idioma com sotaque brasileiro, padre Fernando conta que foi o único membro brasileiro da comitiva papal, na visita ao Brasil: "Durante os 12 dias da viagem ao Brasil, entre uma cidade e outra, muitas vezes durante os voos internos, era normal que o Papa me chamasse e então repassávamos os discursos da etapa seguinte."

COMO SE FAZ UM BISPO

João Paulo II não fez Fernando bispo, embora na época houvesse dois prelados brasileiros de prestígio na Cúria: o cardeal Agnelo Rossi e o ainda bispo dom Lucas Moreira Neves. Só em março de 2008, já no pontificado de Bento XVI, foi que o professor pontifício de português recebeu a mitra.

Dom Giovanni D'Ercole demorou também a ser bispo, apesar de haver convivido com os maiores nomes do Vaticano por duas dezenas de anos. Em 1987 foi nomeado vice-diretor da sala de imprensa do Vaticano e, mais tarde, chefe de escritório na seção de "Affari Generali" da Secretaria de Estado.

Trabalhou na Secretaria de Estado na gestão do cardeal Angelo Sodano, que tinha como "substituto" o arcebispo Giovanni Battista Re, transferido posteriormente, quando nomeado cardeal, para a Congregação para os Bispos, como seu prefeito.

Sua nomeação saiu somente em novembro de 2009, já com 62 anos de idade e 35 de sacerdócio, mesmo reunindo todas as credenciais para o episcopado, como vida sacerdotal exemplar, zelo pastoral, licenciatura em teologia pela Universidade Lateranense e doutorado em teologia moral pela Academia Alfonsiana.

Em 6 de agosto de 2007, D'Ercole foi acusado de carreirista, em matéria da revista *Panorama* intitulada "Chi preme su Ratzinger" e assinada com o pseudônimo de Angelo Custode.

> Finda a era da cúria wojtyliana omnicompreensiva, para os carreiristas de batina as dioceses apetitosas são aquelas não muito distantes de Roma: Lazio, Abruzzo e Molise na cabeça. Em Campobasso está pensando Giovanni D'Ercole, orionino e empregado do Vaticano: depois de ter visto se esvaírem duas nunciaturas e a diocese de Avezzano, agora manifesta uma forte vocação para o episcopado molisano.

Missionário na Costa do Marfim, na África, de 1976 a 1984, e de 1984 a 1985 pároco de Ognissanti, em Roma, onde foi capelão da prisão para menores de Casal del Marmo e cuidou dos imigrantes pobres,

NA CORTE PAPAL E NOS CURSINHOS PONTIFÍCIOS

monsenhor Giovanni D'Ercole experimentou na carne o que martirizou o Cura D'Ars, Jean-Baptiste Marie Vianney: foi vítima da célebre *invidia clericalis*. Alguém nos corredores vaticanos queria derrubá-lo. Sua reação saiu publicada na revista italiana *Panorama*, n. 33, de agosto de 2007, com o título: "Não sou carreirista." Estupefato, D'Ercole diz:

> Vindo de uma escola de espiritualidade carmelita e em seguida orionina, aprendi desde jovem a aspirar a outro bem que a carreira eclesiástica. Minha única ambição é servir com amor à Igreja e aos pobres como Dom Orione me ensinou. Desenvolvo meu serviço com espírito de fé; nada peço e nada espero.

Giovanni D'Ercole foi nomeado por Bento XVI bispo auxiliar de L'Aquila, que, coincidentemente, fica nos arredores de Roma, na bela região dos Abruzzos, onde nasceu, em Morino, e onde também se localiza Campobasso. A ordenação episcopal, presidida pelo secretário de Estado de Ratzinger, cardeal salesiano Tarcísio Bertone, aconteceu em 12 de dezembro de 2009.

Na Semana Santa de 2010, dom D'Ercole carregava sobre a batina uma cruz de madeira. Foi presente do papa João Paulo II. Na procissão da Sexta-Feira Santa, que na noite gélida de 2 de abril reuniu milhares de pessoas nas ruas de L'Aquila, dom Giovanni D'Ercole respondeu à pergunta intrigante por que atualmente o Vaticano tem optado por nomear um grande número de bispos salesianos:

— Porque eles são maioria na Igreja.

Se a proximidade com o papa pode atrapalhar, um período de tirocínio da Congregação para os Bispos costuma resultar em mitra para o padre que passar por lá. Um desses casos é o de monsenhor Rafael Biernaski, ordenado bispo auxiliar de Curitiba, em 15 de abril de 2010. Na cerimônia, realizada na Catedral Basílica da capital do estado e presidida pelo arcebispo metropolitano dom Moacir Vitti, todo o Paraná esteve presente.

Dom Rafael trabalhou na Congregação para os Bispos, em Roma. Ele nasceu em 1955, em Curitiba. Em 1975 ingressou no Seminário Maior Rainha dos Apóstolos, frequentando o curso de filosofia na PUC.

COMO SE FAZ UM BISPO

Em 1981 concluiu a teologia no Studium Theologicum dos padres claretianos. Foi ordenado sacerdote naquele ano, na Igreja Matriz de Santa Terezinha do Menino Jesus.

Dom Rafael, que em 2007 concluiu o doutorado em teologia dogmática na Gregoriana, desde 1999 fora distinguido pelo papa João Paulo II com o título de "monsenhor". Na Congregação para os Bispos, ocupou o importante cargo de chefe de Seção de 2007, até ser nomeado bispo pelo papa Bento XVI, em fevereiro de 2010. Ele é sobrinho do bispo de São José dos Pinhais, no Paraná, dom Ladislau Biernaski, e irmão do padre André Biernaski, reitor do Seminário Rainha dos Apóstolos.

Com outro brasileiro, o gaúcho Odilo Pedro Scherer, a proximidade com Roma não só fez dele bispo, como também cardeal. Natural de Cerro Largo, Rio Grande do Sul, onde nasceu em 1949, Odilo ordenou-se padre em Toledo, no Paraná, em 1976, aos 27 anos de idade. Estudou na Gregoriana e tornou-se mestre em filosofia e doutor em teologia. Por sete anos, de 1994 a 2001, foi oficial da Congregação para os Bispos no Vaticano. Em 2001, o papa João Paulo II nomeou-o bispo auxiliar de São Paulo, sendo sagrado em fevereiro de 2002. Em abril de 2007, foi promovido a arcebispo de São Paulo e, em 24 de novembro do mesmo ano, foi distinguido com o chapéu cardinalício, por Bento XVI.

Ter um bom padrinho vale ouro. Mas padres no comando de congregações religiosas também se saem bem no processo de nomeação episcopal. O arcebispo de Curitiba, dom Moacyr José Vitti, CSS, conta que foi feito bispo depois de fazer parte do Conselho Geral da Congregação dos estigmatinos em Roma, por seis anos. Na volta ao Brasil, foi eleito superior provincial dos estigmatinos e nomeado bispo auxiliar de Curitiba, em 1987.

O bispo de Dourados (MS), dom Redovino Rizzardo, da Congregação dos Missionários de São Carlos (scalabrinianos), também trabalhou em Roma na casa-mãe da congregação, antes de sua nomeação, em março de 2001, para bispo coadjutor de Dourados. Isto é, com direito de suceder o carmelita dom Alberto Johannes Först, em vias de aposentar-se por idade, o que de fato aconteceu em dezembro do mesmo ano.

NA CORTE PAPAL E NOS CURSINHOS PONTIFÍCIOS

Com o orionita José Carlos dos Santos, a história repetiu-se. Em Roma, no ano de 2001. Foi nomeado bispo auxiliar de Luziânia, mas morreu com apenas cinco meses de purpurado.

O telefone tocou em Via Etruria. Soou tantas vezes sem atendimento que de duas, uma: ou o padre superior encontrava-se em alguma perdida aldeia africana ou era quinta-feira, *al pomeriggio*. Nos dois casos, o porteiro não corria risco de desemprego.

O padre superior não levava telefone celular em viagens, mesmo quando o destino fosse o Timor-Leste, as selvas das Filipinas ou as savanas de Moçambique. Do resto do mundo, quando ligava, usava o telefone fixo.

O porteiro, um oblato romano, levantou-se do sofá arrastando a barriga como o carmelengo e, embora a central pudesse ser alcançada quase com um passo, deixou o aparelho tocar mais um pouco. Ele sabia que ninguém o advertiria. Às quintas-feiras, a cozinha exagerava no molho do espaguete, os padres prolongavam a sesta, tudo bem.

— Alô, o padre José Carlos, *prego*.
— Quem deseja?
— É do Vaticano.

Então, irmão Tommaso ficou esperto e, em vez de passar a ligação para o ramal do padre José Carlos, subiu três andares em disparada até o quarto do confrade, dispensando a preguiça e o elevador.

Padre José Carlos desceu, desembalado, à portaria.

— *Pronto, sono* padre José Carlos.
— Sou monsenhor M... do Vaticano. É mesmo o padre José Carlos?
— Sim, Excelência, é o próprio.
— Poderia me dizer seu sobrenome?
— Dos Santos. Padre José Carlos dos Santos.
— O senhor é brasileiro? Em que cidade nasceu?
— Nasci em Barbacena, Excelência, estado de Minas Gerais.
— Barba o quê?
— Barbacena, com a letra c. Em italiano, diríamos Barba-tche-na — explicou padre José Carlos, já preocupado com a conversa.
— Desculpe-me, padre, mas preciso me certificar de que falo com a pessoa certa — respondeu o monsenhor, com suavidade.

Padre José Carlos procurou tranquilizar o representante do Vaticano:
— Na verdade, já nos conhecemos. Viajamos dias atrás no mesmo trem. Lembra-se, Excelência? Monsenhor viajava à paisana, vínhamos de Milano, no "Sette Bello". Sou aquele padre que o cumprimentou no trem.
— Desculpe-me, padre, precisava estar seguro sobre o senhor. Tem alguém aí na sala?
— Não, Excelência — e o brasileiro expulsou da sala, com gestos nervosos, o porteiro curioso.
— Sou monsenhor M..., da Congregação dos Bispos, o senhor entende?
— *Prego, Eccellenza* — o mineiro caprichou em sotaque toscano da melhor qualidade.
— O senhor poderia dar um pulo aqui, amanhã?
— Olha, amanhã tenho agendada uma viagem a Nápoles. Fui escalado para pregar o retiro espiritual. Volto domingo à noite a Roma e, se *monsignore* não se importar, estarei aí na manhã de segunda-feira.
— O senhor sabe que falo da Sagrada Congregação dos Bispos?
— Perfeitamente, Excelência.
Fez-se silêncio na ponta do Vaticano e padre José Carlos, desconcertado, enxugou a testa com as costas da mão. Em junho, Roma ganha jeito de interior mineiro, com o sol treinando para queimar a horda de peregrinos que chegam à cidade nos dois meses seguintes. Os romanos, então, abandonam as vias e os monumentos aos turistas, seguem para a montanha, fogem do temível *ferragosto*.
— Está bem. Aguardo sua visita, na segunda-feira. Por favor, não comente com ninguém, porque, compreende, estou falando da Sagrada Congregação dos Bispos — insistiu o monsenhor, desconfiado de que aquele padre brasileiro não captara a importância do telefonema.
Bem que padre José Carlos desconfiou, mas aprendera em Minas Gerais a fingir-se de trouxa. Em geral, o resultado costumava ser positivo. Passava a imagem de quem estava habituado com tudo, que não se excitava com coisa alguma. Nem com um telefonema da Sagrada Con-

gregação dos Bispos, em plena tarde de uma quinta-feira, após uma bela macarronada.

Foi o mais longo fim de semana da vida de padre José Carlos dos Santos. Demorou mais que as Copas do Mundo, realizadas a cada quatro anos, e que no entanto pareciam distantes como a velhice. Na infância, ele regulava o tempo de sua vida com base no calendário da Fifa, pela ânsia de sair às ruas, todo de verde e amarelo, para torcer por Pelé e seus companheiros da seleção brasileira de futebol.

Na segunda-feira, ele compareceu ao prédio da Congregação para os Bispos, na Piazza Pio XII, na antessala da Piazza di San Pietro. Foi oficialmente comunicado que havia sido nomeado bispo pelo papa João Paulo II. Voltou para casa e não contou para ninguém, até que a nomeação foi publicada pelo Vaticano.

O bispo é um "pequeno" papa em sua diocese. Ele pode tudo, desde que esteja de acordo com o bispo de Roma, o papa. O cânon 381, parágrafo 1, diz: "Compete ao bispo diocesano, na diocese que lhe foi confiada, todo o poder ordinário, próprio e imediato, que se requer para o exercício de seu múnus pastoral, com exceção das causas que forem reservadas, pelo direito ou por decreto do Supremo Pontífice, à suprema ou a outra autoridade eclesiástica."

"De Episcopis", em português, "Dos Bispos", é o título do capítulo II da segunda parte do Código de Direito Canônico. Essa parte, que trata da "Constituição Hierárquica da Igreja", abre no cânon 330 com definições sobre a "Suprema Autoridade da Igreja", exercida pelo Bispo de Roma, o papa, cabeça do Colégio dos Bispos.

A partir do cânon 375 e até o 572, o código normatiza, em detalhes, o que são, quem pode ser, o que fazem e como os bispos devem proceder.

> Os Bispos que, por divina instituição, sucedem aos Apóstolos, são constituídos, pelo Espírito que lhes foi conferido, pastores na Igreja, a fim de serem também eles mestres da doutrina, sacerdotes do culto sagrado e ministros do governo", diz o parágrafo 1 do cânon 375.
>
> Parágrafo 2: "Pela própria consagração episcopal, os Bispos recebem, juntamente com o múnus de santificar, também o múnus de ensi-

nar e de governar, os quais, porém, por sua natureza não podem ser exercidos, a não ser em comunhão hierárquica com a cabeça e os membros do Colégio.

Postas essas afirmações doutrinárias, o código esmiúça as disposições sobre esses homens que governam a Igreja, sem dar margem a interpretações pessoais. Aqui não vale o ditado latino "*Tot capita, tot sententiae*", inspirado em declarações de Terêncio, que viveu antes de Cristo, e ainda hoje em voga entre os juristas dos códigos laicos pelo mundo afora.

Há os bispos diocesanos, que tomam conta de uma diocese, e os bispos titulares. O padre Jesús Hortal, SJ, explica em seus comentários sobre o Código de Direito Canônico, promulgado em 1983 pelo papa João Paulo II, que os bispos titulares são classificados em três categorias: "a) os eméritos ou aposentados; b) os auxiliares e coadjutores, que servem a uma diocese; c) os que exercitam cargos supradiocesanos, quer em nível regional, quer em nível universal, como os cardeais da Cúria."

Exceto os eméritos, explica padre Hortal, os bispos titulares "levam o título de uma antiga diocese extinta, do norte da África, da Ásia Menor ou do Oriente Médio". Esta tradição preserva a consciência existente, desde a Antiguidade, de que ninguém é ordenado padre ou bispo simplesmente, mas são ordenados para um ofício determinado — ensina o padre Hortal.

Um exemplo: em 1966 o papa Paulo VI nomeou o frade franciscano Paulo Evaristo Arns bispo auxiliar de São Paulo e bispo titular de Respecta — uma antiga diocese da província romana da Numídia, no norte da África. Naquela região, hoje compreendida por Argélia, Marrocos e Tunísia, ficava a diocese de Hipona, cujo bispo era santo Agostinho.

O novo bispo deve tomar posse da diocese logo que receber os documentos apostólicos — isto é, a bula papal: no prazo de dois meses, se já tiver sido ordenado e, em quatro meses, caso ainda não. Entre tantas atribuições, como defender "com firmeza a integridade e a unidade da fé", dar exemplo de "santidade na caridade, na humildade e na simplicidade de vida", o bispo diocesano deve residir em sua diocese e dela, fora durante as visitas *ad limina*, não pode ausentar-se mais do que por um mês.

"Não se ausente da diocese nos dias de Natal, da Semana Santa e da Ressurreição do Senhor, de Pentecostes e do Corpo e Sangue de Cristo, salvo por causa urgente e grave", determina o cânon 395, que em seguida diz: "Se o bispo se ausentar ilegitimamente da diocese por mais de seis meses, o Metropolita informe de sua ausência à Sé Apostólica; tratando-se do Metropolita, faça isso o sufragâneo mais antigo."

O bispo diocesano é obrigado a visitar sua diocese sempre, de modo que a cada cinco anos tenha visitado todo o território; e tem de apresentar, a cada cinco anos, durante as visitas *ad limina* um relatório sobre sua diocese ao papa; e assegurar o sustento do bispo renunciante, por motivo de idade ou por outra razão aceita pelo Vaticano.

Ele governa, tem autoridade para dispensar o cumprimento de regras; forma seus seminaristas e ordena seus padres. Ordena-os e disciplina-os. Em 2004, o então arcebispo de Mariana, dom Luciano Mendes de Almeida, publicou o documento "Nossa missão política — reflexões e orientações para o presbitério da Arquidiocese de Mariana". Dom Luciano colocou tranca na porteira, até então arrombada por muitos padres filiados a partidos, notadamente o PT, e candidatos a cargos eletivos.

O arcebispo adverte seus sacerdotes sobre os cânons 287 e 285, que proíbem os clérigos de tomar "parte ativa nos partidos políticos (e na direção de associações sindicais)" e, também, de "assumir cargos públicos que implicam participação no exercício do poder civil". Dom Luciano lembra que "historicamente houve uma presença contínua de padres no Congresso Nacional" e que no Brasil, por não existir proibição pontifícia para os cargos públicos, a licença para concorrer às eleições deve ser obtida do próprio bispo diocesano. Padre candidato, sem licença do bispo, não pode se apresentar como se representasse a arquidiocese e perde a direção de sua paróquia.

Na "Carta Circular para ajudar as Conferências Episcopais na preparação de linhas diretrizes no tratamento dos casos de abuso sexual contra menores por parte de clérigos", o cardeal norte-americano

COMO SE FAZ UM BISPO

William Levada, prefeito da Congregação para a Doutrina da Fé, orienta os bispos a zelar pela formação dos padres e, no caso de abusos, a cuidar "respeitosamente" das vítimas e colaborar com as autoridades. Em minúcias, como é de praxe nas instruções canônicas, a Santa Sé prescreve o roteiro das investigações sobre denúncias, como proceder, o direito de defesa dos acusados, e conclui que nisso tudo o papel do bispo é fundamental:

> As linhas diretrizes preparadas pelas Conferências Episcopais entendem proteger os menores e ajudar as vítimas para encontrar assistência e reconciliação. As mesmas deverão indicar que a responsabilidade no tratamento dos delitos de abuso sexual de menores por parte dos clérigos compete, em primeiro lugar, ao Bispo diocesano.

Padre Charles Schicluna, promotor de justiça da Congregação para a Doutrina da Fé, explica que a resposta da Igreja para os abusos sexuais resume-se em "dar assistência às vítimas e educar as comunidades eclesiais".

Em entrevista coletiva à imprensa em Roma, em 18 de junho de 2011, para anunciar o simpósio internacional "Rumo à cura e à renovação", a se realizar em 2011 na Pontifícia Universidade Gregoriana, o padre Schicluna disse que os bispos têm demonstrado grande preocupação com a matéria em suas visitas *ad limina*.

Mas se, por acaso, um bispo não agir para coibir algum crime de abuso sexual contra menores em sua diocese, como determina a Congregação para a Doutrina da Fé, os fiéis devem se dirigir a Roma.

> Cada fiel tem o direito de expressar a sua preocupação com a diocese diretamente à Santa Sé, por intermédio do núncio. O meu trabalho me fez apreciar muito a atividade dos núncios, que representam a presença do Santo Padre para a comunidade local, não só para os governos. As pessoas têm que saber que elas podem se dirigir ao núncio quando existem questões que repercutem no ministério dos bispos, mas não para denunciá-los, e sim para dizer: "Nós temos confiança no ministério de Pedro, que o núncio representa."

NA CORTE PAPAL E NOS CURSINHOS PONTIFÍCIOS

E numa atitude nova e incomum na Igreja, o padre Schicluna, considerado o fiscal do Vaticano para abusos sexuais, reconhece o papel da imprensa na denúncia dos crimes de pedofilia:

> Os meios de comunicação abriram os olhos de todos para este fenômeno e nos obrigaram a encarar a verdade dos fatos. Jesus nos disse que a verdade nos tornará livres. Não pode existir remédio se nós não formos suficientemente humildes e valentes para encarar a verdade dos fatos, a verdade da ferida, a exigência de cumprir melhor o nosso dever. Desse ponto de vista, eu vejo que Bento XVI, com grande humildade, está sabendo dar um grande exemplo não só para a Igreja, mas para o mundo. (Zenit)

Esse é o papel do bispo que pastoreia os fiéis, cuida para que a religião católica funcione de acordo com as normas. Tem sob seus cuidados, trancado à chave, o arquivo diocesano secreto, onde, entre outros documentos, ficam guardados os processos contra padres.

Na arquidiocese de Mariana, o arquivo secreto fica na biblioteca instalada no porão do Palácio Arquiepiscopal, e pode-se ler numa etiqueta externa referência ao nome do padre Bonifácio Bruzzi, preso em 2002 por crime de pedofilia.

Nos arquivos diocesanos são guardados documentos de outra natureza, como os matrimônios celebrados secretamente; dispensas de impedimentos; atas de admoestações e repreensões a padres; assuntos de gravidade na vida diocesana. Por isso, adverte o cânon 490, o arquivo deve ter uma única chave e somente o bispo deve ter acesso a ela.

O bispo também cuida do dia a dia de seus padres. Um exemplo: no decreto 002, o governante da arquidiocese de Cascavel, no Paraná, disciplina os vencimentos dos padres sob seu comando:

> Dom Mauro Aparecido dos Santos, por graça de Deus e da Santa Sé Apostólica, Arcebispo Metropolita de Cascavel — PR, em paz e comunhão com o Santo Padre o Papa Bento XVI e com o Colégio Episcopal, no uso de suas atribuições canônicas, após ouvir o parecer unânime dos

membros do Colégio dos Consultores, em reunião extraordinária realizada no dia 31 de janeiro de 2008, determina:

1 — Fica confirmada que a côngrua mensal dos presbíteros que exercem o seu "múnus" sacerdotal nesta arquidiocese de Cascavel — PR, com provisão fornecida pela Cúria Arquidiocesana, corresponderá ao valor equivalente a três salários mínimos estipulados pelo Governo Federal.

2 — Em nenhuma hipótese o presbítero poderá receber a côngrua com valor maior do estabelecido no item anterior.

3 — Confirma-se, também, o pagamento do 13º salário.

4 — A Paróquia/Seminário não pode dar ajuda financeira para o presbítero tirar férias.

5 — O pagamento de côngrua não estabelece vínculo empregatício entre os presbíteros e a Mitra Arquidiocesana de Cascavel.

6 — O Pároco/Administrador Paroquial e o Reitor de cada Seminário, por ocasião de sua transferência, deverão entregar à/ao Paróquia/Seminário em dia com os pagamentos das côngruas. Não estando em dia, ao ser transferido, não terá direito aos pagamentos das côngruas atrasadas.

7 — A alimentação é por conta da Paróquia.

8 — Revogam-se as disposições em contrário.

9 — Este decreto passará a vigorar a partir do dia 1º/02/2008.

Dado e passado na Cúria Arquidiocesana de Cascavel — PR, sob o Nosso Sinal e Selo de Nossas Armas ao primeiro dia de fevereiro de 2008 e protocolado sob nº 002.

Dom Mauro Aparecido dos Santos, Arcebispo de Cascavel — PR

Quando baixou esse decreto, dom Mauro estava estreando como arcebispo de Cascavel, para onde fora nomeado por Bento XVI, em 31 de outubro de 2007. Vinha de Campo Mourão, também no Paraná, após ter sido ordenado bispo local em 1998, aos 43 anos. Já dominava o riscado. Cascavel, então com cerca de 400 mil habitantes, trinta paróquias e sessenta padres, é uma arquidiocese média.

São Paulo é uma superdiocese, a maior do Brasil, a terceira maior do mundo — atrás apenas das mexicanas Guadalajara e Cidade do México, com 10.886.518 habitantes, 287 paróquias e cerca de mil padres.

Erigida em 1745 pelo papa Bento XIV, a arquidiocese de São Paulo, para ser dirigida, conta com o cardeal arcebispo dom Odilo Pedro Scherer e cinco bispos auxiliares: dom Joaquim Justino Carreira, 61 anos; dom Tomé Ferreira da Silva, 50 anos; dom Milton Kenan Júnior, 47 anos; dom Edmar Peron, 46 anos; e dom Tarcísio Sacaramussa, 65 anos.

Situação bem diferente em Balsas, Maranhão. O bispo dom Enemésio Lazzaris, sagrado em 29 de março de 2008, tem menos de trinta padres que cuidam de 17 paróquias espalhadas por 66 mil quilômetros quadrados, em região missionária muito pobre.

Geralmente, o novo bispo é nomeado para dioceses pequenas. Como Caçador, em Santa Catarina, com 43 padres e vacante desde 24 de novembro de 2010, quando seu bispo, dom Luiz Carlos Eccel, de 58 anos, renunciou. O novo bispo não fora nomeado até a Quaresma de 2011.

Outras seis dioceses encontravam-se vacantes na mesma data, no Brasil. No mundo, existiam 154 posições necessitadas de preenchimento, entre dioceses, arquidioceses, eparquias e nunciaturas, segundo o *Catholic Hierarchy*, nos primeiros dias de abril de 2011.

Mas bispo não nasce sabendo suas competências e atribuições. O seminário constrói padres, não bispos. Na explicação de quem entende do riscado, o padre jesuíta norte-americano Thomas Reese, "uma vez nomeado bispo, não há nenhum programa de treinamento que o prepare para sua diocese. Ele é jogado na água e mandado nadar". Pelo menos, nos Estados Unidos era assim (*Ubi Episcopus, ibi Ecclesia*, 1994).

No Brasil, há dois cursos para bispos que sobressaem — o da CNBB e o da arquidiocese do Rio de Janeiro. Em agosto de 2009, a agência Gaudium Press informou que os 19 bispos nomeados no país desde agosto de 2008 se encontravam em Brasília a convite da CNBB, participando do 20º encontro com novos bispos.

"Sabemos que os desafios episcopais são grandes e queremos que os novos bispos saibam que não estão sozinhos e contam com o apoio de seus irmãos", declarou o bispo de Santarém (PA) e presidente da Comissão Episcopal para os Ministérios Ordenados e a Vida Consagrada da CNBB, dom Esmeraldo Barreto de Farias.

Realizado na sede da CNBB (SE/Sul, quadra 801, conjunto "B"), na capital federal, o encontro promoveu um minicurso de teologia episcopal, conduzido pelo padre Antônio José de Almeida, com orientações sobre "a responsabilidade do bispo com a liturgia na diocese, a dinamização do trabalho evangélico, a formação dos futuros padres e a animação vocacional".

O então secretário-geral da CNBB, dom Dimas Lara Barbosa, falou sobre "as novas Diretrizes para a Formação dos Futuros Presbíteros". O bispo de Crato, no Ceará, dom Fernando Panico, discorreu sobre liturgia e o padre Ademar Agostinho Sauthier, subsecretário adjunto da Pastoral da CNBB, fez palestra sobre "Diretrizes Gerais da Igreja no Brasil".

Os novos bispos visitaram a nunciatura apostólica, que fica em área contígua da CNBB, e concelebraram com o núncio, dom Lorenzo Baldisseri, que também lhes ofereceu um jantar. No primeiro ano do mandato do cardeal dom Raymundo Damasceno Assis como presidente da CNBB e de dom Leonardo Ulrich Steiner como secretário-geral, 14 dos 17 bispos brasileiros nomeados entre agosto de 2010 e julho de 2011 participaram da 22ª edição de seu "Curso para Bispos Novos", realizado de 8 a 12 de agosto de 2011, em Brasília.

O cardeal Damasceno disse que o Brasil é pioneiro na realização de cursos para bispos recém-nomeados. Segundo ele, o curso foi criado em 1989 "para que os novos bispos pudessem entender sua nova função dentro da Igreja". Segundo o presidente da Comissão Episcopal Pastoral para os Ministérios Ordenados e a Vida Consagrada da CNBB, dom Pedro Brito, o curso tem o objetivo claro de levar os novos bispos à reflexão sobre a teologia do ministério episcopal, com informações sobre a CNBB e a nunciatura apostólica, para o conhecimento de sua história, missão e serviços. (Gaudium Press)

No Rio, o curso realizado de 31 de janeiro a 3 de fevereiro de 2011 atraiu cem bispos de todo o país. Foi também o vigésimo Curso dos Bispos, que nasceu da iniciativa do cardeal dom Eugenio Sales, a partir, segundo a Gaudium Press, de uma proposta do então cardeal Joseph

Ratzinger de dar aos bispos "uma visão problemática do mundo atual, gerando debates e reflexões sobre como tornar presente o anúncio da fé em Deus". Desta vez, o curso discutiu os 50 anos do Concílio Vaticano II.

Convidado pelo arcebispo dom Orani Tempesta, o patriarca de Veneza, cardeal Angelo Scola, não conseguiu viajar ao Rio. Ele enviou sua palestra, sobre o documento conciliar "Gaudium et Spes", que foi apresentada pelo bispo de Petrópolis, dom Filippo Santoro. Outro conferencista foi o alemão dom Gerhard Ludwig Müller, bispo de Regensburg, erigida pela Santa Sé em 739. Ele falou sobre o texto "Lumen Gentium", do Vaticano II.

Os cursos são uma boa ocasião para os bispos se dedicarem ao estudo do Código de Direito Canônico — seu vademécum na administração da Igreja, de leitura tão essencial quanto à do "Breviário". Os bispos são convidados a estar sempre atentos à formação de *backup* para o comando da instituição mais bem hierarquizada do mundo.

CAPÍTULO 15 Consultas ao eleitorado

Se você quiser ser bispo, precisa seguir algumas regras, afirmava, na terça-feira de carnaval de 2002, o padre orionita Dino Barbiero, então com 72 anos. Regra nº 1: relacionar-se bem com os colegas do clero, tratá-los bem, como os políticos que cuidam do eleitorado. Regra nº 2: nunca se descuidar em matéria de moral, não dar motivos para falatórios.

Porque, se o candidato, por algum motivo, não for bem avaliado nas consultas da nunciatura, dificilmente ele receberá a mitra. Padre Barbiero contou que Dom Orione, hoje são Luiz Orione, foi consultado por Pio X ou Bento XV, não tinha certeza de qual papa, sobre um monsenhor candidato a bispo, na Itália.

Dom Orione descobriu que monsenhor frequentava uma capela aonde se dirigia o pessoal do Vaticano. Ficou de mutuca por três dias. E depois *bombou* o candidato. Sua Santidade quis saber as razões e dom Orione explicou: fizera marcas nas velas e nos castiçais do altar. Não foram acesas, logo monsenhor não celebrou missa naqueles dias. Folheou o missal e viu que a fita de marcação continuava na mesma página.

Dom Orione fora esperto. Dom Antônio dos Santos Cabral, não. Segundo padre Barbiero, dom Cabral, que foi o primeiro arcebispo de Belo Horizonte, se arrependeu de sagrar o bispo de Maura no mesmo dia da festa de ordenação episcopal. "Que erro cometemos", teria dito depois de presenciar o novo bispo mandar a própria mãe ajoelhar-se para beijar suas mãos.

Pelo menos foi o que lhe revelou a sobrinha de dom Cabral, que, vítima de um derrame, ficou entrevado por dez anos em uma chácara de Venda Nova, em Belo Horizonte. Padre Dino Barbiero levava-lhe a comunhão.

Segundo padre Barbiero, o momento da consulta é sempre crucial. Disse que o cardeal dom Serafim Fernandes de Araújo andou nervoso com o veto a nomes que indicara, e reclamou de seus padres: "Vocês não votam a favor de meus candidatos." Monsenhor Éder Amantéa seria um desses "náufragos" do processo de escolha.

Padre Célio Dell'Amore, ex-professor nos seminários de Mariana e do Caraça, confirma que foi consultado duas vezes sobre monsenhor Amantéa. Acredita que tenha chegado à nunciatura alguma insinuação de que ele era protegido do cardeal, que o queria como bispo auxiliar.

Padre Dell'Amore conta que foi consultado oito vezes pela nunciatura sobre candidatos a bispo. Padre Barbiero revelou que foi consultado sobre seis. Padre José Cândido da Silva, indicado por dom Serafim, figura na lista dos dois consultores do núncio.

Padre Cândido, organista, compositor inspirado e apresentador de um prestigiado programa na TV Horizonte, não teria passado no crivo do núncio porque, segundo Dell'Amore, o Vaticano não costuma fazer bispo o padre egresso de congregação religiosa. Cândido foi orionita. Contudo, o Vaticano nomeou o ex-salesiano Joaquim Moll bispo auxiliar de dom Walmor Oliveira, arcebispo de Belo Horizonte.

Padre Barbiero disse que, dos seis nomes consultados, só dois foram sagrados: os seus confrades orionitas dom Aloísio Hilário de Pinho, ex-bispo de Tocantinópolis, e dom José Carlos dos Santos, bispo auxiliar de Luziânia — ambos negros.

Foi ouvido também sobre os padres Vicente Jacó, ex-orionita vigário de Ouro Branco, indicado por dom Oscar de Oliveira; os orionitas Antônio Lemos e Enemésio Lazzaris, além do padre José Cândido da Silva. *Tutti bocciati*, disse em italiano, seu idioma natal.

Padre Dino não viveu para ver Enemésio Lazzaris dar a volta por cima: em 2007 foi nomeado bispo de Balsas, no Maranhão. Na época dessa entrevista, em 2002, ele fez previsão sobre um novo bispo orionita: o padre Tarcísio Vieira, que trabalhou alguns anos como assessor do núncio dom Alfio Rapisarda. Ele preparava as cartas-consulta sobre os candidatos na nunciatura em Brasília.

Padre Tarcísio, mais tarde, foi enviado a Roma para trabalhar em serviço semelhante na Congregação para os Bispos. "Sinal de batina vermelha no futuro", sofismou padre Dino sobre o padre nascido em Ouro Branco e ordenado em 1991. Após dez anos na Itália, padre Vieira retornou ao Brasil em 2010, mas não se sabe se, no futuro, virá a vestir batina vermelha.

Na verdade, afirma o jesuíta Thomas Reese em *Ubi Episcopus, ibi Ecclesia* (Church 10, 1994), a típica carreira padrão de um padre que vira bispo — em seu país, os Estados Unidos — é trabalhar alguns anos em postos-chave da diocese. Por exemplo, na chancelaria, no tribunal eclesiástico, como reitor ou professor do seminário. Em posições que lhe permitam familiarizar-se com a burocracia da gestão diocesana. Importante nessa escalada consiste em sempre ser bem recomendado: o reitor do seminário recomenda ao bispo manter um olho naquele padre. O bispo escreve carta de elogios a um padre. Seguramente, um dia o bispo vai indicar o padre para a lista de candidatos a bispo solicitada pelo núncio apostólico.

Padre Célio Dell'Amore diz que dois de sua lista de investigados tornaram-se bispos: "O Felipão virou bispo de Guanhães; e José Martins, meu ex-aluno em Mariana, arcebispo de Porto Velho." Esses dois eram SDN, religiosos da congregação fundada em Manhumirim pelo padre Júlio Maria — *Sacramentinus Dominae Nostrae* — Sacramentinos de Nossa Senhora.

Segundo padre Dell'Amore, no processo de seleção do bispo Felipão, ordenado em 1986, o gerente do Banco do Brasil recebeu carta-consulta da nunciatura. O gerente saiu à rua mostrando a carta. "Mostrou-a também ao padre Felipão, que o assustou: cuidado, você pode ser excomungado, o assunto é segredo pontifício. Mas ele ficou sabendo ali, na hora, que podia ser bispo." Antônio Felippe da Silva foi ordenado em 1986. Morreu em 1995. Já José Martins, nomeado em 1978, aposentou-se em 1997.

Padre Célio Dell'Amore contou todos esses fatos durante um jantar, no bairro da Serra, na capital mineira, em 21 de julho de 2009 — aniversário da morte do arcebispo emérito de Belo Horizonte, dom João de Resende Costa, um santo salesiano.

Ninguém sabe, na verdade, por que padre Célio não foi feito bispo. Seu nome foi indicado duas vezes: pela arquidiocese de Mariana, segundo confidência de monsenhor Flávio Carneiro Rodrigues, e pela diocese de Luz. "Eu soube que me indicaram, não sei por que me vetaram." Mas ele acha que é assim mesmo: não há unanimidade em relação às pessoas.

Padre Célio conta que foi feito superior da casa dos lazaristas em Brasília pelo provincial, padre José Salles, um bonitão, cara de americano. Ele tinha apenas 36 anos.

A comunidade — o Seminário Nossa Senhora de Fátima, da arquidiocese de Brasília — era composta por nove padres mais experientes. Padre Célio disse ao padre Salles que iria para Brasília, como professor, integrante da casa, sem no entanto assumir o cargo de superior. O padre provincial, no entanto, escreveu-lhe uma carta dizendo que, se lá na comunidade houvesse alguém com capacidade para assumir o cargo de superior, não seria necessário deslocar padre Célio de Mariana, onde era professor no seminário, para enviar a Brasília.

Na capital federal, onde permaneceu de 1967 a 1972, foi recebido com críticas pela falta de traquejo, de idade. Nas refeições, sempre uma palavrinha maldosa contestando sua liderança. Até que um dia ele se cansou e resolveu mostrar a carta do padre provincial, que calou a boca da comunidade.

Um dos mais implicantes com a falta de maturidade do padre Célio era um maranhense falante, o padre José Carlos Melo, CM, disciplinário do seminário: "mais tarde, ele foi feito bispo, apesar das restrições do provincial." Padre José Carlos Melo podia não reunir as condições para superior da comunidade religiosa, mas destacava-se como pároco. Por isso foi feito bispo.

Dom José Carlos Melo, CM (Codó, 4 de junho de 1930), teria sido indicado por dom Celso Queiroz, bispo de Catanduva (SP). Professou na Congregação da Missão (padres lazaristas) em 25 de março de 1950, em Petrópolis, onde foi ordenado sacerdote em 31 de julho de 1955. Em 10 de julho de 1991, foi nomeado bispo auxiliar do cardeal dom

Lucas Moreira Neves, arcebispo de Salvador, Bahia. Em 31 de maio de 2000, tomou posse como arcebispo coadjutor, em solenidade na Catedral Metropolitana.

Em 3 de setembro de 2002, com a renúncia de dom Edvaldo Gonçalves Amaral, SDB, assumiu, efetivamente, o governo da arquidiocese de Maceió. Em 29 de junho de 2003, recebeu o pálio de arcebispo, na Basílica de São Pedro, juntamente com 37 arcebispos do mundo inteiro. Era também o responsável pelos presbíteros no Regional NE/2 da CNBB. Deixou a arquidiocese em 4 de fevereiro de 2007 para a posse de dom Antônio Muniz Fernandes.

De 1958 a 2003, padre Célio trabalhou no Caraça e no ano seguinte foi morar em Belo Horizonte. Em todo esse período, exerceu atividades de liderança nas comunidades e destacou-se pela inteligência, cultura e zelo pastoral; no entanto, não foi feito bispo. Por quê? Não se sabe.

Célio Dell'Amore foi ordenado em 1958, aos 27 anos, em Petrópolis, por dom Helder Câmara. Foi a primeira ordenação de padres feita pelo coadjutor carioca. O cardeal dom Jaime Câmara não deixava os auxiliares sagrar os padres. Por isso, dom Helder adorou quando foi convidado a substituir o bispo de Petrópolis, que estava impedido por outros compromissos.

A escolha dos candidatos não segue padrões definidos. Se um padre, com suspeitas sobre seu comportamento moral, é nomeado bispo, padre Célio Dell'Amore tem uma explicação em latim: *De internis non curat Ecclesia* — a Igreja não entra em questões morais pessoais. Se, depois de sagrado, o bispo pisa na bola, a explicação é outra: *De externis non curat Ecclesia* — problemas externos são assunto para a polícia... Uai, a Igreja cuida do quê? "A Igreja cuida do todo", afirma o velho lazarista.

Hoje, informa o sacerdote de barbas brancas, há bispo que não sabe latim. "O senhor está brincando...", eu falei. Ele foi adiante: "O bispo de Luz, dom Antônio Carlos Félix, não sabe latim."

Para o arcebispo metropolitano de Belo Horizonte, dom Walmor de Oliveira Azevedo, os tempos são outros e não há nada de errado em não saber latim nos dias de hoje. Nascido em Caldas (MG), a 5 de dezembro de 1957, dom Félix foi ordenado padre em 1986, em Pouso Alegre. Em 2003, foi feito bispo de Luz.

Pode não saber latim, mas é reconhecido pelo seu pensamento profético, cumprindo a missão de iluminar os caminhos para o rebanho, como afirma a médica Fátima Oliveira, secretária da Rede Feminista de Saúde–Rede Nacional de Saúde, Direitos Sexuais e Direitos Reprodutivos, citando entrevista de dom Antônio Carlos Félix ao jornal *Última Hora*, de Lagoa da Prata:

> Em meio a tudo isso, é salutar ouvir de um bispo católico que "o fundamentalismo nunca foi coisa boa. Nunca foi algo essencial à fé. É um desvio, um modo errôneo de compreender a fé (...) Embora o Opus Dei seja vigiado direto pelo Papa para evitar exageros, tem algo ali que é fundamentalista, anacrônico. Temos que nos atualizar e adequar ao momento atual, sendo fiéis à tradição viva, que vem desde o princípio".

"Temos explícito que dom Félix é uma voz isolada, mas é uma corajosa resistência oficial católica que se forja contra o que está sendo armado contra a democracia em nosso país", diz a médica mineira cujo currículo revela seu notável engajamento:

"Integrante da Comissão de Cidadania e Reprodução e da União Brasileira de Mulheres; conselheira do Conselho Nacional dos Direitos da Mulher; integrante efetiva do Comitê de Especialistas em Bioética e Biodireito da Universidade de Alfenas (MG); coordenadora da Rede de Informação sobre Bioética: bioética & teoria feminista e antirracista." Também o jornalista Leopoldo José de Oliveira, de Belo Horizonte, confessa sua admiração por dom Félix: "Na sua posse, em vez de banquete, o novo bispo mandou buscar marmitex no restaurante vizinho. É um bispo adorado pelo povo."

Em *O pensamento católico no Brasil* — logo na introdução —, o autor Antônio Carlos Villaça estuda a formação espiritual brasileira nos primórdios da história nacional e atribui ao bispo dom Vital, protagonista da "Questão Religiosa", papel importante.

"Mas dom Vital não foi um pensador: foi um bispo. O seu plano não era a filosofia, nem mesmo a especulação teológica: era a ação pastoral. Ele não formulou ideologicamente, ele agiu", afirma Villaça, confirmando o *modus operandi* da Santa Sé na seleção de candidatos ao episcopado.

A regra parece funcionar dessa maneira nos cinco continentes sob a cátedra de Pedro, o Pescador. O arcebispo americano Fulton Sheen foi um bispo diferente: foi o primeiro televangelista do mundo. Em 1950, seu programa na TV, "Life is Worth Living", tinha 30 milhões de telespectadores e mais audiência do que a fenomenal Lucile Ball, segundo o vaticanista americano John Allen Jr.

Dedicava tanto tempo às suas andanças e programas de rádio e TV que, tal como dom Luciano em Mariana, tinha pouco contato com seu rebanho local. Mas dele disse o papa João Paulo II, em outubro de 1979, quando o abraçou na Catedral de Saint Patrick, em Nova York: "Você tem escrito e falado bem do Senhor Jesus. Você é um filho leal da Igreja." Hoje, ele é servo de Deus, no processo de canonização aberto em 2002.

CAPÍTULO 16   O general rebaixado a coronel

Um dia depois de comemorar 29 anos de sagração episcopal, dom José Belvino do Nascimento saiu da rotina de emérito e exerceu uma das principais atribuições do múnus pastoral de um bispo — a celebração do sacramento da crisma.

Na capela particular de sua residência, em Entre Rios de Minas, cidade onde nasceu o arcebispo de Mariana, dom Oscar de Oliveira, e famosa pela criação do cavalo da raça campolina, dom José Belvino pronunciou as palavras sagradas e fez a imposição das mãos sobre um casal de jovens que ia se casar na Itália: "Eu te marco com o Sinal da Cruz e te confirmo com o Crisma da Salvação, em nome do Pai, do Filho e do Espírito Santo."

O bispo ungiu com azeite de oliveira e bálsamo (que os bispos abençoam na Quinta-Feira Santa) a testa de Soraya e Valdemar. Eles já se casaram no civil em Belo Horizonte. Fazem questão, porém, de que o casamento religioso seja realizado na Itália, no vilarejo de Castellabate, vale de Cilento, província de Salerno.

De lá, muitos Coppola emigraram para as Américas. Entre eles, os parentes da moça, a professora de Moda da UFMG, Soraya Coppola, que se instalaram em Morada Nova de Minas, à beira da represa de Três Marias.

Do grupo que emigrou para os Estados Unidos, destaque para um cineasta nascido em 1939, em Detroit: Francis Ford Coppola, diretor da trilogia *O poderoso chefão* e do clássico *Apocalypse now*.

É também de Castellabate, nascido em 1854, o empresário Francisco Matarazzo, um dos maiores capitães da indústria do Brasil. Ele chegou a São Paulo em 1881, como imigrante, à procura de vida melhor. Fez fortuna tão grande que seu nome tornou-se sinônimo de nababo. Em 1917, o rei Vittorio Emanuele III deu-lhe o título de conde. Quando morreu, em 1937, era o homem mais rico do Brasil, com cerca de trezentas empresas e uma fortuna de 10 bilhões de dólares.

Paramentado e tendo ao lado, como acólito, o cônego João Francisco Ribeiro, seu antigo coadjutor nos tempos de pároco, dom Belvino aproveitou aquela manhã ensolarada de 30 de abril, na primeira semana da primavera de 2010, para exercitar outra missão do bispo: a de ensinar, como mestre da doutrina

Então, ele disse: "A liberdade é que faz o homem ser à semelhança de Deus. Deus respeita tanto a liberdade do homem, que fica em silêncio quando alguém se diz ateu." Sua fala precedeu o interrogatório litúrgico se os crismandos têm fé em Deus e renunciam a Satanás.

Aposentado pelo INSS com pouco mais que o salário mínimo, dom José Belvino vive com sua irmã, Maria das Mercês Costa, numa casa espaçosa e simpática localizada na rua Hélio Ribeiro, 77, na região central de Entre Rios de Minas. Na parede da sala de jantar, que, no estilo mineiro, é aberta para a cozinha, o bispo colocou um quadro com as fotos de todos os padres que ordenou durante os vinte anos em que administrou a diocese de Divinópolis.

Sentado à cabeceira da mesa, de costas para a cozinha, o bispo pode contemplar o mural fotográfico, recordar-se de um por um daqueles 52 diáconos sobre quem ele impôs as mãos na celebração de outro sacramento de administração exclusiva do bispo — a Ordem Presbiteral.

Dom Belvino chegou a Divinópolis, no oeste de Minas, em 5 de abril de 1989. Percorrera um caminho tortuoso, anômalo às diretrizes do Código Canônico. Ele contou que, na cerimônia de instalação no comando da diocese, um padre o ofendeu, de público, afirmando que coubera a Divinópolis "um paraquedista". As gravações da fala do padre desapareceram misteriosamente.

A trajetória normal da nomeação de um prelado na Igreja Católica segue os seguintes passos: bispo auxiliar ou coadjutor, bispo diocesano, arcebispo. Com dom Belvino houve um acidente de percurso que levou

O GENERAL REBAIXADO A CORONEL

muitos de seus colegas no episcopado a questioná-lo se fora castigado pela Santa Sé.

Natural de Mercês, onde nasceu em 29 de dezembro de 1932, Belvino estudou no Seminário de Mariana, sua arquidiocese. Foi ordenado padre em 1956 por dom Daniel Tavares Baeta Neves. Ainda não completara 24 anos.

Por três vezes foi indicado a bispo pelo sucessor de dom Helvécio, dom Oscar de Oliveira. Nas duas primeiras rodadas de consultas, realizadas pela nunciatura apostólica, foi bombado. Anos depois, já bispo, descobriu que o veto a seu nome partira sempre de um irmão de dom Oscar, José, que era seu paroquiano em Entre Rios de Minas, onde foi pároco durante 21 anos.

Na terceira vez, um monsenhor da arquidiocese procurou dom Oscar e lhe fez ver o absurdo do veto de José. O processo, então, andou e em 27 de junho de 1981 saiu sua nomeação para bispo de Itumbiara, em Goiás. Dom Oscar presidiu a ordenação, em 29 de setembro do mesmo ano.

Dom Belvino foi bispo da diocese de Itumbiara durante seis anos. Um dia, o núncio apostólico, dom Carlo Furno (em Brasília, de 1982 a 1992), o procurou. "O núncio pediu se eu podia quebrar um galho. Ele me queria como coadjutor do bispo dom Giorgio Scarso, de Patos de Minas", disse. Segundo o núncio, dom Scarso, frade franciscano capuchinho, e italiano como ele, estava adoentado, necessitava de ajuda. Seria coisa de uns dois, três meses. "Claro que eu topei, na hora. O bispo é um servidor do povo."

Em 6 de fevereiro de 1987, dom Belvino foi transferido para Patos de Minas, na condição de bispo coadjutor. Isso é normal, segundo o Código de Direito Canônico, porque o bispo coadjutor tem direito à sucessão na diocese. Mas aos olhos do mundo significava que fora rebaixado, execrado diante de Deus e dos homens. Foi como rebaixar um general para coronel, um desembargador para juiz.

Não se sabe se por *invidia clericalis* ou por mau humor, dom Giorgio proibiu os padres da diocese de comparecer à chegada de seu auxiliar. Não queria festa. Ninguém esteve presente quando dom José

Belvino assumiu o cargo. "Umas freirinhas, que moravam longe, não devem ter sido informadas e vieram me cumprimentar", diverte-se o velho prelado. A reação de dom Giorgio Scarso foi fulminante: "despachou todas elas para fora da diocese de Patos."

Dom José Belvino nunca reclamou, nunca murmurou. Nas reuniões da CNBB em Itaici, os colegas vinham perguntar-lhe o que tinha feito para tamanha punição. Ele sequer revelava aos companheiros o que vinha penando com o tratamento dispensado pelo bispo italiano, de temperamento difícil.

Nascido em Modica, na Sicília, em 1916, o bispo frade capuchinho ganhou notoriedade na região pelo zelo apostólico, mas também por não temer ser desagradável com as pessoas. Fosse quem fosse.

O que deveria ser por alguns meses, acabou durando dois anos. Alertado por outros bispos do que se passava em Patos de Minas, o núncio Carlo Furno quis saber como podia suportar o mau humor de dom Scarso. Dom Belvino jamais se queixara de nada.

Em fevereiro de 1989, foi publicada sua remoção para bispo da diocese de Divinópolis.

Permaneceu em Divinópolis até fevereiro de 2009, quando o Vaticano aceitou seu pedido de afastamento por motivo de idade. Já passara dos 76 anos. Na despedida, muita gente foi abraçá-lo. Alguns colocaram coisas no seu bolso. Só depois, em casa, percebeu que era dinheiro: "Tinha uns 50 mil reais, que botei na caderneta de poupança e complementam minha pensão do INSS, que, você sabe, emagrece a cada dia."

De forma divertida, dom Belvino conta que dois bispos que se escandalizaram com seu rebaixamento a coadjutor tiveram sorte igual. "Não puderam reclamar, porque havia o meu precedente."

Na varanda de sua residência em Entre Rios de Minas, o velho bispo, de cabeça boa e língua afiada, se diz incapaz de explicar como se faz um bispo. "É um mistério. A gente pensa que vai ser feito um padre, eles fazem outro."

Em linguagem típica dos roceiros de Minas, diz que na nomeação dos bispos vale a assertiva de que nada é garantido antecipadamente quando se trata de barriga de mulher grávida, cabeça de juiz e boca de urna em dia de eleição. Ressalvas a gente faz hoje, para o sexo das crianças, depois do advento da ultrassonografia...

Conseguiu "emplacar" dois bispos: um deles, o franciscano Célio de Oliveira Goulart, atual bispo de São João del-Rei. Como se escolhe um candidato a bispo? "Eu usava a intuição e o coração."

Porque muitos padres formados no Pio Brasileiro retornavam de Roma *remplies de soi-même*, como dizem os franceses, ou metidos a besta, em jargão de Entre Rios de Minas, a Igreja deixou de valorizar, como no passado, essa condição de ex-aluno em Roma —- assegura.

E, do núncio Carlo Furno, alguma mágoa? Nada disso, ele era simples e caloroso, bem diferente de dom Lorenzo Baldisseri, a quem foi buscar, de carro, no aeroporto de Pará de Minas para a posse do sucessor. Estava preocupado como preencher o tempo de viagem até Divinópolis, devido à fama de aristocrata do núncio, que parece não gozar de popularidade em muitas dioceses do país.

"Lembrei-me, então, de ter lido na imprensa que dom Baldisseri é pianista. Vimos conversando sobre música durante a viagem. Foi uma beleza", disse.

CAPÍTULO 17 Salário de bispo

Se tivesse sido feito bispo, Tilden Santiago jamais receberia um ordenado como o salário de marajá que amealhou durante o tempo de embaixador em Cuba. A Igreja Católica mantém, sob reserva, os números relativos a vencimentos de sua hierarquia. Sabe-se, no entanto, que os estipêndios com que vivem os bispos e cardeais não chegam nem perto da remuneração de um embaixador do Brasil. Ou de um deputado ou senador. No geral, ao contrário de seus colegas argentinos, os bispos brasileiros, principalmente quando se aposentam, como dom José Belvino, conhecem privações.

Em Havana, o embaixador Tilden Santiago recebia entre 10 mil e 12 mil dólares por mês, livres. As despesas do dia a dia ficavam por conta da verba de mordomia custeada pelo Itamaraty. Ou seja, Tilden nunca soube direito quanto custava sua presença na Ilha.

O governo brasileiro se incumbia de cobrir os gastos da residência oficial do embaixador, pagando os salários do *maître*, das copeiras, arrumadeiras, cozinheiras, dos motoristas, bem como cuidando de que nada faltasse na despensa da embaixada. Na porta, carro oficial — um Mercedes-Benz. Para viajar ao Brasil, passagens aéreas de primeira classe.

O ex-presidente da CNBB, dom Geraldo Rocha Lyrio, ganha três salários mínimos da Mitra Arquidiocesana de Mariana. A arquidiocese custeia as despesas com a residência episcopal, empregadas domésticas, bibliotecária, motorista, um automóvel Polo, da Volkswagen, combustível, telefones fixos e celulares. As passagens aéreas — nacionais e internacionais — ficam por conta da arquidiocese.

Os bispos de Belo Horizonte — o arcebispo dom Walmor e os auxiliares, dom Joaquim Moll, dom Luís Gonzaga Fecchio, dom Wilson Angotti e dom João Justino de Medeiros Silva — recebem seis salários mínimos por mês, livres das despesas de custeio do cotidiano, como plano de saúde. Suas viagens a serviço também são cobertas pela arquidiocese.

Dom Walmor disse que não recebe salário da PUC–Minas, embora seja o grão-chanceler da maior universidade católica do mundo: "é um cargo honorífico, não remunerado", garantiu. Não recebe também nenhum vencimento da Congregação para a Doutrina da Fé, sediada em Roma, da qual é membro. "Para as reuniões plenárias, mandam-me um bilhete aéreo e me hospedam na Domus Santa Martha", revelou. É nesse mesmo local de hospedagem que se instalam os cardeais participantes do conclave para a eleição de um novo papa. "Ele já vai treinando..." — brinca dom Angotti.

Informou que também o cardeal dom Serafim Fernandes de Araújo, arcebispo emérito de Belo Horizonte, ganha da arquidiocese seis salários mínimos mensais. Para evitar desigualdades entre os padres de paróquias ricas e aqueles de bairros pobres, a arquidiocese estabeleceu também piso de quatro salários mínimos e o teto de seis salários mínimos, segundo dom Walmor. O arcebispo contou que perguntou ao cardeal dom Raymundo Damasceno sobre as vantagens obtidas depois do chapéu cardinalício e teria recebido como resposta que só tivera gastos...

A remuneração episcopal varia de acordo com a condição da diocese. Mesmo no Vaticano, com reputação de milionário, o salário dos padres seria da ordem de 900 euros e o dos bispos, de 2.500 euros. O Vaticano não é rico, segundo o jornalista e vaticanista norte-americano John Allen Jr. Ele disse a Andrew Chernin (revista *Qué pasa*, 2009) que o orçamento anual do Vaticano é da ordem de 300 milhões de dólares, uma ninharia comparada ao orçamento da Universidade de Notre-Dame, a maior instituição católica dos Estados Unidos, estimado em 1 bilhão de dólares.

O dinheiro para remuneração dos padres, bispos, cardeais e funcionários do papa viria da Santa Sé ou do célebre Banco do Vaticano, o

IOR — Instituto para Obras da Religião (Istituto per Le Opere di Religione) —, fundado em 1942 pelo papa Pio XII.

Segundo a mídia italiana, o IOR, originário de instituições antigas como o Óbulo de São Pedro, teria um patrimônio de 5 bilhões de euros em 2008. Sua sede fica na Torre Niccolò V, no Palazzo Sisto V, na residência papal.

Após sucessivos escândalos financeiros, que enlamearam a fama de bom administrador do bispo norte-americano Paul Marcinkus e quase levaram a Santa Sé à falência, o Banco do Vaticano teria sido socorrido, no pontificado de João Paulo II, pela instituição espanhola Opus Dei.

Coube ao papa Bento XVI enfiar a mão nessa caixa de marimbondos em que há décadas os órgãos de administração financeira do Vaticano vieram a se transformar. Após novo escândalo, irrompido em maio de 2010, quando as autoridades de Roma abriram um processo de investigação sobre relações suspeitas entre o IOR e dez bancos, o papa alemão reconheceu publicamente que as coisas não iam bem.

O pontífice determinou a adoção de leis internas contra a lavagem de dinheiro, de acordo com as normas da convenção monetária da União Europeia. Em 1º de abril de 2011, essas regras começaram a vigorar na Torre Niccolò V. Assim como fizera no caso dos escândalos de abuso sexual e de pedofilia por parte do clero, Bento XVI merece destaque na história da Igreja como um papa de coragem, de ação moralizadora e adepto da transparência.

A boa gestão já começou a dar bons frutos. O balanço financeiro da Santa Sé foi positivo em 2010, registrando superávit de 9,8 milhões de euros, segundo comunicado do Conselho de Cardeais para o Estudo dos Problemas Organizativos e Econômicos da Santa Sé, presidido pelo cardeal Tarcisio Bertone (Zenit). Em 2002, o balanço registrou déficit de 13 milhões de euros. Dom Odilo Scherer, arcebispo de São Paulo, participa desse conselho, que se reuniu nos dias 30 de junho e 1º de julho de 2011. As entradas ficaram em 245,19 milhões de euros e as despesas, em 235,34 milhões de euros.

As saídas devem ser atribuídas, em sua maior parte, aos gastos ordinários e extraordinários dos dicastérios e organismos da Santa Sé, que, com sua atividade específica, participam da atenção pastoral do Sumo Pontífice à Igreja universal.

"Até 31 de dezembro de 2010, o número global da equipe da Santa Sé era de 2.806 unidades, contra as 2.762 de 2009", informa o comunicado.

Já o Estado da Cidade do Vaticano — os balanços são diferentes — teve um resultado positivo de 21 milhões de euros. O cardeal Velasio de Paolis explicou que as receitas foram de 255,89 milhões de euros e as despesas chegaram a 234,84 milhões de euros. Os bons resultados foram atribuídos ao crescente número de visitas aos museus vaticanos.

Segundo o cardeal De Paolis, prefeito para Assuntos Econômicos da Santa Sé, até 31 de dezembro de 2010, o número de funcionários dependentes do governo da Cidade do Vaticano era de 1.876 unidades, contra as 1891 de 2009.

O comunicado divulgou, ainda, que em 2010 o valor das doações mundiais, conhecidas por Óbulo de São Pedro, totalizou 67,7 milhões de dólares — menos que em 2009, quando a coleta atingiu 82,5 milhões. Já as dioceses do mundo inteiro, atendendo ao que estabelece o cânon 1.271 do Código de Direito Canônico, contribuíram com 27,36 milhões de dólares para com o Romano Pontífice — valor inferior ao do ano anterior, que tinha sido de 31,51 milhões de dólares. O comunicado dos cardeais informa, por fim, que o Banco do Vaticano, o IOR, entregou 50 milhões de euros para as atividades de religião desenvolvidas pelo papa Bento XVI.

Na Itália, funciona a lei conhecida como Otto per mille — o contribuinte destina 0,8% do Imposto de Renda para a igreja de sua preferência ou para um programa social. Na Espanha, os contribuintes podem destinar de 0,5% a 0,7% para a Igreja Católica.

Essa é uma tradição ratificada, por exemplo, pela concordata com Portugal, assinada em 1940:

> Além dos subsídios previstos no artigo 9, o Governo Português garante aos Bispos residenciais, como Superiores das missões das respectivas dioceses, e aos Vigários e Prefeitos Apostólicos honorários condignos e

mantém-lhes o direito à pensão de aposentação. Para viagens ou deslocações, porém, não haverá direito a qualquer ajuda de custo (artigo 12, Acordo Missionário).

Na Bélgica, o ex-bispo de Bruges, Roger Vangheluwe, aposentou-se com uma pensão líquida no valor de 2.800 euros por mês, segundo informou a agência de notícias EFE, em 9 de setembro de 2010. O valor corresponde a 75% do salário que recebia quando estava no cargo — 3.733 euros líquidos.

A informação é oficial, pois foi dada pelo porta-voz do Ministério da Justiça belga aos jornais *Het Gazet van Antwerpen* e *Het Belang van Limburg*, quando o bispo de Bruges foi destituído do comando da diocese, em abril de 2010, depois de rumoroso escândalo. Ele admitiu que abusara sexualmente de um sobrinho menor de idade.

Em abril de 2011, o porta-voz do Vaticano, o padre jesuíta Frederico Lombardi, informa que a Congregação para a Doutrina da Fé, que cuida desse tipo de matéria, ordena a dom Roger que "deixe a Bélgica e se submeta a um período de tratamento espiritual e psicológico". Nesse período, "não lhe será permitido nenhum exercício público do ministério sacerdotal e episcopal".

A exemplo do Brasil monárquico, quando vigorava o regime de padroado, o clero continua pago pelo Estado em diversos países da Europa. De passagem por Belo Horizonte em 15 de novembro de 2009, o teólogo e ex-franciscano Leonardo Boff explicou como o sistema funciona na Alemanha, que ele conhece bem.

"A Alemanha é um Estado confessional. Protestantismo e catolicismo são religiões/igrejas oficiais de Estado. Todos os bispos, padres e catequistas são funcionários do Estado, que lhes paga salários." Segundo Boff, que como franciscano morou e estudou na Alemanha, os contribuintes destinam 10% do Imposto de Renda para a manutenção de sua fé.

É o imposto religioso. "Um pároco ganha salário no nível de juiz. Os religiosos, como os franciscanos, não são considerados funcionários do governo alemão. Por isso, não recebem salários. Mas, se o religioso franciscano for pároco de uma comunidade, também ganha. A lei beneficia o vigário — '*Stadt pahrer*'."

A matéria é levada a sério. É constitucional. "Tanto que, se o contribuinte virar ateu, ele precisa abrir um processo e destinar seus 10% do imposto de renda para outros fins humanitários — para as crianças do Terceiro Mundo, por exemplo", informa o teólogo brasileiro.

Boff ensina que foi o núncio apostólico Eugenio Pacelli que tratou dos detalhes com o governo de Adolf Hitler, durante os entendimentos que culminaram com a assinatura da *Reichkoncordat* — a "concordata" entre o Vaticano e o III Reich de Berlim, na década de 1930. As igrejas são muito ricas, não têm nenhum problema financeiro, e o bispo tem direito a salário de ministro de Estado. "O bispo está no topo da hierarquia social e religiosa alemã", diz Boff.

Segundo as estatísticas do Vaticano, a Alemanha, com 81,7 milhões de habitantes, tem 24,6 milhões de católicos, 113 bispos, 11.483 paróquias, 17.274 padres, 28.651 religiosos, 2.303 seminaristas menores e 1.151 seminaristas maiores. Um milhão e 13 mil estudantes estão matriculados em escolas católicas. A Igreja mantém 444 hospitais, 1.368 ambulatórios, 2.804 lugares para anciãos e inválidos; 1.172 orfanatos; 2.178 consultórios familiares e outros centros para a proteção da vida; 2.204 centros especiais de educação e de reeducação social e 468 instituições similares (VIS, 6 de setembro de 2011).

Na Argentina, o artigo 2º da Constituição manda o Estado prover sustento à Igreja Católica, embora não seja um país confessional, e com o artigo 14º garante liberdade religiosa. Textualmente, o artigo 2º diz: "O governo federal sustenta o culto católico, apostólico, romano." O governo não provê o sustento das outras religiões, ainda que no país os evangélicos somem 9% da população e outros 11% se declarem sem religião.

Informa-se, extraoficialmente, que o governo argentino contribuiria com cerca de 10% do orçamento anual da Igreja Católica no país. Informa-se, ainda, que a Conferência Episcopal da Argentina estaria disposta a renunciar a esses benefícios, para reduzir sua dependência do governo, que no passado influía na nomeação dos bispos por força de concordata com o Vaticano.

SALÁRIO DE BISPO

Na acordo assinado em 1966, a nomeação dos bispos ficou assim acertada, no artigo III:

> El nombramiento de los Arzobispos y Obispos es de competencia de la Santa Sede. Antes de proceder al nombramiento de Arzobispos y Obispos residenciales, de Prelados o de Coadjutores con derecho a sucesión, la Santa Sede comunicará al Gobierno Argentino el nombre de la persona elegida para conocer si existen objeciones de carácter político general en contra de la misma.
> El Gobierno Argentino dará su contestación dentro de los treinta días. Transcurrido dicho término el silencio del Gobierno se interpretará en el sentido de que no tiene objeciones que oponer al nombramiento. Todas estas diligencias se cumplirán en el más estricto secreto. Todo lo relativo al Vicariato Castrense continuará rigiéndose por la Convención del 28 de Junio de 1957.
> Los Arzobispos, Obispos residenciales y los Coadjutores con derecho a sucesión serán ciudadanos argentinos.

No padroado argentino funciona uma Secretaría de Culto de La Nación, subordinada ao Ministerio de Relaciones Exteriores, Comercio Internacional y Culto. Cabe à Dirección General de Culto Católico, elo entre a Igreja e a Casa Rosada, fazer cumprir as normas relativas "al sostenimiento" das atividades religiosas católicas. Entre as atividades, "intervenir en el otorgamiento y pago de los beneficios establecidos por las leyes".

Dentre essas leis, a de número 21.950 estabelece para arcebispos e bispos na ativa a remuneração equivalente a 80% dos vencimentos de um juiz federal de primeira instância. A Lei nº 21.540 manda pagar aos arcebispos e bispos eméritos aposentadoria por idade, a partir dos 75 anos, em valor equivalente a 70% da remuneração recebida por um juiz federal de primeira instância.

O jornalista Eduardo Blaustein, do jornal portenho *Miradas al Sur*, informa que cada um dos 122 arcebispos e bispos argentinos recebe um salário mensal de 8.200 pesos. Segundo o jornalista Ariel Palacios, correspondente de *O Estado de S. Paulo* em Buenos Aires, "não é um salário alto, mas é maior que o da maioria dos argentinos". Com a vantagem de servir basicamente para os gastos pessoais, visto que os bispos, tal como no Brasil, têm suas despesas de moradia, alimentação e transporte pagas pela diocese.

Na opinião do secretário de Culto de La Nación, Guillermo Olivieri, o salário episcopal deveria subir para 13 mil pesos, para cumprir o dispositivo legal de equivaler a 70% da remuneração de um juiz federal de primeira instância, pouco mais de 19 mil pesos.

Guillermo Olivieri informou ao jornal *Miradas al Sur* que chega a 32 milhões de pesos anuais a verba destinada à manutenção da Igreja Católica. Além do pagamento do episcopado, o governo remunera 1.600 seminaristas e 640 sacerdotes que trabalham nas paróquias de fronteira. O orçamento da Secretaria de Culto inclui "a colaboração econômica para visitas *ad limina*, sínodos, conferências regionais e viagens em cumprimento de ações pastorais".

Segundo a reportagem de Eduardo Blaustein, intitulada "Como se financia o partido da fé católica", a contribuição pública à Igreja Católica é muito maior, se levar-se em conta a dotação para escolas, obras sociais e a isenção de impostos. "Los diferentes fondos públicos con que cuenta el culto católico para su funcionamiento en el país superan los 2.500 millones de pesos anuales", ou seja, o valor ultrapassa a casa de 2,5 bilhões de pesos por ano (http://sur.elargentino.com/notas/como-se-financia-el-partido-de-la-fe-catolica).

Uma pesquisa publicada no site do Ministerio de Relaciones Exteriores, Comercio Internacional y Culto revela que a metade dos argentinos aprova o financiamento pelo Estado a todas as confissões religiosas, mas 59,9% são contra o Estado financiar somente a religião católica.

A mesma pesquisa mostra que a contribuição financeira do Estado ao trabalho social da Igreja e para a manutenção de catedrais e templos tem amplo grau de aceitação, mas 64,2% desaprovam pagar salário dos bispos e pastores. Segundo a pesquisa, 78,5% dos argentinos se declaram católicos (Primera Encuesta sobre Creencias e Actitudes Religiosas en Argentina, agosto 2008).

Segundo Boff, alguns bispos brasileiros vivem da caridade dos fiéis. Literalmente. Um deles é o bispo emérito de São Félix do Araguaia, dom Pedro Casaldaliga.

Na verdade, a situação do emérito, já comentada em outros capítulos, é um espinho na carne do episcopado. Dom Lelis Lara, emérito de Itabira-Coronel Fabriciano, diz que encontrou em um hospital do interior brasileiro "um pobre bispo emérito numa situação que me pareceu de total abandono".

Isso acontece, diz dom Lara, apesar de as normas do direito canônico (cânon 402) prevenirem as conferências episcopais de que o sustento do bispo emérito deve ser assegurado pela diocese a que serviu. Mesmo os bispos eméritos membros de congregações religiosas têm o direito de cuidados: "A Diocese deve observar se o bispo emérito necessita de alguma coisa especial para uma vida tranquila e saudável. Não seja necessário que o bispo emérito venha a mendigar da Diocese as coisas de que precisa" (cânon 702).

Para seus padrões salariais, custa caro ser bispo. Não fosse o patrocínio da família, dos amigos e dos fiéis, dificilmente um novo bispo conseguiria montar seu enxoval episcopal. Depois que o Vaticano anuncia sua nomeação, o novo bispo precisa cuidar do visual.

Se tiver dinheiro, ele sabe onde encomendar suas novas vestimentas: na Barbiconi Sartoria Ecclesiastica, em Roma. É uma alfaiataria clerical que funciona desde meados de 1800 no mesmo endereço na Via Santa Catarina di Siena, n⁰ˢ 58, 59 e 60, no centro da cidade dos papas.

Não se sabe se monsenhor Georg Gänswein, eleito pelas revistas italianas de celebridades *il più bello del Vaticano*, encomenda suas batinas lá. Esse sacerdote alemão, com pinta de galã de cinema, é o secretário particular do papa Ratzinger. Mas todo o clero sabe que "Barbiconi" é o endereço do bispo elegante em Roma.

Diz o site http://www.barbiconi.it/:

> Ora Christiana, Gabriele e Francesco, rappresentanti della quarta generazione Barbiconi, guidano l'azienda con l'obiettivo di perpetuare lo spirito di severa eleganza che la contraddistingue, mantenendo sempre i più alti livelli di qualità nella perfezione delle confezioni e nell'accurata ricerca dei migliori tessuti presenti sul mercato.

Pelo e-mail info@barbiconi.it, a alfaiataria informa que o hábito episcopal completo, com batina e *mozzeta* (capinha), custa 830 euros. Feita sob medida, a batina vem com botões em seda pura e protetores de mão também em seda pura. Faixas, de 60 a 150 euros. Meias de cor violácea, até os joelhos e 100% em algodão fio de Escócia, 7,50 euros. Pelo *ferraiolo*, que João XXIII ajeitou no corpo de dom José Maria Pires, paga-se a tutameia de 395 euros.

Um báculo de prata sai por 4.870 euros. Um mais simples, feito de madeira com nó de prata e dourados de metal, custa 1.700 euros. A cruz peitoral em prata e ouro, adornada com pedras preciosas, é vendida no site por 720 euros. Há modelos pela metade do preço. Os cordões para a cruz são encontrados entre 35 e 37 euros.

O anel, modelo N-750, destaca-se pelo requinte — esculpido a mão em prata dourada, com opção de ametista, esmeralda ou rubi — e pelo preço — 545 euros. A mitra mais em conta, a B-6000, em tecido de lã e detalhes dourados, é vendida por 155 euros. Várias outras, bordadas com fios de ouro, valem 425 euros. Os modelos de solidéu variam de preço segundo a hierarquia: o papal custa 51 euros; o cardinalício e o usado pelos núncios apostólicos, 26 euros; o de bispo, apenas 20 euros. Com ou sem pompom, os barretes, de cores variadas, são vendidos por 46 a 59 euros.

Para sorte dos bispos atuais, muitos acessórios episcopais caíram em desuso após o Concílio Vaticano II. Como as capas corais, de cauda extravagantemente comprida e carregada por algum acólito, que faziam os bispos e cardeais se assemelharem a príncipes ou a noivas. Cabe às dioceses prover a aquisição de paramentos, como casulas, dalmáticas, pluviais, estolas e serviços para a missa.

Atualmente, os bispos, em geral, não usam batina no dia a dia. Usam *clergyman*, um terno copiado dos pastores protestantes norte-americanos.

Na Casa do Padre (http://www.casadopadrerj.com.br), no Rio de Janeiro e em Salvador, há boa oferta de camisas com colarinhos eclesiásticos, com preços baixos. Fartura de opções de bom gosto também no endereço http://www.artesacro.com.br/ com preços em reais mais acessíveis para os bispos brasileiros que necessitam de vestes, insígnias e paramentos episcopais.

SALÁRIO DE BISPO

O *glamour* episcopal ganhou repercussão na imprensa mundial em maio de 2011, por obra e graça do estilista italiano Giorgio Armani. Ele presenteou dom Domenico Mogavero, bispo de Mazara Del Vallo, na Sicília, com paramentos sacros considerados de grande beleza.

Segundo o jornal *Corriere del Mezzogiorno*, dom Mogavero usou a casula criada por Armani na cerimônia de sagração de uma igreja em Pantelleria, onde o estilista passa férias há 37 anos e desde 2006 é cidadão honorário do lugar.

Nada de mais, afirma o jornal: "se o Diabo veste Prada, o bispo veste Armani", brincando sobre o filme dirigido por David Frankel e estrelado por Meryl Streep e Anne Hathaway, com participação da modelo brasileira Gisele Bündchen.

Ampla, toda branca com bordados feitos a mão que reproduzem frutos do mar da ilha e confeccionada com tecido sedoso, a casula do bispo de Mazara Del Vallo não difere muito, a não ser pelo marketing de *haute couture* de seu criador, das vestes produzidas pelas freiras em oficinas ignotas do mundo para a celebração eucarística.

CAPÍTULO 18 Propaganda enganosa

A melhor maneira de estragar um religioso é fazê-lo bispo, segundo santo Inácio de Loyola. Pelo menos devia ser assim, quando fundou a Companhia de Jesus, em 1540. A Igreja, contudo, não pensa assim. As ordens e congregações religiosas têm sido seara fértil para a colheita de candidatos a bispo. Em 2010, os franciscanos (menores, capuchinhos e conventuais) contribuíam com 222 bispos em todo o mundo; os salesianos, com 125 bispos, eram seguidos pelos verbitas, da congregação do Verbo Divino, com 51; os redentoristas, com cinquenta; os beneditinos, com 47 bispos; os dominicanos, com 35; os lazaristas, com quarenta bispos; e a congregação do Espírito Santo, com 33. Muitas outras congregações têm bispos extraídos de suas comunidades.

Em jantar no restaurante Fiesta Brava, na Pampulha, em Belo Horizonte, no dia 3 de maio de 2002, padre Libanio dizia que os jesuítas são proibidos de almejar o episcopado. Para aceitar a mitra, como aconteceu com dom Luciano Mendes de Almeida, o jesuíta precisa da dispensa do superior-geral, o "Papa Negro".

Dom Luciano Mendes de Almeida e dom José Carlos de Lima Vaz, ambos já falecidos, confirmavam: não queriam ser bispos. Mas o foram. Por isso, o núncio apostólico em Brasília, dom Lorenzo Baldisseri, ironiza: não conheço nenhum que tenha recusado. Atualmente, segundo a Santa Sé, 87 jesuítas foram autorizados a romper com seu voto e foram ordenados bispos. A congregação tinha 12.800 padres em 2010.

Dom José Carlos de Lima Vaz, que foi bispo por 21 anos, contou em 3 de março de 2007 a Márcio Blois Teixeira, relações-públicas da Confederação das Congregações Marianas do Brasil, que foi surpreendido em 2 de dezembro de 1986 por uma carta da nunciatura apostólica, enfiada debaixo da porta de seu quarto. Estava eleito bispo auxiliar do Rio de Janeiro pelo papa João Paulo II. Ele entrou em crise, porque, como jesuíta, fizera votos de não aceitar a nomeação.

Ele telefonou para o cardeal dom Eugenio de Araujo Sales, arcebispo do Rio, que o aconselhou: "Como jesuíta, você fez votos de não aceitar cargos, mas fez também um voto solene de obedecer ao papa. Ele não pergunta se você quer ou não. Ele manda, você aceita."

O cardeal dom Serafim Fernandes de Araújo gostaria que houvesse mais bispos jesuítas. "Porque eles são os melhores padres da Igreja", afirma. "Dom Luciano me contou que não aceitou a nomeação do papa Paulo VI de imediato." Mas, prossegue o cardeal, se os jesuítas não querem, com os salesianos acontece o contrário: "São doidos para ser", brinca. O cardeal teve um bispo auxiliar salesiano, dom Décio Zandonade, nomeado posteriormente bispo de Colatina, no Espírito Santo.

Segundo ele, os salesianos são mais populares. "Até o cardeal Tarcisio Bertone, secretário de Estado do Vaticano do papa Ratzinger, o número 2 da Igreja, é salesiano." A congregação de dom Bosco tem mais quatro cardeais: Angelo Damato, prefeito da Congregação para a Causa dos Santos; Oscar Andres Maradiaga, arcebispo de Tegucigalpa, Honduras; Rafaele Farina, chefe do Arquivo Secreto do Vaticano; e Joseph Zen Ze-Kiun, arcebispo emérito de Hong Kong.

Ainda no colégio de eleitores do papa, os franciscanos têm quatro cardeais e os jesuítas, dois. Entre os cardeais com mais de 80 anos, portanto sem direito de voto no conclave, os jesuítas aparecem com quatro cardeais, com destaque para o arcebispo emérito de Milão, dom Carlo Maria Martini. Nesse grupo há um purpurado salesiano e três franciscanos, um deles o arcebispo emérito de São Paulo, dom Paulo Evaristo Arns.

Padre Alberto Antoniazzi, um estudioso do assunto, já observava em 2002 a guinada do Vaticano, que passou a soprar seus ventos sobre os salesianos, fundados em 1859, em Turim, por são João Bosco.

PROPAGANDA ENGANOSA

Na Quarta-Feira de Cinzas de 2002, dia 13 de fevereiro, padre Alberto Antoniazzi, que dirigia o Instituto de Filosofia e Teologia da PUC–Minas, reunia muitas reclamações sobre a nomeação de bispos. "Quando se é a favor, vale tudo pró-amigo. Quando se é contra, faz-se sua caveira, muitas vezes por vingança ou sentimentos menores", denunciou, observando que "os *lobbies* estão estragando o processo de seleção de candidatos".

Antes de vir para o Brasil, em 1963, Alberto Antoniazzi, italiano, foi secretário particular do cardeal Montini, em Milão, mais tarde eleito papa Paulo VI. Disse que a escolha dos bispos é tema palpitante na Igreja de hoje e que, em vão, têm sido feitas tentativas de mudança do sistema que, praticamente, reúne na caneta do núncio apostólico todo o poder de nomear e de vetar.

Revelou que o X Sínodo dos Bispos, realizado em Roma, de 30 de setembro a 27 de outubro de 2001, tratou do assunto. Mas as intervenções dos bispos não foram divulgadas. Disse que dom Jayme Chemello, bispo de Pelotas e na época presidente da CNBB, queixara-se da indicação de quatro novos bispos, que considerou "fracos e de escolha indevida".

Pouco depois, em entrevista à revista *Veja* de 6 de março de 2002, dom Jayme Chemello assim falou:

VEJA: *Durante o Sínodo dos Bispos, no fim do ano passado, o senhor criticou a centralização do poder da Igreja nas mãos do Vaticano. Por que a Igreja brasileira acredita que pode questionar Roma?*
DOM JAYME: Não fiz uma crítica. Só defendi, como defendo, que nem tudo precisa passar por Roma. O papa estava lá escutando e pode ter pensado: "Que bom que o bispo está falando isso. Realmente não tem sentido mandar tudo para cá." Eu tenho de ser assim porque é um princípio que quero que usem comigo. Se um subalterno meu só concorda comigo, ele não serve. Eu gosto que ele venha e diga o que pensa. O papa tem sido muito receptivo às minhas falas. Ele é uma pessoa ótima, eu diria, até espetacular.

VEJA: *Mas o tema da discussão era a nomeação dos bispos. Isso não deve passar pelo Vaticano?*

DOM JAYME: Eu disse que o assunto deveria continuar nas mãos do papa. Jamais questionei isso. Só acho que deveria haver uma participação maior no processo. Há um segredo muito grande envolvendo a escolha dos novos bispos. Há pessoas que deveriam ser consultadas e não são.

Segundo Antoniazzi, dom Moacir Grecchi, bispo de Porto Velho, foi transferido de Rio Branco, no Acre, sem ser consultado sobre seu sucessor. "Nem uma palavra lhe deram. Nomearam dom Joaquin Pertiñez Fernández, um espanhol agostiniano, vindo da Costa Rica, e desfamiliarizado com o ambiente local."

Antoniazzi, que para muitos era uma das melhores cabeças da Igreja, afirmou que no pontificado de João Paulo II dois *lobbies* fortes atuavam na indicação de bispos para o Brasil: os *focolari* e os salesianos.

Os *focolari*, com a força de dom Alberto Taveira, então arcebispo de Palmas e seu ex-aluno no Seminário Coração Eucarístico, de Belo Horizonte, fizeram dom Odilo Scherer, vindo de Roma, bispo auxiliar de São Paulo, e mais tarde cardeal. Fizeram ainda dom Geraldo Vieira Gusmão, que era padre de Diamantina (sua irmã é abadessa em Belo Horizonte), dom Miguel Ângelo Freitas e dom Heriberto Hermes, um americano, segundo padre Antoniazzi, "que usa bigode a contragosto do núncio apostólico".

O grupo do Paraná, dos *focolari*, fez dom Anuar Battisti, bispo de Toledo, e dom João Braz de Aviz, de Ponta Grossa, este amigo pessoal de Chiara Lubich, italiana de Trento, fundadora e superiora-geral dos *focolari*, também conhecidos por "Obra de Maria". Mais tarde, dom Anuar foi nomeado arcebispo de Maringá e dom Aviz, promovido a arcebispo de Brasília e, em janeiro de 2011, nomeado prefeito da Congregação para os Institutos de Vida Consagrada e as Sociedades de Vida Religiosa, no lugar do lazarista esloveno, o *medieval* cardeal Franc Rodé. No consistório de 18 de fevereiro de 2012, dom Aviz tornou-se Cardeal.

Os salesianos, afirmou padre Alberto Antoniazzi, fizeram alguns bispos bons; a maioria, "ruins". Outros bispos religiosos, que conheceu de perto, eram "péssimos". Deu, como exemplos, dois com quem trabalhou, cujos nomes evitou citar, "por caridade cristã".

Um desses bispos, ironizou, "é propaganda enganosa", fenômeno que considerou frequente entre os religiosos: "Indicam um confrade para se livrar dele. Falam bem do candidato e prejudicam as dioceses." Antoniazzi garantiu que o arcebispo "não suportava mais dom 'fulano', que quase quebrou uma emissora da arquidiocese".

Dom "Sicrano", outro citado por Antoniazzi, é "criatura" de dom Eugenio Sales, então cardeal do Rio de Janeiro. "Esse era um fazedor de bispos: fez muitos seus amigos, mesmo contra a opinião do núncio. Houve atritos, preservados em silêncio eclesial."

Dom "Sicrano" foi auxiliar de uma arquidiocese mineira até 1995. Ele deu trabalho: "Era amigo do copo, tinha pouco juízo, não governava nem a si mesmo", segundo Antoniazzi. Em fevereiro de 1995, foi transferido para uma diocese fluminense e teve o apoio do grupo episcopal local. Segundo Antoniazzi, naquela época o Rio de Janeiro fervilhava de insatisfação. Havia oposição a dom Eugenio. Um grupo de bispos se autodenominava de "Leste Zero", para marcar posição contra a orientação de dom Eugenio na Regional Leste 1, da CNBB.

O grupo era liderado pelo então bispo de Duque de Caxias, dom Mauro Morelli, que enfrentava muitos problemas na Baixada Fluminense. Sem dinheiro, dom Morelli se via forçado a fazer funcionar o seminário local de três andares com três seminaristas: um seminarista por andar — riu Antoniazzi.

A estratégia da propaganda enganosa não é, no entanto, aparentemente empregada por todos os religiosos. Dom João Evangelista Martins Terra, SJ, foi bispo de Recife de 1988 a 1994. "Figura estranha. Brigou, foi para Brasília como auxiliar. Dedicava-se a estudos bíblicos, deixou a Pastoral." Esse, contudo, "foi feito bispo contra a opinião dos jesuítas, seus confrades, que conheciam a peça".

Dom João Evangelista deu o troco: pregou o convite da ordenação episcopal no quadro de avisos do Colégio São Luiz, em São Paulo, endereçado "aos meus colegas que não me queriam bispo". Antoniazzi usou palavras duras para descrevê-lo como "intelectualmente pouco honesto e politicamente dedo-duro". E garantiu que, de sete artigos que assinou na *Revista de Cultura Bíblica*, todos foram copiados. Num deles atacou o projeto em discussão "Documentos sobre Catequese Renovada", Edições Loyola.

Padre Antoniazzi disse que escreveu ao autor estranhando o procedimento. Em resposta, o bispo disse que escrevera a pedido do núncio e que há muito vigiava a infiltração comunista na Igreja do Brasil. "Parece que o episcopado foi a recompensa pelos seus bons trabalhos de espião."

E padre Antoniazzi concluiu: "O certo é que no Brasil está agonizando a safra de grandes bispos, a geração anos 1960, que contava com nomes de peso. Podia-se discordar de alguns por sua linha ideológica, mas eram líderes fortes." Lembrou que, em Fortaleza, dom Aloísio Lorscheider foi substituído por dom José Antônio Aparecido Tosi Marques, "muito santo, muito bonzinho, mas sem expressão". Em São Paulo, dom Evaristo Arns deu lugar a dom Cláudio Hummes, que a princípio não avaliou positivamente o trabalho do antecessor e depois se equilibrou escolhendo bons auxiliares. Mas "ele oscila da extrema esquerda à extrema direita", comentou.

No Rio, dom Eugenio Sales cedeu o Palácio São Joaquim a dom Eusébio Scheid, que não era de sua preferência. E, em Recife, dom Helder Câmara foi substituído por dom Frei José Cardoso Sobrinho, considerado pouco preparado. Antes dele, lá estiveram dom Hilário Moser (de 1988 a 1992), que, por se sentir "esposa rejeitada", voltou para a casa-mãe salesiana e depois foi enviado para Tubarão (SC), e dom João Evangelista Martins Terra, SJ.

CAPÍTULO 19   Santos, mas pecadores

Belo Horizonte, 11 de fevereiro de 2009.

A Igreja é santa e pecadora, diz o cardeal dom Serafim Fernandes de Araújo, arcebispo emérito de Belo Horizonte. Os bispos, também. Por isso, com a experiência de sessenta anos de sacerdócio e cinquenta de bispo, o cardeal parece vivenciar a célebre afirmação de Terêncio e que Karl Marx amava citar: "Sou homem e nada que é humano me é estranho."

No pontificado de João Paulo II, que o incluiu no colégio dos cardeais em 1998, dom Serafim foi membro da Congregação para os Bispos — organismo da Cúria Romana que assessora o papa na nomeação de bispos, fazendo a seleção dos candidatos e apresentando a ele uma lista dos melhores nomes para provisão das dioceses do mundo todo.

Discreto, não abre o jogo sobre seu trabalho na congregação. Apenas diz que foi relator de muitos casos. Que o papa não é infalível na indicação dos bispos, porque não é matéria dogmática. O Vaticano faz tudo para acertar, mesmo assim pode pisar na bola.

Padre José Oscar Beozzo concorda:

> A realidade é que a nomeação de novos bispos tornou-se um assunto espinhoso à vida da Igreja do Brasil. Atribui-se ao cardeal Sebastião Baggio, por muitos anos núncio no Brasil e depois Prefeito da Congregação para os Bispos, a seguinte *boutade*: Roma poderia ainda enganar-se na nomeação de um ou outro bispo, mas não erraria na escolha dos arcebispos (*A Igreja do Brasil*).

Dom Serafim foi o primeiro bispo nomeado pelo, na época, recém-entronizado papa João XXIII, em 12 de janeiro de 1959. Tinha apenas

34 anos. Era o bispo mais jovem do Brasil quando chegou a Belo Horizonte como bispo auxiliar de dom João de Resende Costa.

Para candidatos ao episcopado, ele ensina o pulo do gato: não ter lado. "Não ter lado é a coisa mais bonita de uma vida. Tanto que na revolução eu era dos dois lados. Como reitor da Católica, era considerado direitista pelos alunos, diante dos coronéis eu era comunista. Assim salvei muitos estudantes; como sofri para tirá-los da cadeia", diz o cardeal mineiro.

Na Conferência Nacional dos Bispos do Brasil (CNBB), da qual foi vice-presidente, sua atuação ora era considerada progressista, ora era tachada de conservadora, e ele jamais teve alinhamento automático com qualquer dos grupos em que a entidade muitas vezes se dividia. "A CNBB não tem lados, tem pessoas diferentes e grupos que se juntam mais, mas no essencial a gente está sempre junto", disse.

Por isso, quase na surdina, cuida de padres casados, no melhor estilo político dos mineiros. Pediu a dom José Maria Pires para cuidar de padres casados residentes em Belo Horizonte — cerca de uma centena.

Sua habilidade política decorre de experiência familiar. Quando menino, em Itacambira, assistiu a desavenças entre os pais e os tios por causa dele. Só no leito de morte os pais e os tios se reconciliaram.

Menino, ia para debaixo da ponte para fugir do conflito familiar: os pais o mandaram para a casa dos tios para ajudar a criar a família de 16 filhos — Serafim o mais velho. A mãe era muito jovem. Para retomá-lo, precisaram se indispor com os parentes.

José Fernandes era dentista. Na recepção do escritório em Belo Horizonte, na Avenida Brasil, 1.666, quinto andar, dom Serafim entronizou a cadeira de dentista do pai — que era desmontada para ser levada em lombo de burro pelo sertão. Ele foi o único a nascer em Minas Novas. Outros, em Itacambira.

Serafim diz que não sabe quem o indicou bispo, mas desconfia de que sua política de não tomar partido foi notada já no Pio Brasileiro, em Roma, onde estudou dois anos. "Quando fui estudar teologia em Roma, em 1946, havia muita disputa entre os padres que estavam lá, divididos entre conservadores e avançados. Eu sempre fui o do equilíbrio."

Dom Serafim foi membro da Congregação para os Bispos e teve oportunidade de trabalhar na seleção de candidatos. Na Congregação, disse, faz-se o melhor para se apresentar ao Santo Padre uma lista dos melhores nomes.

O processo é longo. Depende de cada um. Ele foi relator de uns três ou quatro processos de pessoas que poderiam ser apresentadas ao episcopado. Acertar depende muito daquilo que se espera. Uns já chegam ao episcopado com tudo em cima, aceito pelos padres e pelo povo.

"A pesquisa feita é muito rigorosa", informa. Mesmo na condição de emérito, continua sendo consultado sobre candidatos. Afirma que, hoje em dia, estudar em Roma pesa, porém não é um fator definitivo.

"Em Belo Horizonte, fiz todos os que quis fazer bispos", garante, contrariando informações como as do padre Dino Barbiero, de que não era bem assim. Queridíssimo em Belo Horizonte, o cardeal não diz nenhuma palavra ácida sobre alguns de seus bispos auxiliares, criticados por gente do baixo clero. É um poço de silêncio. Diz que qualquer leigo pode indicar à nunciatura um nome. O bispo, o clero, alguns leigos são consultados. É muito difícil encontrar quem preencha os requisitos daquele lugar.

"Não basta botar um brilhante intelectual no bispado, porque ele não é para brilhar na Academia Brasileira de Letras. É para ser pastor. Ser pastor é aquele que é capaz de dar a vida pelo seu rebanho. Sempre olhei isso. Dar a vida é como uma vela que se consome", como gosta de dar exemplo.

O cardeal explica que na nomeação dos bispos a infalibilidade do papa não entra nisso, porque não é doutrina. Pode escolher uma pessoa que não seja ideal. Foi o caso de Fernando Lugo, do Paraguai. Mas acha que a Igreja acertou em aceitar seu pedido para redução ao estado laico.

Antigamente, havia bispos com luz própria. Hoje, não. Por quê? Discorda. O mundo mudou e os condicionamentos humanos também. "Não vejo que o bom bispo seja intelectual, o maior professor de teologia." Sobre a formação dos padres, diz: "Tenho muito medo até dos que querem, hoje, acumular títulos acadêmicos pensando na vida sacerdotal, como querem alguns."

Dá como exemplos de bons bispos "dom Helder, dom João de Resende Costa e dom Luciano, que deram a vida pela Igreja". Pede a Deus vida para dar seu depoimento no processo de beatificação de dom Luciano, de quem viveu próximo. "Salvei a vida dele." Contou que providenciou para dom Luciano ser atendido por bons médicos, numa sexta-feira de carnaval. Soubera do acidente na descida da serra de Itabirito, entre Mariana e Belo Horizonte, e tomou as providências para ele ser atendido em um centro médico mais bem equipado, já que ele foi levado para o hospital de primeiros socorros e deixado sozinho, como indigente, em uma maca.

Com seu andar de Peter O'Toole, dom Serafim foi ao pronto-socorro e literalmente sequestrou dom Luciano de lá e levou-o para o Hospital Felício Rocho, onde uma equipe médica, com cirurgião e cardiologista, já estava a postos. No momento em que o médico colocou a mão na aorta do arcebispo, ela estourou. Ainda bem que estava na mesa de operação. "Antes, a mão de Deus já funcionara. Uma caminhonete com estudantes de medicina passava pela serra de Itabirito e socorreu adequadamente dom Luciano."

Organizado, administrador de talento, ele transformou a acanhada instituição de ensino da arquidiocese de Belo Horizonte na Pontifícia Universidade Católica de Minas Gerais, o maior centro católico de ensino superior do mundo. "Peguei a universidade com 635 alunos e cinco cursos — ciências médicas, direito, filosofia, serviço social e enfermagem. Deixei-a com 50 mil alunos. No plano das realizações, foi, sem dúvida, minha principal obra", declarou à *Revista do Ceco/Casa dos Contos*.

Dom Serafim, apesar de político mineiro manhoso, tem pensamento claro. Sobre o fim do celibato: "No meu modo de pensar, não é por aí que vamos estimular as vocações sacerdotais. Estamos precisando de padres que deem a vida, casados ou não casados. Peguem sua vida e entreguem a Deus."

Sobre Bento XVI:

> Quando voltei da eleição dele, disse: "é o homem mais clarividente que conheci na vida." Mas ele nunca vai ter, é claro, o charme de João Paulo

II. Mas acho que classificação de conservador não se aplica a ele. Repito, é o homem mais clarividente que já conheci. É impressionante. A Igreja, inclusive, deve a ele muito do que João Paulo II fez, pois ele estava ali como principal assessor e sempre foi muito leal.

Para os tempos atuais, ele está fazendo tudo o que a Igreja precisa. Ele está segurando aquilo que está destruindo o mundo, pois, no dia que terminar a família, terminou tudo, não vai ter mais nada. O que ele está querendo segurar é isso. Se a Igreja não defender a família, quem vai defender? Se a família continuar do jeito que está sendo mostrada pelas novelas, ela vai acabar (*Revista Casa dos Contos*).

CAPÍTULO 20 Cabeça de intelectual

Dá para afirmar que Antoniazzi e Libanio jamais foram lembrados, de forma consistente, para o episcopado. Se foram, quase ninguém ficou sabendo. Mesmo gozando do respeito e da admiração geral da Igreja, eles foram sistematicamente preteridos. Porque, segundo adeptos da teologia da libertação, tinham um defeito insanável, que nos pontificados de João Paulo II e de Bento XVI serviu para excluir o candidato de qualquer lista tríplice para a mitra: eram homens com cabeça pensante, teólogos com luz própria.

Para muitos, isso é um exagero. Um jovem sacerdote jesuíta diz que é uma injustiça afirmar que bispo hoje "é vaca de presépio", embora lembrasse que no pontificado de João Paulo II os novos bispos tinham de assinar um documento se comprometendo a seguir as orientações da Santa Sé, especialmente em alguns pontos, como celibato clerical, ordenação sacerdotal de mulheres e teologia da libertação.

Já dom Luciano Mendes de Almeida me disse que Antoniazzi e Libanio não foram bispos porque não tinham o perfil indicado. Até ironizou: "Imagine se eles trocariam seus estudos na biblioteca por uma calorenta tarde de crismas nesse interiorzão de Minas." No que toca a padre Libanio, diz o jesuíta Eduardo Henriques, a observação não procede: Libanio trabalha na paróquia de Vespasiano, cidade-dormitório e um dos mais adensados núcleos operários da Região Metropolitana de Belo Horizonte.

Alberto Antoniazzi não tem mais chance porque morreu em dezembro de 2004. Dificilmente João Batista Libanio, quase octogenário — ele nasceu em 1932 —, poderá vir a ser nomeado, já que passou da idade.

COMO SE FAZ UM BISPO

Pelas normas canônicas, todo bispo deve apresentar sua renúncia ao papa quando completar 75 anos.

Mas esses dois sacerdotes — um secular, o outro jesuíta — certamente cumpririam um papel que, segundo Leonardo Boff, anda rareando na Igreja atual: seriam bispos profetas.

De Antoniazzi, escreveu o jesuíta João Batista Libanio, doutor em teologia pela Gregoriana de Roma e professor de teologia fundamental do Centro de Estudos Superiores da Companhia de Jesus em Belo Horizonte: "Dois nomes soam bem próximos: Antoniazzi e Igreja. Não o compreendo a não ser metido na múltipla tarefa de pensar uma eclesiologia atualizada, os ministérios condizentes com ela e os leigos envolvidos numa pastoral viva."

Antoniazzi nasceu em Milão, em 1937, militou em movimentos de ação católica sob a orientação do arcebispo Giovanni Batista Montini, mais tarde papa Paulo VI, e veio para o Brasil em 1964. Ordenou-se no ano seguinte e dedicou-se, toda a vida, à arquidiocese de Belo Horizonte, onde coordenou projetos, pesquisas e iniciativas pastorais urbanas. Seu irmão, Sandro Antoniazzi, militou na política sindical italiana, na confederação de sindicatos de nome CISL.

Antoniazzi era um padre que pensava. Pensava, sobretudo, a partir de pesquisas sobre a realidade brasileira. Segundo Libanio, "não é fácil manejar dados estatísticos", mas Antoniazzi "possuía excelente capacidade e crescente preparo nesta tarefa". Como exemplo, cita seu último livro, publicado poucos dias antes de sua morte — *Por que o panorama religioso no Brasil mudou tanto?* (Paulus, 2004).

Na obra, Antoniazzi busca explicações para a sangria desatada nos quadros da Igreja Católica no Brasil, que de religião monopolista nos anos 1970 se vê reduzida, no Censo de 2000 do IBGE, a 73,9% da população. Ele já estudara o fenômeno em texto para a Vozes — *A Igreja Católica face à expansão do pentecostalismo*. Na Renovação Carismática Católica, em expansão no Brasil como o pentecostalismo, Antoniazzi percebe raízes comuns com o movimento protestante.

Libanio aponta-o como "homem incansável de reuniões pastorais" e de presença constante no Instituto Nacional de Pastoral da CNBB, organizando cursos para bispos, escrevendo trabalhos de qualidade para a publicação da CNBB. "Preocupava-lhe, fundamentalmente, a evangelização no mundo urbano", assegura o jesuíta.

Na missão de pensar e instigar a reflexão dos membros da CNBB, Alberto Antoniazzi não evitou nenhum tema, mesmo os mais delicados, como ordenação de homens casados e ordenação de mulheres. Mas, segundo Libanio, não polemiza. Não deixa, contudo, de "recordar que teologicamente nada se opõe" à ordenação de homens casados.

No caso das mulheres, lembra a "igualdade básica entre homens e mulheres e o fato de que elas são chamadas a assumir parte maior de responsabilidade nas decisões das tarefas pastorais". Antoniazzi chega a relembrar "o voto do Sínodo das dioceses alemãs de que as mulheres sejam admitidas ao diaconato". Libanio explica: "É um texto anterior às últimas e contundentes tomadas de posição do atual pontificado", referindo-se ao governo de João Paulo II.

Reitor e professor do Seminário Coração Eucarístico, da arquidiocese de Belo Horizonte, padre Alberto Antoniazzi preenchia bem o *physique du rôle* do candidato a bispo, dedicado à formação do clero. O Vaticano tem predileção pelos reitores e professores de seminários. Como no caso de padre Laynay Saturné: nascido em 1964 e ordenado em 1991, foi nomeado bispo de Jacmel, no Haiti, pelo papa Bento XVI, em 28 de abril de 2010. O bispo eleito exerce a função de decano de estudos no Seminário Maior interdiocesano Notre-Dame de Haiti.

Homem de estudo permanente, com longos anos dedicados à reflexão sobre a formação e o comportamento dos presbíteros no Brasil, mesmo não concordando com a orientação de Roma, jamais peitou o Vaticano. Nem por isso foi feito bispo.

É a sina de mentes brilhantes como a do jesuíta João Batista Libanio. Em entrevista ao *Jornal de Opinião*, da arquidiocese de Belo Horizonte, em junho de 2002, Libanio explicou como conseguia conciliar a vida de pároco na cidade de Vespasiano, na Grande Belo Horizonte, com a de professor, escritor e palestrante.

Penso na semelhança com um professor de medicina que exerce sua profissão. Na sala de aula e no consultório ou no hospital, é o mesmo médico que elabora e pratica sua medicina. Assim com a teologia. O professor comunica seu saber teológico. O conferencista amplia seu raio de comunicação. O escritor formula para si e para outros nas letras pensadas seu saber. Na pesquisa penetra o mundo desse saber. Na pastoral confronta esses conhecimentos com a realidade. Recebe inspiração e corretivos. Motiva-se e anima-se. O ser humano é essa complexidade que não produz contradição, antes permite integração. Para conciliarem-se as diferentes facetas, requer-se, sim, uma dose de disciplina de vida.

Ou seja, o intelectual respondeu à pilhéria de seu confrade jesuíta, dom Luciano Pedro Mendes de Almeida, que não via nele um bom candidato a bispo por preferir o aconchego da biblioteca ao calor das longas filas de crisma.

Mas na mesma entrevista o próprio Libanio assina sua sentença de exclusão do bispado:

— Por que a opção pela teologia da libertação?

— A opção pela teologia da libertação foi um desabrochar de toda uma vida. Sempre tive uma atitude crítica. Não o era mais por ignorância. Nos primeiros contactos com o Padre (Henrique de Lima) Vaz, aprendi a ter abertura crítica diante da realidade social e eclesial. Estava na Europa quando do golpe militar. A distância formei-me logo uma postura crítica fundamental diante da situação sociopolítica. Nunca tive a ilusão de que "Deus salvara o Brasil do comunismo" nem que o maior perigo da América Latina era a infiltração comunista. Chegando ao Brasil, pertenci a um grupo de reflexão teológica que meu primo frei Betto e os outros dominicanos tinham arquitetado na prisão e implementaram depois de sua saída. Nele estavam, além dos dominicanos recém-saídos da prisão, frei Leonardo, frei Mesters, Pedro R. de Oliveira, Luiz Alberto, Jether Pereira, J.O. Beozzo e tantos outros. Juntos construímos um pensar teológico na linha da libertação. Evidentemente, também me nutri dos teólogos que já estavam na arena com suas teses da libertação: Gutiérrez, Assmann, Comblin e outros. Enfim, é uma opção que se foi construindo, aprofundando e ampliando horizontes.

Alinhar-se na prática da teologia da libertação foi seu pecado capital. Sua testa foi marcada, proscrito como Caim, para qualquer lista de possíveis candidatos à mitra, embora ostentasse uma biografia bem vista por Roma. Saiu do Brasil para estudar teologia na Alemanha. Lá, tempos depois, obteve o doutorado em teologia. Em seguida, foi transferido para Roma, com o encargo de substituir o padre Marcello Azevedo na direção de estudos do Pontifício Colégio Pio Brasileiro.

"Naquela época eram mais de oitenta seminaristas brasileiros que eu deveria orientar nas lides intelectuais. Apenas havia terminado os estudos, sem ter feito ainda o doutorado", contou ao *Jornal de Opinião*.

Ele lembra alguns padres que o influenciaram na vida: Oscar Mueller, no Pio Brasileiro; Karl Rahner, um dos consultores do Concílio Vaticano II; e padre Henrique de Lima Vaz. De padre Mueller, disse:

> Ele aprofundou em mim um traço que trouxera de meu pai, mas que a formação tradicional daquela época quase apagara: um sentido agudo pela liberdade pessoal e pelo respeito aos caminhos dos outros, sem escandalizar-me, sem impor minha posição. Liberdade e respeito.

Sobre Karl Rahner, afirmou:

> Foi meu maior mestre teológico por meio dos livros. Conheci-o pessoalmente em palestras em Frankfurt e em Roma, durante o Concílio. Lembro-me do prazer intelectual enorme, ao poder ler um primeiro artigo dele, em alemão, no mês de janeiro de 1960, cinco meses depois que chegara à Alemanha para estudar Teologia. Daí em diante li e ainda leio e releio textos desse pensador maravilhoso. Ensinou-me, sobretudo, a integração do humano e do divino, da graça e da natureza, da história e da escatologia.

De padre Vaz, mineiro como ele, disse:

> Na década de 1950, foi o mestre jovem. Inteligente, extremamente atualizado, me seduziu imediatamente. Dentro das estruturas rígidas de então, ele logo se tornou, pela abertura de suas ideias, suspeito diante de

inteligências extremamente conservadoras que ocupavam cargos de formação na Igreja e Companhia. Mas, ao mesmo tempo, causava-nos uma atração irresistível. Tenho até hoje uma cadernetinha de 1953, onde anotei os livros que ele me aconselhava a ler. Entramos os dois na biblioteca dos professores, onde estavam os melhores livros, mas a que não tínhamos acesso. Ele percorreu comigo as estantes e ia, como mestre, apontando para seu discípulo os livros importantes com rápido comentário e eu com a avidez jovem os anotava sagradamente. Já tinha um roteiro para a vida de estudo.

E prosseguiu:

Depois de minha volta da Europa, em 1969, morei sempre na mesma comunidade dele, exceto alguns poucos anos no Rio. A amizade que nos uniu toda a vida não tirou momentos de tensão no campo da discussão das ideias. Ele tinha muitas críticas, sérias e profundas, à Teologia da Libertação, de cujo grupo fazia e faço parte. Ele me respeitava muito, mas a sua honestidade intelectual interpelava, e sempre com justeza, os fundamentos do meu pensar. Esse convívio foi extremamente importante para meu desenvolvimento intelectual. O mundo das ideias enchia nossas conversas. Longas e múltiplas. Sempre o considerei meu mestre maior no campo da inteligência e amigo-irmão extremamente querido. Nunca lhe escondi minha enorme admiração. Ele ficava bravo comigo porque lhe dizia na sinceridade e espontaneidade elogios que ninguém tinha coragem de dirigir-lhe. Na sua modéstia, me achava exagerado. Mas era a pura verdade. Nunca em minha vida, em país nenhum, encontrei uma inteligência mais completa que a dele, desde a profundidade até a singeleza e clareza na exposição.

Enfim, assim padre João Batista Libanio se define:

Pertenço a uma tradição espiritual que tem uma experiência fundante: discernimento espiritual. Alguns jesuítas ficam principalmente no campo das moções interiores das pessoas, como Santo Inácio nos ensina nos Exercícios Espirituais. E o fazem bem. Dentro do círculo de teólogos da libertação, que frequentava, pensei esta estrutura para os acontecimentos sociopolíticos. No livro *Discernimento e política* estão as intuições funda mentais que me criaram essa atitude permanente de discernir os movimentos internos da realidade social e buscar desmascará-los. Buscava penetrar os jogos ideológicos, conhecer os engodos dos discursos. Trabalho mais com a dialética do sim e não em vez do sim ou não. Habituei meu olhar para captar na ambiguidade da realidade as tendências do sim e do não.

Leonardo Boff está coberto de razão. A Igreja necessita urgentemente de bispos profetas, que poderiam contrabalançar a grande multidão de bispos encabrestados pela Cúria Romana. É uma pena, a Igreja perdeu a oportunidade de eleger bispo o padre João Batista Libanio. Bem, no caso de Libanio, informa-se que dom Helder Câmara teria tentado fazê-lo bispo. Após assistir a uma palestra do jesuíta em Recife, dom Helder, que tomava notas de tudo, pediu ao padre José Ernanne Pinheiro, hoje assessor político da CNBB, para sondar Libanio. Este teria recusado: achava que cabeça de teólogo não combinava com a de bispo.

"Nunca esqueçais: 'Não se acende a candeia para colocá-la debaixo do alqueire' (Mt 5,15)!", afirmou o papa João Paulo II dirigindo-se aos jovens presente em Castelgandolfo, no dia 25 de julho de 2001, por ocasião do XVII Dia Mundial da Juventude.

Segundo a parábola contada por Jesus, a candeia acesa deve ser colocada sobre o candeeiro a fim de que clareie todos os que estão na casa. Com a sabedoria de ex-membro da Congregação para os Bispos e a experiência de um fazedor de bispos durante sua longa permanência na ativa, o cardeal dom Serafim Fernandes de Araújo, arcebispo emérito de Belo Horizonte, afirma que deveríamos ter mais jesuítas no episcopado. Porque são os mais preparados para o cargo.

Mas eles teimam em pensar com a própria cabeça. Vejam trechos da entrevista que padre Libanio concedeu para o Instituto Humanitas Unisinos, em 18 de fevereiro de 2011, comentando, entre outros temas, o manifesto lançado por teólogos alemães, suíços e austríacos, com propostas de reformas para a Igreja:

IHU ON-LINE: *Qual sua reação ao manifesto que propõe reformas para a Igreja em 2011, elaborado por teólogos alemães, suíços e austríacos?*

JOÃO BATISTA LIBANIO: Impressiona, logo à primeira vista, o conjunto de assinaturas de teólogos da mais alta competência e responsabilidade. Portanto, não subscreveriam nenhum manifesto superficial, imprudente. Concordemos ou não com as proposições, ele merece séria consideração e detida atenção.

Parte do inegável mal-estar que afetou não só a Igreja Católica alemã e de alguns países por causa do escândalo de pedofilia, mas de toda a Igreja por ver-se nele a ponta de um *iceberg* de maior amplitude: a falta de liberdade e de transparência no interior da Igreja devido ao cerceamento das instâncias de poder eclesiástico. Por isso, o manifesto bate forte na tecla das estruturas de governo da Igreja Católica.

IHU: *A partir da sua trajetória sacerdotal, o senhor também concorda que a Igreja precisa ser reformada? Quais seriam as reformas urgentes?*
JBL: Os anos me permitem perceber três nítidos momentos no processo eclesiástico das últimas décadas. Ainda conheci estruturas hieráticas no pontificado de Pio XII, que lançava a imagem do poder eclesiástico onisciente e onipotente. Roma pronunciava-se sobre os mais diversos assuntos e com a consciência de dizer verdades inquestionáveis. Não se percebia sinal de dúvida ou perplexidade. Isso acontecia com duplo efeito. Positivamente, oferecia aos católicos fiéis enorme segurança sobre temas desde a astronomia até a intimidade da vida conjugal. Para aqueles que já tinham recebido o impacto da modernidade liberal, democrática, marcada pela subjetividade, autonomia das pessoas, consciência história, práxis transformadora, tais declarações romanas produziam enormes dificuldades e mal-estar.

Veio então João XXIII. Convoca o Concílio Vaticano II, que inicia, com certa coragem, o diálogo da Igreja com a modernidade. Usando a imagem do andamento musical *andante ma non troppo*, a Igreja caminha em direção ao repensamento doutrinal e pastoral, provocado pelos questionamentos teóricos e práticos levantados nos últimos séculos. No entanto, o tempo de *aggiornamento* não durou muito. Já no próprio pontificado de Paulo VI, a partir de 1968, despontam sinais de contenção e retrocesso. E depois a Igreja Católica mergulha em longo processo neoconservador que dura até hoje. As inovações iniciadas no Vaticano II se interromperam e outras não surgiram, exceto em um ou outro gesto ousado de João Paulo II, como a Oração pela Paz em Assis com os líderes das diferentes religiões do mundo. Ainda que o clima geral não fale de abertura, entretanto percebe-se-lhe a necessidade.

Sobre os casos de pedofilia, padre Libanio disse que eles "revelam a face pecadora dos homens e mulheres da Igreja em todos os níveis: do simples fiel até pessoas da alta hierarquia". Nada, porém, justifica o ocultamento desses crimes. Observa que a mesma mídia que divulga, "escandalizada", casos de pedofilia, deve ser responsabilizada pela "enxurrada de programas de banalização do amor, de sexualização das crianças, de exibicionismo e voyeurismo sexual, da perda de senso de responsabilidade social. A luta contra a pedofilia exige um programa complexo de purificação das fantasias, de presença maior de educação sadia, de melhoria de cultura veiculada pela mídia".

Perguntado se concorda com os que afirmam que o Vaticano esteja enquadrando a Igreja no Brasil, o mestre jesuíta lembrou que, desde o século XI, o autoritarismo de Roma cresceu sobre as igrejas locais. O *Dictatus Papae*, de Gregório VII, é a maior expressão de centralismo e autoritarismo, que "o Concílio Vaticano II, com a colegialidade, tentou diminuir tal tendência, mas com pouco resultado".

Padre Libanio conclui sua entrevista ao *IHU*, com o seguinte raciocínio baseado nas teorias de Erich Fromm, no livro *Medo da liberdade*, sobre a relação de submissão e de autoritarismo: "No dia em que as igrejas locais tomarem maior consciência de outra eclesiologia, então a Igreja de Roma também lentamente afinar-se-á com ela. O processo se institui de ambas as partes simultaneamente em mútua relação e influência."

Acredita que

> quanto mais a Igreja do Brasil marcar a originalidade, a liberdade, a autonomia, tanto mais Roma a reconhecerá. Se ela, porém, está a esperar para cada palavra que disser um sorriso aprobatório de Roma, a liberdade se encurtará e a autonomia se dissolverá. Quem age sob o olhar de um outro, termina condicionando-se de tal modo que perde a própria identidade.

CAPÍTULO 21 Segredos e mistérios

Na serra da Piedade, a 1.783 metros de altitude, de onde se avistam Belo Horizonte, Caeté, Santa Luzia, Sabará, a serra do Caraça e outras cidades, o arcebispo dom Walmor Azevedo de Oliveira conseguiu reunir a cúpula do maior episcopado do planeta, o brasileiro, com 275 dioceses, à frente da Itália, com 225, e os Estados Unidos, com 194.

No sábado, 31 de julho de 2010, os cardeais dom Geraldo Majella Agnelo, então arcebispo de Salvador e primaz do Brasil, e dom Odilo Pedro Scherer, arcebispo de São Paulo, misturaram-se a outros 35 bispos, entre eles os então dirigentes máximos da CNBB — o presidente dom Geraldo Lyrio Rocha, arcebispo de Mariana, e o secretário-geral, dom Dimas Lara Barbosa, bispo auxiliar do Rio de Janeiro. Eles comemoravam os cinquenta anos da promulgação, pelo papa João XXIII, de Nossa Senhora da Piedade como padroeira de Minas Gerais.

O Santuário da Piedade foi erguido, a partir de 1767, pelo português Antônio da Silva Bracarena, numa época em que portugueses penitentes espalhavam templos religiosos em Minas, como pagamento de promessas. Não distante dali, na serra do Caraça, outro português, irmão Lourenço, construiu a ermida que depois se transformou em colégio, seminário e santuário de Nossa Senhora Mãe dos Homens.

Os dois cardeais brasileiros pernoitaram no alto da serra da Piedade, em quartos confortáveis, mas desprovidos de luxo, sem aparelho de TV, sem aquecedor e sem frigobar. Na certa, o ambiente monástico e de uma austeridade mineira, um grau acima da franciscana, não combina com a pompa do cardeal Franc Rodé, então prefeito da Congregação para os

Religiosos e substituído no cargo, em janeiro de 2011, pelo arcebispo de Brasília, dom João Braz de Aviz.

Em reportagem do jornalista americano Thomas C. Fox, publicada no *National Catholic Reporter*, em 28 de outubro de 2009, Sua Eminência aparece em fotos que revelam seu estilo anti-Concílio Vaticano II. Rodé impressiona mais do que a rainha Elisabeth em dia de desfile da realeza britânica: veste uma capa de cor púrpura de cauda mais comprida do que a usada pelas noivas nos anos 1950. Um clérigo segue atrás, segurando a cauda, enquanto o cardeal se dirige à capela. As fotos foram disseminadas, no Brasil e na Argentina, pelo Movimento dos Padres Casados.

Os quartos ficam em uma ala à direita do santuário, com vista para as pirambeiras de Minas. Foram construídos, antes, por frei Rosário Joffily, um dominicano com doutorado em teologia e estudos na França que, a convite do cardeal Carlos Carmelo de Vasconcelos Motta, ali chegou em 1949 e viveu por 51 anos.

Os quartos foram reformados pelo reitor do santuário, padre Nédio Lacerda, que quando foi deslocado da paróquia da Floresta, em Belo Horizonte, para lá manifestou ao arcebispo dom Walmor seu receio evangélico de não dar certo. "Sou de Caeté, e ninguém é profeta em sua própria terra."

Em meio a tantas cabeças coroadas, vale o conselho de Leonardo Boff: não perca tempo com os medalhões da Igreja, eles não abrem o jogo. Converse com o segundo time. Na serra da Piedade, a recomendação de Boff, um exímio conhecedor das entranhas eclesiásticas, não deve ser tomada à risca. Por isso, a escolha para uma conversa recaiu sobre o secretário-geral da CNBB.

Estrela de primeira grandeza na Igreja do Brasil, eleito um dos cem brasileiros mais influentes de 2009 pela revista *Época*, dom Dimas Lara Barbosa é tido pelos padres de Belo Horizonte como "ave fora do ninho", no episcopado brasileiro: "Ele não tem ranço clerical", assegura o padre José Cândido da Silva, conceituado compositor de música sacra. "O pessoal gosta dele", acrescenta.

O chefe de gabinete do presidente Luiz Inácio Lula da Silva e depois secretário-geral da Presidência no governo Dilma Rousseff, Gilberto Carvalho, também gosta dele. E escreveu o perfil do bispo, a pedido de

Época: "Dom Dimas honra sua origem mineira, de Boa Esperança. É um hábil articulador. Não é à toa que rapidamente cresceu na hierarquia católica e, apenas quatro anos após sua sagração episcopal, já ocupava o importante cargo de secretário-geral da CNBB. É mineiro até no seu posicionamento na política eclesiástica: é considerado moderado, equidistante entre os chamados conservadores e progressistas." Em outro trecho, afirma:

> Fiquei muito impressionado quando, representando o governo, estive com ele durante a greve de fome de dom Cappio. Ao intermediar as negociações entre o governo e a equipe do bispo, ele ficou firme do lado de seu irmão de episcopado e dos militantes da causa. Ainda que eu divergisse de seu método, ele mereceu — e merece — meu respeito e admiração.

Com 55 anos, dom Dimas nasceu em 1º de abril de 1956, no sul de Minas, na cidade de Boa Esperança, exaltada em canção pelo compositor carnavalesco Lamartine Babo. É uma vocação tardia. Só se ordenou padre em 3 de dezembro de 1988, aos 32 anos, depois de ter se formado em engenharia eletrônica no Instituto Tecnológico de Aeronáutica (ITA), de São José dos Campos, uma das escolas mais renomadas do país, cujos alunos são disputados, a peso de dólar, pela indústria nacional.

Estudou no Instituto de Filosofia São Bento, em São Paulo, e no Instituto de Teologia Sagrado Coração de Jesus, de Taubaté (SP). Em Roma, fez doutorado em teologia sistemática na Gregoriana. Em 2 de agosto de 2003, no limite do tempo de ordenação sacerdotal exigido pelo Código Canônico — cinco anos —, foi sagrado bispo pelo cardeal Eusébio Oscar Scheid, arcebispo do Rio de Janeiro que também o ordenara padre.

Nem mesmo o homem-chave do maior episcopado do planeta, dom Dimas Lara Barbosa, consegue explicar, ao certo, como se faz um bispo. Em maio de 2011, o Brasil tinha 456 bispos — 303 na ativa e 153 aposentados, segundo o arcebispo de Mariana e então presidente da CNBB, dom Geraldo Lyrio Rocha. Os Estados Unidos ocupavam o segundo lugar, com 430 bispos, 259 na ativa e 171 eméritos. A Itália vem na terceira colocação: tinha 387 bispos, contando com os eméritos.

Dom Dimas revela, porém, que "aqui, no Brasil, ocorre um fenômeno particular: é elevado o índice de recusas à nomeação do papa". Isso ele ouviu de um bispo durante visita *ad limina,* em Roma. Ele próprio conhece um padre no Rio de Janeiro, onde foi bispo auxiliar, que diz servir melhor à Igreja como sacerdote do que como bispo.

O problema parece antigo. Anos antes, a jornalista Valquíria Rey, da BBC Brasil no Vaticano, revelou ter ouvido de "um integrante do alto escalão de uma das maiores congregações religiosas católicas em todo o mundo" que o Vaticano estava encontrando dificuldades para "preencher postos-chave da Igreja no Brasil devido à recusa de padres em subir na hierarquia da instituição".

A matéria, publicada pela *Folha de S.Paulo,* em 25 de maio de 2007, diz a razão da recusa: "Esses padres preferem permanecer em suas paróquias do que assumir um cargo que os obrigue a seguir à risca as ordens e orientações do Vaticano."

O texto cita o bispo emérito de Itabira–Coronel Fabriciano, dom Lelis Lara, ex-assessor jurídico e canônico da CNBB, que confirma a existência do problema: "O bispo deverá ser responsável pelo cumprimento das orientações do Vaticano. É possível que um padre não queira ser desleal com a Santa Sé e prefira não assumir o cargo."

Dom Dimas considera "insondáveis" os métodos de se fazer um bispo na Igreja Católica. Disse ter ouvido que um candidato, com mais ou menos vinte pareceres positivos entre as cartas-consulta expedidas pelo núncio apostólico, tem seu processo levado adiante, até a Congregação para os Bispos, em Roma.

O "Q.I." do candidato também conta pontos. Se "quem indica" o candidato é um cardeal, a indicação tem peso diferenciado. A indicação de um arcebispo, em busca de um bispo auxiliar, também pesa. Mas no Rio de Janeiro "já apresentamos uns 12 nomes... e a coisa não tem sido fácil". Na sua interpretação, "o núncio deve ter dados sobre as pessoas que a gente não tem".

Quase no final de 2010, porém, a arquidiocese do Rio de Janeiro foi contemplada com três bispos auxiliares, segundo divulgou o VIS no dia 24 de novembro. Todos três padres são do clero secular: Pedro Cunha

Cruz e Nelson Francelino Ferreira, ordenados no mesmo dia em 1990, pertencem ao Rio; e Paulo César Costa, à diocese de Valença.

Monsenhor Pedro Cunha Cruz, segundo nota distribuída pela arquidiocese do Rio de Janeiro, é mestre em teologia fundamental pela Gregoriana (1996) e doutor em filosofia pela Santa Croce (1997). Monsenhor Nelson Francelino Ferreira é mestre e doutor em teologia sistemática pela PUC-Rio (1997-2001). Monsenhor Paulo César Costa tem mestrado e doutorado pela Gregoriana.

O imprevisível é o principal convidado das quartas-feiras, quando uma diocese vive a expectativa de receber um novo bispo. Em setembro de 2008, Blumenau vivia essa emoção. Dom Angélico Sândalo Bernardino, que em janeiro renunciara ao cargo por ter completado 75 anos, permanecia à frente da catedral à espera do sucessor.

"Estou tranquilo. Qualquer bispo ou padre pode ser o sucessor. Assim que sair o comunicado, eu volto para São Paulo", declarou dom Angélico, segundo nota da imprensa. Em São Paulo, onde foi ordenado em 1974, ele foi bispo auxiliar do cardeal dom Paulo Evaristo Arns.

Citando como fonte o então arcebispo de Florianópolis, dom Murilo Krieger (atualmente em Salvador e primaz do Brasil), a imprensa catarinense divulgou os passos da sucessão, após dom Angélico haver renunciado. Os dez bispos das dioceses de Santa Catarina indicaram, cada um, três nomes de padres ou de bispos que gostariam de ver à frente da diocese blumenauense. Este é um procedimento padrão, recomendado pelo Código de Direito Canônico.

Os nomes foram levados ao núncio apostólico, em Brasília, que realizou consultas junto ao colégio dos padres de Blumenau e depois enviou uma lista de nomes à Congregação para os Bispos, em Roma. A Congregação para os Bispos estuda os candidatos e os indica ao papa que pode escolher um deles ou pedir que seja feita uma nova lista.

O suspense acabou somente em 18 de fevereiro de 2009. O papa Bento XVI não se decidiu por nenhum padre de Blumenau. Preferiu transferir para lá o bispo auxiliar de Florianópolis, dom Giuseppe Negri. Ele nasceu em Milão, na Itália, em 1959. Entrou para o Pontifício Instituto para Missões Estrangeiras, foi ordenado padre, em 1986, pelo cardeal de Milão, Carlo Maria Martini, e sagrado bispo de Puppi, em 2006, pelo arcebispo de Florianópolis, dom Murilo Krieger. Normalmente, os bispos auxiliares são nomeados titulares de dioceses antigas que deixaram de existir, como é o caso de Puppi. Dom Angélico Sândalo era titular de Tambeae, até tomar posse na diocese de Blumenau.

Na hierarquia eclesial, os bispos são organizados como arcebispos, que dirigem uma província; titulares, responsáveis pela diocese; auxiliares; coadjutores, eles são auxiliares com direito a suceder o titular da diocese em caso de morte ou renúncia; eméritos, após os 75 anos de idade; ordinários, de uma jurisdição, por exemplo, militar; e abades, de alguns mosteiros, como beneditinos. Os cardeais, que elegem o papa, são todos ordenados bispos e geralmente recebem o título de arcebispo.

Nem a CNBB, segundo seu secretário-geral, tem influência na escolha dos novos bispos do Brasil. "A CNBB é informada dias antes, nas vésperas do anúncio, quando o candidato já foi aprovado pela Santa Sé. A gente não sabe o que aconteceu pelo caminho", afirma, com sinceridade e clareza.

Não devia funcionar assim, segundo a revista *Razón y Fe*, fundada em 1901 e publicada pela Companhia de Jesus, em Madri. Ainda na alvorada do pontificado do papa João Paulo II, a revista dos jesuítas espanhóis — sempre a Espanha! — questionava, em junho de 1982 (número 1.009, tomo 205), a eficiência do sistema atual de nomeação dos bispos, por suas "numerosas inconveniências".

O atual sistema de apresentação à Santa Sé de *ternas* — listas de três nomes encaminhadas pelos núncios apostólicos — resulta em atrasos para preenchimentos de "sedes vacantes" e acúmulo de trabalho para o Santo Padre, principalmente João Paulo II, dado a viagens internacionais constantes e participação em concorridas audiências públicas.

Diz a revista que anualmente a Igreja tem de nomear cerca de duzentos bispos que formam "o colégio apostólico com e sob o Sucessor de Pedro", para repor os prelados que morreram ou se aposentaram por limite de idade.

Apesar da notável capacidade de trabalho de João Paulo II, torna-se impossível um rápido despacho dos informes e das avaliações dos nomes. "Queimar etapas em assunto tão transcendental significaria, inevitavelmente, abandonar as eleições episcopais em mãos curiais (da Cúria Romana). Então o remédio seria muito pior que a enfermidade."

Por isso, após recordar métodos de nomeação ao longo da história, em que as comunidades e o clero local elegiam os bispos, e mesmo nos tempos modernos, onde em algumas dioceses da Suíça o cabido da catedral cumpre esse papel, a revista propõe: "Não seria oportuno e conveniente que o papa delegasse sua faculdade de eleição às conferências episcopais, reservando-se somente a aprovação definitiva dos Bispos já eleitos?"

Segundo *Razón y Fe*, o novo sistema seria mais eficiente, suprimindo instâncias intermediárias, mas com a mesma segurança do sistema atual. Aliás, seria até melhor, porque derivaria de "uma tomada superior de consciência por parte dos colégios episcopais nacionais e traria consigo, geralmente, um melhor e mais cordial conhecimento dos possíveis candidatos sem a inevitável despersonalização que os informes arrastam consigo".

Além de apressar a provisão das "sedes vacantes", cuja orfandade tanto prejudica o governo diocesano, a revista conclui: "Este protagonismo das conferências episcopais, devidamente assessoradas pelos conselhos de presbíteros e pastorais, não somente na elaboração, como também na tomada de decisões que tanto afetam o mesmo colégio, parece estar perfeitamente de acordo com a eclesiologia do Vaticano."

A confirmação dos novos bispos é das poucas coisas que a CNBB não sabe. Em palestra para empresários da Associação de Dirigentes Católicos de Empresas (ADCE), dia 14 de setembro de 2010, na Fiemg, em Belo Horizonte, dom Dimas explicou que a CNBB "é onde funciona, de verdade, o velho ditado brasileiro — vá reclamar com o bispo".

Ali não há rotina. Tanto que ele precisou se afastar do cargo de bispo auxiliar do Rio de Janeiro para dar conta do recado. Residiu em Brasília, enquanto serviu à CNBB. O secretário-geral da CNBB é quem negocia com o governo federal, o Congresso Nacional, o corpo diplomático, a imprensa, os movimentos sociais, sem falar no cuidado permanente para com os bispos brasileiros com algum problema a resolver.

Possivelmente, não existe páreo para ele no episcopado brasileiro quando o assunto é matemática (é engenheiro egresso do ITA) e como se faz lei no Brasil. Dom Dimas demonstra raro e excepcional conhecimento do funcionamento da Câmara dos Deputados e do Senado Federal. Diz que aprendeu, em Brasília, a importância do trabalho desenvolvido nas comissões parlamentares e como funciona o voto de liderança. A vivência próxima do Parlamento foi decisiva para que tivesse final feliz um projeto de iniciativa popular — a Lei da Ficha Limpa, que, com mais de um milhão e 500 mil assinaturas, obrigou o Congresso Nacional a votar normas que impedem o candidato com ficha suja de disputar eleições.

Dom Dimas, cujo lema é "Servir com Alegria", "*Servire in Laetitia*", revelava, antes da vitória eleitoral da presidente Dilma Rousseff, preocupação com o Brasil pós-eleição 2010: "Se o governo tiver maioria esmagadora no Congresso, pode virar uma ditadura." Mas reconhecia, também, que sem maioria o governo não consegue governar.

Na época, temia sobretudo, no governo da presidente Dilma Rousseff, o recrudescimento "da mentalidade estatizante e anticlerical" que constatou existir nos segundo e terceiro escalões do governo Lula, durante as negociações conduzidas pela CNBB para revisão da Lei da Filantropia. "Eu disse aos técnicos: quem está aqui representa quinhentos anos de presença em filantropia no Brasil. Não somos nenhuma pilantropia." Ele considera as eleições na CNBB as mais democráticas do Brasil: todos os bispos são candidatos a todos os cargos.

Em 4 de maio de 2011, dom Dimas Lara Barbosa, até então bispo auxiliar do Rio de Janeiro, foi promovido a arcebispo de Campo Grande, capital do Mato Grosso do Sul, pelo papa Bento XVI. Sucedeu ao salesiano dom Vitorio Pavanello, que deixou o governo pastoral da arquidiocese por ter caído na "expulsória" eclesiástica do limite de idade. Dom Pavanello, catarinense de Presidente Getúlio, permaneceu por 28 anos em Campo Grande, aonde chegou em 1983. Eram 13 paróquias e sete padres. Hoje são 41 paróquias e mais de cem sacerdotes, segundo o velho arcebispo.

Em seu lugar na secretaria geral da CNBB assumiu o bispo da prelazia de São Félix, no Mato Grosso, dom Leonardo Ulrich Steiner, OFM, catarinense de Forquilhinha e primo do cardeal dom Paulo Evaristo Arns. Ele foi eleito secretário-geral da CNBB no dia 10 de maio de 2011, com 201 votos dos 268 votantes. Dom Steiner quebra a tradição de se colocar no cargo um bispo auxiliar, como vinha ocorrendo desde 1979.

CAPÍTULO 22　Lágrimas na Basílica

Dom Paulo Evaristo, cardeal Arns, é cria do papa Paulo VI, que o nomeou bispo. Tinha tudo para ser bispo, mas não queria. Ele conta que recusou três vezes, por escrito. Naquela época, lembra-se o arcebispo emérito de São Paulo, o candidato escolhido pelo Vaticano recebia do núncio apostólico um cartão dizendo que fora nomeado bispo pelo papa. O candidato tinha direito de refletir por cinco dias. Nesse período, podia consultar dois padres, seus conselheiros: o confessor e um amigo. "Mais ninguém."

Franciscano nascido em 1921 na localidade de Forquilhinha, município de Criciúma, em Santa Catarina, Paulo Evaristo Arns completou os estudos em Paris e foi ordenado padre em 1945. Estudou letras na Universidade de Paris–Sorbonne, onde também obteve o doutorado, em 1952. Sua tese, "Très Honorable", focou *A técnica do livro em são Jerônimo*.

Ainda em Paris, frei Arns frequentou os Hautes Études e a École Supérieure de Pédagogie. De volta ao Brasil, deu aulas nos seminários franciscanos, inclusive no Teologado de Petrópolis. Ele preenchia os requisitos principais exigidos para o episcopado: tinha doutorado, experiência na formação de seminaristas e no ministério paroquial, no caso entre os pobres dos morros de Petrópolis.

Frei Arns ficou com o comunicado do núncio no bolso durante cinco dias. E viajou para Roma, para cuidar de assuntos da Ordem dos Franciscanos. O núncio apostólico era dom Sebastiano Baggio, mais tarde cardeal. O frade brasileiro recusou a nomeação até que, na terceira vez, o cardeal prefeito da Congregação dos Bispos, dom Carlo Confalonieri, disse-lhe: "Olhe, o papa não pede — ele manda. Você não tem desculpa de doença nem de incapacidade."

O brasileiro perguntou ao cardeal: "O papa manifestou pessoalmente seu desejo e sua vontade?" O cardeal não titubeou, retorquindo de imediato: "É desejo explícito e expresso do Santo Padre, o papa Paulo VI" (*Da esperança à utopia*).

Foi assim que o frade franciscano foi feito bispo auxiliar de São Paulo.

Deixei os aposentos centenários do cardeal prefeito da Congregação dos Bispos e me dirigi, de imediato, à Basílica de são Pedro, onde olhei para o lugar em que — eu sabia, pelas informações do professor da Sorbonne — estavam os restos mortais de São Pedro. Então, pela primeira vez na vida adulta, quanto me lembro, eu chorei. Chorei tanto, que uma pessoa desconhecida veio bater-me no ombro perguntando: "O senhor padre está se sentindo mal?" Respondi: "Sim, mas só Deus pode curar esta fraqueza que no momento me invade o corpo e a alma. Estávamos no dia 2 de maio de 1966" (*Da esperança à utopia*).

A sagração episcopal, presidida pelo cardeal Rossi, ocorreu em 3 de julho do mesmo ano. A cerimônia, por sugestão de sua mãe, dona Helena, realizou-se em Forquilhinha, no estado de Santa Catarina.

Dom Arns conta como aconteceu no livro *Da esperança à utopia*. De volta de Roma, o cardeal arcebispo de São Paulo, dom Agnelo Rossi, perguntou a seu novo auxiliar onde ele queria ser ordenado bispo. Dom Paulo ficou na dúvida: em Petrópolis, onde estudou, foi professor e trabalhou nas favelas; em Curitiba, onde a família morava; ou em Forquilhinha, sua terra natal. "Já que há dúvidas, pergunte à senhora sua mãe", sugeriu o cardeal Rossi.

No dia seguinte, festa do Corpo de Deus, eu me dirigi a Curitiba, onde encontrei minha mãe cercada de diversos irmãos e irmãs, e ouvi de imediato a pergunta: "Onde vai ser sua ordenação?" A resposta todos já podem adivinhar: "No lugar que a mãe desejar." Todos riram, lembrando que ela havia dito: 'Se o Paulo me perguntar, vou dizer-lhe que sempre se volta às raízes em momentos importantes da vida" (*Da esperança à utopia*).

Em 1970, foi nomeado arcebispo metropolitano de São Paulo e no consistório de março de 1973 o papa Paulo VI deu-lhe o chapéu de cardeal. Ele permaneceu em São Paulo até aposentar-se, por limite de idade, em 1998, com 76 anos. Amado pela população e perseguido pelo regime militar, irradiou sua luz de defensor dos pobres e dos perseguidos políticos, sobretudo nos anos de chumbo da ditadura militar brasileira. Ele presidiu, na catedral da Sé, a missa do sétimo dia de Vladimir Herzog, torturado e assassinado em 1975 nos porões da ditadura.

Em 1997, às vésperas de deixar o comando da arquidiocese, dom Arns concedeu entrevista ao jornal O *São Paulo*. Respondendo à pergunta como gostaria de ser lembrado na história da Igreja, assim se expressou:

> Eu gostaria de ser lembrado como amigo do povo. Porque eu defendi os direitos humanos de todo o povo, sem olhar religião, sem olhar ideologia, sem olhar para as capacidades ou possibilidades das pessoas que eram perseguidas, mas sim para que todas elas tivessem seus direitos garantidos e a dignidade humana revelasse o amor divino.

Depois de visitá-lo em julho de 2011, Leonardo Boff, seu ex-aluno em teologia, escreveu: "Três paixões marcam a vida do mais importante de nossos cardeais no século XX: a paixão incandescente por Deus, a paixão pelos pobres na perspectiva de sua libertação e a paixão pela inteligência. Para dom Paulo, Deus não é um conceito teológico, mas uma experiência de entendimento e de fascinação. Ele pode falar de direitos humanos, denunciar sua sistemática violação, e de falta de justiça social. E o faz bem. Mas deixemo-lo falar de Deus para percebermos que suas palavras ganham doçura e profundidade, pois comprovam o que Pascal dizia: "É o coração que sente Deus, não a razão."

O arcebispo de Mariana, dom Luciano Mendes de Almeida, contava que nunca se imaginou bispo. "Eu nunca pensei, nem por sonho, em ser bispo: sacerdote, sim; bispo, não. A razão é clara, porque nós religiosos, inclusive, fazemos votos de não pretendermos ser bispo. Esse voto foi tão profundo em 1965, que excluiu do meu horizonte qualquer perspectiva episcopal."

E prossegue: "Por isso, fui surpreendido quando, em janeiro de 1976, fui chamado à nunciatura — eu pensava que para outras finalidades —, quando o núncio (na época, dom Carmine Rocco) me comunicou que havia essa destinação, essa decisão do papa Paulo VI de que eu fosse bispo auxiliar."

O que dom Luciano não contou é que sua nomeação para bispo auxiliar da arquidiocese de São Paulo foi arrancada a fórceps. Foi preciso a intervenção pessoal do papa Paulo VI. O cardeal arcebispo de São Paulo, dom Paulo Evaristo Arns, revela em seu livro *Da esperança à utopia* que conseguira a nomeação de quatro bispos auxiliares em dezembro de 1974: dom Mauro Morelli, dom Angélico Sândalo Bernardino, dom Joel Ivo Catapan e dom Francisco Manuel Vieira. O cardeal queria mais dois.

Fixara-se em dois sacerdotes que considerava aptos a dar prosseguimento ao trabalho de organização em regiões pastorais da maior arquidiocese do mundo. Os escolhidos eram "o padre Luciano Mendes de Almeida, secretário dos jesuítas de todo o Brasil, e monsenhor Antônio Celso de Queiroz, do clero de Campinas e subsecretário da Conferência Nacional dos Bispos do Brasil".

Dom Arns prossegue: "Para a apresentação desses dois ao Santo Padre, foi travada uma grande batalha, e nela o então prefeito da Congregação dos Bispos, dom Sebastião Baggio, me prestou uma ajuda pela qual lhe sou grato por toda a existência." O cardeal brasileiro não revela "as objeções à escolha, porque todas elas se desfizeram", inicialmente, numa reunião em Roma com dom Baggio e com o núncio dom Carmine Rocco, "num diálogo franco mas reservado ao coração de Deus". O assunto voltou "em seguida numa conversa íntima e prolongada com o papa Paulo VI".

Dom Paulo Evaristo Arns narra que, no fim do encontro, Paulo VI solicitou-lhe que escrevesse os nomes dos dois candidatos a bispo "e me dirigiu uma única pergunta: 'Eles são, de fato, as pessoas que o senhor mais deseja ou há alguma dúvida?.'" Diante da resposta decidida, o papa disse: "Eu aguardo a conversa com o prefeito da Congregação e lhe darei resposta quando Vossa Eminência voltar da Terra Santa, que pretende visitar pela primeira vez."

Sem saber do trabalhão que dava a dom Arns, dom Luciano hesitava:

> Eu escrevi uma carta ao papa, dizendo a ele que de muita boa vontade obedeceria a tudo o que ele desejasse e perguntava se poderia ser algo diferente do que ele dizia, para que fosse mais condizente com a minha vocação. Enviei a carta por meio do núncio, só que, no dia seguinte, antes que qualquer carta me chegasse de Roma, veio a nomeação e eu, naturalmente, aceitei como Vontade de Deus.

Até porque, segundo as constituições escritas pelo seu fundador, Inácio de Loyola, em 1554, os jesuítas integram uma organização que segue disciplina rígida. Textualmente, eles devem obediência ao papa *perinde ac cadaver*, nas palavras de santo Inácio. Obediente como um cadáver. Para que tudo seja, no lema dos jesuítas, "*Ad maiorem Dei gloriam*" — para a maior glória de Deus.

O bispo auxiliar do Porto, em Portugal, dom João Miranda Teixeira, contou que pediu um tempo para pensar, antes de aceitar a nomeação episcopal. Em entrevista à agência Ecclesia, em julho de 2008, o prelado português disse como recebeu a notícia: "Fiquei não direi perturbado, mas ansioso."

Ele pensou durante dois dias: "Dormi muito mal. É sempre uma perturbação." Aconselhou-se com dom Júlio Tavares Rebimbas, que lhe disse: "Não se pode dizer que não." Hesitante, Miranda Teixeira respondeu que "a Igreja não ordena bispos à força", mas acabou aceitando. Escolheu como lema episcopal palavras da Virgem Maria, no "Angelus": "Faça-se em mim segundo a tua palavra." A nomeação, assinada em 13 de maio de 1983 pelo papa João Paulo II, foi anunciada de público oito dias depois, em 21 de maio.

Já outro bispo português, dom Antônio Couto, contou também à Ecclesia (setembro de 2008) que levou apenas cinco minutos para responder ao núncio. Foi durante um retiro espiritual. "Quando o núncio apostólico chegou, eu pensava que seria uma conversa como muitas outras que habitualmente tínhamos sobre assuntos da Sociedade da Boa Nova. Mas disse-me que eu tinha sido nomeado para titular da diocese de Azura e auxiliar da diocese de Braga. Aceita?"

"Eu ouvi isto, ele calou-se e estivemos em silêncio uns bons cinco minutos a olhar um para o outro." Ele ficou paralisado. Então lembrou-se de que, na Bíblia, Moisés e Jeremias, quando chamados, dizem "mas eu não sei falar". Dom Antônio diz: "Foi isto que eu senti." Para ele, a atitude bíblica, em circunstâncias dessa natureza, "é ficar em silêncio", e, "se é de Deus, então que seja o que Deus quiser".

CAPÍTULO 23 Sem medo do Santo Ofício

Até completar 75 anos e ser aposentado pelo papa, bispo bom é bispo calado. Alforriados depois de declarados eméritos, eles, então, começam a falar e, sobretudo, a escrever. É o exercício da *parrhesia*, que em grego antigo significava liberdade de palavra, de falar tudo nas assembleias de Atenas. Com franqueza.

"Diante da excessiva concentração dos poderes em Roma, é bom que alguns bispos tenham a coragem de dizer o que pensam", afirma o polêmico e respeitado padre Joseph Comblin no prefácio de um desses livros, de autoria do emérito dom Clemente Isnard.

Segundo Comblin, dom Isnard, já nonagenário, "expressa o que muitos bispos pensam, mas não podem dizer". A idade dá a eles imunidade. Progressistas ou conservadores, esses anciãos da Igreja sopram a poeira depositada sobre a Igreja ao longo dos anos e contribuem para a caminhada eclesial, interrompida após os avanços registrados nos tempos do Concílio Vaticano II.

No Brasil, o beneditino dom Clemente Isnard, emérito de Nova Friburgo (RJ), publicou, em 2008, *Reflexões de um bispo sobre as instituições eclesiásticas atuais*, que, apesar das poucas páginas, é mais polêmico do que o catatau de dom Biffi.

Aos 90 anos, dom Isnard "bota pra quebrar": sai em defesa de todos os pontos anatematizados pelo Vaticano, tais como o fim do celibato obrigatório, a ordenação de mulheres, a participação dos leigos na escolha dos bispos. No caso da ordenação de homens casados, ele tinha a companhia do papa Paulo VI, que estimulou o cardeal Paulo Evaristo Arns a defender a ideia (*Da esperança à utopia*).

O ex-monge beneditino, que foi vice-presidente da CNBB e do Conselho Episcopal Latino-Americano (CELAM), não se limitou a publicar o livro, que, a pedido do núncio apostólico Lorenzo Baldisseri, não saiu pela editora católica Paulus. Ele não se recusou a dar entrevistas à imprensa sobre o livro, de apenas quarenta páginas e muita polêmica, publicado pela editora Olho d'Água.

Em Recife, onde fez o lançamento do livro na Igreja das Fronteiras, bairro do Derby, em homenagem ao ex-arcebispo local Helder Câmara, dom Isnard disse ao jornalista Jailson da Paz sobre a nomeação dos bispos: "Em nossos dias, o povo não é ouvido na eleição, mas pode se manifestar na hora do enterro." Ele sugeriu que a Igreja ouvisse homens e mulheres engajados na comunidade local, porque o ideal seria o retorno aos primórdios da Igreja, quando o povo participava da escolha dos bispos.

A mudança, explicou o bispo, seria até boa para os cofres do Vaticano. Porque "a descentralização das nomeações episcopais traria um alívio notável para as finanças da Sé Apostólica, uma vez que o pessoal da nunciatura não precisaria ser tão numeroso". Ele contou, ainda, que todos os bispos da Regional Leste 1 da CNBB lhe pediram, por carta, que não publicasse o livro, porque poderia haver más interpretações, ruins para a Igreja.

Dom Isnard fez apenas uma concessão: por sugestão de um padre amigo, aceitou excluir um capítulo sobre os bispos auxiliares nas dioceses, com base em seus trinta anos de bispo. As mudanças necessárias, argumentou, são tantas que só a convocação de um novo concílio ecumênico resolveria. Inclusive para dar ocupação pastoral aos bispos eméritos, que após deixarem a diocese, quando completam 75 anos, ficam vagando por aí. Dom Isnard morreu em agosto de 2011, com 94 anos e 51 anos de bispo.

Na Itália, o cardeal Giacomo Biffi publicou, em 2007, o livro autobiográfico *Memorie e digressioni di un italiano cardinale*, em que já no prólogo cita santo Ambrósio, que foi bispo de Milão, onde o autor também nasceu: "Para um bispo não há nada mais perigoso diante de Deus, e um tanto vergonhoso diante dos homens, quanto não proclamar livremente o próprio pensamento."

E, em 640 páginas, Sua Eminência Reverendíssima de 80 anos, arcebispo emérito de Bolonha, põe em prática a declaração de santo Ambrósio. A revista *L'Espresso* observa que Biffi silencia, como que por desaprovar sua atuação, sobre os cardeais milaneses Carlo Maria Martini, de quem foi bispo auxiliar por quatro anos, e Dionigi Tettamanzi, na época, titular do Duomo.

Biffi faz restrições ao papa João XXIII, segundo *L'Espresso*, "bom papa, péssimo mestre"; discorda da mania de João Paulo II de pedir perdão publicamente em nome da Igreja por isso ou aquilo, e apoia Bento XVI por afirmar a Igreja Católica como a única e verdadeira.

Ainda na Itália, saiu, em 2008, o livro-entrevista *Diálogos noturnos em Jerusalém*, do ex-arcebispo de Milão, cardeal Carlo Maria Martini, em parceria com o padre romeno Georg Sporschill, também jesuíta. O livro, que no Brasil saiu pela Paulus, foi bem aceito nos círculos universitários eclesiásticos por assumir posições corajosas, como o elogio a Lutero e a defesa da reforma da Igreja.

O livro de Martini, afirma o teólogo Carlo Tursi, em *Ecooos*, dos padres combonianos, "é um convite ao rejuvenescimento da Igreja" e pode ser considerado seu testamento. O cardeal emérito de Milão, adoentado e já passado dos 80 anos, toca em pontos delicados na Igreja de João Paulo II e de Bento XVI, como celibato sacerdotal, ordenação de mulheres e homossexualidade. Ele não condena os gays, mas é duro quanto à pedofilia no clero.

Outro livro, que propõe a abertura da Igreja para o diálogo, veio à luz também em 2008, com o pensamento de dom Aloísio Lorscheider, já falecido. "Tem que discutir, mesmo que não se chegue a uma conclusão. Na discussão aparece muita luz. Na Igreja há sempre um receio de discutir os problemas", diz o cardeal franciscano, arcebispo emérito de Fortaleza, em declarações colhidas pelos teólogos Carlo Tursi e Geraldo Frencken que resultaram no livro, em feitio de entrevista, *Mantenham as lâmpadas acesas*.

Sobre a ordenação sacerdotal de mulheres, dom Aloísio responde com simplicidade franciscana: "Não vejo por que não." Sobre o livro, afirmou o bispo emérito de Nova Friburgo, dom Clemente Isnard: "A ideia da ordenação sacerdotal de mulheres é nova na Igreja. É ideia que ainda está crescendo. O livro *Mantenham as lâmpadas acesas*, do cardeal Lorscheider, explica bem esse ponto nas páginas 58 e 59. O assunto fica em aberto. Pode-se ter esperança ainda."

A esperança virou realidade e em setembro de 2009 causou *frisson* entre os associados brasileiros do Movimento dos Padres Casados. O padre casado João Tavares enviou e-mail a todo o grupo, reproduzindo um artigo, em espanhol, recebido de Gladys Parentelli, que participou, segundo ele como observadora, do Concílio Vaticano II.

É um texto de Olga Lucia Alvarez Benjumea sobre "ordenação de mulheres, por dom Félix Maria Davidek, bispo católico na Checoslováquia, nos anos 1970 e 1980, no contexto da Igreja do Silêncio, perseguida pelos regimes comunistas da Europa central e oriental".

Davidek, que nasceu em 1921 e morreu em 1988, afirma o texto, "é o bispo que ordenou as primeiras mulheres sacerdotes na Igreja Católica Romana". Ele teria ordenado seis mulheres, segundo divulgou a revista internacional de teologia *Concilium*, n. 281, de junho de 1999.

A ordenação de mulheres, bem como de homens casados, teria sido necessária para a sobrevivência da Igreja do Silêncio no regime comunista. O checo Félix Davidek nasceu em 1921, em Chrice, e foi ordenado padre em Brno, em 1945. Foi preso em 1952 e sentenciado a 14 anos de cadeia. Solto em 1964, o papa Paulo VI concedeu-lhe a mitra em 1967, mas foi um bispo sem diocese, por causa da perseguição do regime.

Ele fundou uma organização clandestina chamada Koinotés, que reunia homens e mulheres dispostos a manter viva a fé cristã naquele ambiente totalitário e ateu. Em 1970, Davidek convocou um pequeno sínodo de que participaram cerca de sessenta pessoas, entre elas padres e bispos checos. E à luz da doutrina do Vaticano II e das Escrituras, como a carta de são Paulo que via igualdade das mulheres e dos homens, resolveu ordenar mulheres.

Após a queda do Muro de Berlim, o papa João Paulo II, segundo o texto, determinou a "reordenação", sob condição em caso de dúvida, por causa das circunstâncias em que foram realizadas, mas não legitimou a ordenação das mulheres. As tratativas e os documentos foram conduzidos em 1992 pelo então cardeal Ratzinger e pelo arcebispo Tarcisio Bertone, hoje cardeal secretário de Estado do papa Bento XVI.

Se os bispos só "abrem o jogo" depois da aposentadoria, os teólogos pós-Vaticano II não fazem segredo de seus estudos (e de suas críticas) sobre a atuação da Igreja no mundo contemporâneo. Um destaque especial, em suas análises, para a questão da nomeação dos bispos. Essa, segundo eles, é a chave da compreensão de como a Igreja Católica funciona e atua para apascentar seu rebanho de um bilhão de fiéis no mundo.

A questão da escolha dos bispos, na opinião deles, explicita, a partir do Concílio Vaticano I, a centralização do poder eclesiástico na Cúria de Roma, o fortalecimento do papa e o enfraquecimento dos bispos, com a desmontagem das conferências episcopais pelo mundo afora.

Mutatis mutandis, a questão da Igreja assemelha-se, no mundo profano, às observações do sociólogo e historiador argentino Natalio Botana, no jornal *La Nación* de 26 de novembro de 2009, sobre a dependência do governos estaduais.

Diz Botana que, na Argentina, os estados cumprem o papel de sucursais da casa matriz do governo nacional. O povo chama esse sistema de "A Caixa" — de quem acumulou dinheiro e assim pode disciplinar a dita autonomia dos estados, mediante favores, prêmios e castigos. Com isso, aos governadores cabem apenas três caminhos: a submissão, que os transforma em satélites do príncipe; buscar o quase impossível equilíbrio de manter independência sem rompimentos; ou padecer agressões sistemáticas.

CAPÍTULO 24   A conversão dos bispos

Os bispos são chamados a servir de luz no mundo, principalmente em tempos de trevas. Daí cresce a importância de se selecionarem bem os candidatos à mitra. Um episcopado formado por pessoas conscientes de sua missão de ajudar a disseminar a boa-nova de Jesus, com a defesa dos pobres, dos injustiçados, da cidadania e da liberdade.

No Brasil, houve um tempo em que os bispos deixavam a desejar. Para desgraça do povo humilde e vergonha da Igreja. Foi o que aconteceu no tempo da escravatura negra, que durou mais de três séculos.

Houve exceções. Dom Viçoso é uma delas. O jovem Silvério Gomes Pimenta, de Congonhas, foi matriculado no Seminário de Mariana, sob a proteção do bispo dom Viçoso. Antônio Ferreira Viçoso nasceu em 13 de maio de 1787, em Peniche, na província de Leiria, em Portugal. Estudou nos seminários de Santarém e no lisboeta Rilhafoles. Ordenou-se padre vicentino em 1818.

No ano seguinte, foi mandado ao Brasil pelos seus superiores da Congregação da Missão, como missionário, em companhia do padre Leandro Rebello Peixoto e Castro, e juntos fundaram a primeira província vicentina no Brasil. Sobre a escravidão, padre Viçoso discordou, por escrito, do padre Leandro, seu professor em Portugal, companheiro de viagem para o Brasil e superior diretor do Colégio do Caraça, que era escravagista. Segundo padre José Tobias Zico, padre Leandro "chegou a escrever um opúsculo defendendo a legitimidade da escravatura no Brasil e até a legitimidade do tráfico de negros da África" (*Congregação da Missão no Brasil — Resumo histórico: 1820–2000*).

Diz padre Zico, um historiador minucioso da presença dos lazaristas no Brasil, que o padre Antônio Ferreira Viçoso "não concordou com a tese de um eclesiástico respeitável da província de Minas, e se viu obrigado, em consciência, a refutá-la, escrevendo, em 1840, outro opúsculo, bem maior que o primeiro, intitulado *Escravatura ofendida e defendida*". Padre Zico assinala: "Isto, cinquenta anos antes da Lei Áurea."

Em 1843, foi nomeado bispo de Mariana, o sétimo na linha histórica da diocese. "Estava o Pe. Viçoso preocupado com suas novas atividades em Campo Belo, quando recebeu o Ofício Imperial com a data de 3 de março, nomeando-o Bispo de Mariana", conta padre Zico. O historiador lazarista e ex-diretor do Caraça informa, ainda, que dom Viçoso foi sagrado bispo no Mosteiro de São Bento, no Rio de Janeiro, em 5 de maio de 1844. "Mais tarde recebeu do Imperador Pedro II o título de Conde da Conceição."

O bispo lazarista permaneceu em Mariana por 31 anos, até a morte, em 1875, com 88 anos. Seu biógrafo, afilhado e sucessor no trono de Mariana, dom Silvério Gomes Pimenta, destacou suas virtudes cristãs e deu início ao processo de beatificação, ainda em andamento.

Em outras biografias, o ex-padre lazarista Maurílio Camello focou sua obra na difícil empreitada de reformar o decaído clero de Mariana. Padre Lauro Palú, seu confrade vicentino, ressalta em dom Viçoso a defesa "da autonomia da Igreja contra as intervenções abusivas do poder civil (regime do padroado) e contra as agressões do liberalismo e da maçonaria".

Dom Viçoso destoava pela santidade e pela pregação contra a escravidão negra, aceita como natural pela maioria do episcopado brasileiro. Seus confrades lazaristas não parecem ter seguido seu exemplo, e até meados de 1960, em pleno Concílio Vaticano II, relutavam em aceitar alunos negros no Colégio do Caraça.

Ressalte-se, no entanto, que "com a Lei do Ventre Livre, assinada pela princesa Isabel em 1871, foram os padres dando liberdade não só aos nascidos (como era a lei) mas também aos pais, que podiam continuar no Caraça como empregados ou retirar-se. Em 1873, já não havia escravo no Caraça. Eram ajudados na aquisição de terrenos e na construção da própria casa" (*Companhia da Missão no Brasil*).

Padre Zico conta, em seu livro, que em 1879 os lazaristas deram alforria aos 59 escravos de sua casa na cidade mineira de Campo Belo. O superior-geral da congregação, padre Antônio Fiat, elogia, em carta, a libertação dos escravos. "Padre ecônomo é que não ficou contente com os problemas surgidos", escreve padre Zico, observando que "para cuidar do gado, das plantações, da horta, da limpeza da casa etc., o jeito foi correr atrás de alguns ex-escravos mais trabalhadores e espertos, para contratá-los como operários".

Silvério era negro. Ordenou-se padre em 1862. Mais tarde, o papa Leão XIII o nomeou bispo de Mariana, em 1890. Esse grande pontífice era mais progressista do que a Igreja no Brasil.

Historiador, professor de História da Igreja no Seminário Maior de Mariana e autor de livros apologéticos sobre o comportamento da Igreja nos tempos da escravatura no Brasil, o cônego José Geraldo Vidigal de Carvalho afirma que há muitos outros exemplos de condenação à escravidão por parte de padres e bispos.

Instigado pelo arcebispo de Mariana, dom Oscar de Oliveira, o cônego José Geraldo Vidigal de Carvalho escreveu obras bem-documentadas que procuram contestar os críticos, como *A Igreja e a escravidão — Uma análise documental*, Presença/Pró-Memória, Instituto Nacional do Livro, 1985; *A escravidão. Convergências e divergências*, Editora Folha de Viçosa, 1988; e *Temas de História da Igreja no Brasil*, Editora Folha de Viçosa, 1994.

Mas Leão XIII tinha conhecimento de que no Brasil os beneditinos eram donos de 4 mil escravos para o trabalho em suas quarenta fazendas e sete engenhos, segundo relato do Ministério da Agricultura, Comércio e Obras Públicas em 1870 (*A Igreja no Brasil*, Vozes). Os carmelitas, com apenas 49 religiosos, segundo o mesmo relatório, possuíam 14 conventos, mais de quarenta fazendas e terrenos, 136 prédios, mais de 1.050 escravos, quatro engenhos, duas olarias, 910 cabeças de gado.

Os franciscanos, com "uns quarenta escravos", e os mercedários, com "um único religioso restante, duzentos escravos e quatro fazendas", ajudavam a compor o quadro edificante da Igreja no Brasil no pontificado de Pio IX. Até santos eram donos de escravos.

O jornal *O Abolicionista* criticava o clero e as ordens religiosas pelo péssimo exemplo de "serem senhores de escravos". Segundo o jornal, "só o clero brasileiro tolera que os próprios santos possuam escravos". Havia escravos de Nossa Senhora do Carmo, de São Bento, de São Francisco... (*História da Igreja no Brasil*).

Com poucas exceções, os bispos não levantavam a voz a favor dos negros, como fizeram os jesuítas na defesa dos índios. Joaquim Nabuco observou que na Questão Religiosa de 1873–1875, dois bispos — dom Vital e dom Macedo Costa — foram presos porque tiveram a coragem de "atacar a maçonaria, mas nenhum bispo pregava do alto do púlpito contra a escravidão negra" (*História da Igreja no Brasil*).

Joaquim Nabuco ousou escrever em artigo para o jornal *O Paiz*: "Quando se escrever a história da Igreja brasileira não se há de registrar um só fato (senão de dedicações pessoais) que a honre nesse grande movimento que se apossou do coração nacional! O abolicionismo tem procurado por todos os meios chamar a si o concurso da Igreja", argumentava. "Mas, apesar disto, nada conseguimos e ainda não houve no Brasil bispos que levantassem a voz contra a escravidão, como os houve para levantar a voz contra a maçonaria, apesar de estar a escravidão mais condenada por bulas pontifícias — e até por concílios — do que a maçonaria."

O cientista político e historiador José Murilo de Carvalho, autor de *Joaquim Nabuco e os abolicionistas britânicos* (Topbooks, 2008), concorda com o estadista pernambucano. Conferencista na Academia Mineira de Letras, a convite de seu presidente, Murilo Badaró, para falar, em 2010, sobre o centenário da morte de Joaquim Nabuco, José Murilo de Carvalho me disse que realmente a Igreja Católica não fica bem na foto durante o período da escravidão no Brasil.

Em 10 de fevereiro de 1888, o papa Leão XIII recebeu Joaquim Nabuco em audiência no Vaticano. O estadista brasileiro fora buscar uma palavra de apoio ao abolicionismo. Ele falou em francês com o papa, então com 78 anos de idade e na época celebrando o jubileu de ordenação sacerdotal, ocorrida cinquenta anos antes, em 31 de dezembro de 1837.

Para ser recebido em audiência, Nabuco apresentou ao secretário de Estado, cardeal Mariano Rampolla Del Tindaro, um memorial dos assuntos da conversa, em que afirmava que, naqueles tempos, o episcopado brasileiro já havia abraçado a causa abolicionista:

> Sem exceção quase, os bispos brasileiros declararam em pastorais que o modo mais digno e mais nobre de celebrar o aniversário sacerdotal de Leão XIII era para os possuidores darem liberdade aos seus escravos e para os outros membros da comunhão empregar em cartas de alforria os donativos que quisessem oferecer ao Santo Padre.

Nas tratativas preliminares, Nabuco ressaltou o comportamento exemplar de alguns bispos, enviando ao subsecretário de Estado, monsenhor Mocenni, "a recente pastoral do bispo do Rio" e "as pastorais dos bispos de Mariana, do Rio Grande do Sul e do arcebispo da Bahia". Em particular, elogiou "a admirável carta do bispo de Diamantina".

O bispo de Diamantina, dom João Antônio dos Santos, o do Rio de Janeiro, dom Pedro Maria de Lacerda, e o da Bahia, dom Luiz Antônio dos Santos, integraram o grupo daqueles seminaristas que dom Viçoso enviara a Roma para estudar no Pio Latino. Coube ainda a dom Viçoso impor a todos três a mitra episcopal.

O bispo de Mariana era dom Antônio Maria Corrêa de Sá Benevides e o de São Pedro do Rio Grande era dom Sebastião Dias Laranjeira.

Nabuco recebeu de Leão XIII a promessa de divulgar uma encíclica condenando a escravidão e conclamando os católicos a libertar os escravos.

> Sua Santidade respondeu-me: — *Ce que vous avez à coeur, l'Église aussi l'a à coeur*. A escravidão está condenada pela Igreja e já devia há muito tempo ter acabado. O homem não pode ser escravo do homem. Todos são igualmente filhos de Deus, *des enfants de Dieu*. Senti-me vivamente tocado pela ação dos bispos, que aprovo completamente, por terem de

acordo com os católicos do Brasil escolhido o meu jubileu sacerdotal para essa grande iniciativa... É preciso agora aproveitar a iniciativa dos bispos para apressar a emancipação. Vou falar nesse sentido. Se a encíclica aparecerá no mês que vem ou depois da Páscoa, não posso ainda dizer... (*Minha formação*, capítulo 24).

Graças a manobras diplomáticas do gabinete conservador do Império, o apoio de Leão XIII ao movimento abolicionista só se fez notado no Brasil depois de a princesa Isabel assinar, em 13 de maio de 1888, a Lei Áurea, da abolição da escravatura. Nabuco lamentou "que a bela obra de Leão XIII só veio a ser publicada quando não havia mais escravos no Brasil". Como diziam, na década de 1960, os jovens e inflamados críticos do imobilismo eclesial no Seminário Coração Eucarístico de Belo Horizonte, a Igreja chegou com a lanterna após a procissão passar.

Um século depois, o episcopado brasileiro era bem diferente, até admirado pelo Sumo Pontífice de Roma. Os exemplos saltavam à vista. A começar pelo arcebispo de Olinda e Recife, dom Helder Câmara. Escreve Maria Clara Lucchetti Bingemer, decana do Centro de Teologia e Ciências Humanas da PUC do Rio de Janeiro:

> Quando, em 20 de abril de 1952, aquele frágil sacerdote nordestino foi nomeado bispo, escolheu como lema do seu ministério episcopal "In Manus Tuas". Provavelmente intuía, mas não sabia que era ao mesmo tempo uma profecia e um programa de vida. As três palavras latinas queriam significar sua entrega confiante nas mãos de Deus, seu único Senhor. Essa entrega levou-o longe pelos caminhos de um serviço criativo e profético ao povo de Deus, pelo qual pagou seu preço, mas que desempenhou alegre até o fim.

A princípio, como bispo auxiliar do Rio de Janeiro, onde atuou fortemente no campo social, dom Helder destacou-se como construtor de conjuntos habitacionais e criador do Banco da Providência, para atender a população pobre. Fundador da CNBB, dom Helder, segundo Maria Clara, "enchia auditórios e praças em Paris, Sydney, Londres, levando até ao abastado primeiro mundo a quase sempre ignorada realidade sofrida e oprimida dos pobres brasileiros".

A partir de 1964, passou a ser vigiado e censurado pelo governo militar. O governo tentou "calar as vozes daqueles que defendiam os direitos humanos e denunciavam a barbárie perpetrada pelas torturas nos porões da ditadura. Dom Helder foi confinado a um penoso ostracismo. Sobre ele não se falava ou noticiava. Seu acesso à mídia fechou-se. Ficou restrito à atuação intraeclesial, onde incansavelmente continuou trabalhando", escreve a teóloga da PUC–Rio. Mas "desde Recife, sua sede episcopal a partir de 1964, foi responsável por um dos mais bem-sucedidos focos de resistência ao regime militar".

Ela completa: "Homem universal, parece não existir um só campo de atividade que dom Helder não tenha tocado, vivido, atuado. Recebeu inúmeras homenagens e títulos pelo mundo afora: de cidadão honorário, de doutor *honoris causa*. Poeta e místico ardente, em seu pequeno quarto no Recife, levantava-se durante a madrugada para renovar seu lema de bispo, "*In Manus Tuas*".

Dom Ivo Lorscheiter, último bispo brasileiro nomeado pelo papa Paulo VI, é outro grande nome do episcopado do Brasil. Ele assumiu a CNBB, segundo Maria Clara, "no período mais obscuro do regime militar". E, com ele no comando,

> a Igreja brasileira adquiriu uma credibilidade sem-par no mundo inteiro. Por toda parte inclinava-se o ouvido para sentir por onde ia o episcopado brasileiro, traduzido pelas palavras de seu presidente. Outras latitudes e outras Igrejas observavam respeitosamente essa Igreja profética, que não recuava diante do poder desmedido e cruel de uma ditadura sangrenta.

Ela conclui: "dom Ivo, firme e serenamente, conduzia a Conferência com inspirada coragem."

O teólogo e historiador padre Joseph Comblin, falecido em 2011, tem uma data para o surgimento de uma etapa mais radical de vida evangélica na América Latina. Em palestra na Universidade Centro-

Americana José Simeón Cañas, em San Salvador, no dia 18 de março de 2010, Comblin afirmou:

> Se for preciso marcar a origem do novo evangelismo da Igreja latino-americana, eu diria — não se esqueçam — dia 16 de novembro de 1965. Nesse dia, em uma catacumba de Roma, quarenta bispos, a maioria latino-americana, incitados por Helder Câmara, se juntaram e assinaram o que se chamou de "Pacto das Catacumbas". Ali se comprometeram a viver pobres, na alimentação. Comprometeram-se, e de fato o fizeram depois, uma vez que chegaram às suas dioceses. E, depois, priorizar em todas as suas atividades o que é dos pobres, ou seja, deixando muitas coisas para se dedicar prioritariamente aos pobres e uma série de coisas que vão no mesmo sentido. Foram eles que animaram a Conferência de Medellín. Ou seja, nasceu aqui.

Ele continuou: "O Espírito Santo já naquele tempo havia suscitado uma série de pessoas evangélicas. As Comunidades Eclesiais de Base já tinham nascido. Já havia religiosas inseridas nas comunidades populares. Mas eram poucas e se sentiam um pouco marginalizadas no meio das outros. Medellín lhes deu como que legitimidade e ao mesmo tempo uma animação muito grande, e se expandiu. Foi toda a Igreja latino-americana? Claro que não. Sempre é uma minoria."

Padre Joseph Comblin acrescentou: "Isto foi uma época de criação, uma dessas épocas em que há, às vezes, na história como que uma efusão muito grande do Espírito. Mas temos que viver essa herança. É uma herança que é preciso manter, conservar preciosamente porque isso não vai reaparecer. Às vezes me perguntam: Por que hoje os bispos não são como naquele tempo? Porque aquele tempo foi uma exceção, ou seja, na história da Igreja é exceção."

O Espírito Santo, porém, não respeitou as regras da exceção e desceu sua luz sobre um bispo de um pequenino país da América Central e conduziu-o ao martírio. Dom Oscar Romero é um mártir assassinado durante um período em que a democracia padeceu sob regimes antidemocráticos e ditatoriais nos países do Terceiro Mundo. Era a época da

A CONVERSÃO DOS BISPOS

Guerra Fria que dividiu o mundo entre áreas de influência dos Estados Unidos e da União Soviética.

É o que conta Maria Clara Bingemer: "dom Oscar Arnulfo Romero y Gadamez nasceu em 15 de agosto de 1917, em Ciudad Barrios, El Salvador. Estudou e ordenou-se em Roma. De volta a El Salvador", conta ela, "conheceu a miséria profunda que assolava seu pequeno país". Foi feito bispo em 1977 por Paulo VI e nomeado arcebispo de San Salvador. "Ao chegar à capital do país, as correntes eclesiais mais progressistas não ficaram muito satisfeitas. O novo arcebispo tinha fama de conservador. Porém, os acontecimentos se precipitariam, dando uma guinada decisiva em sua vida."

Esta é a narrativa de Maria Clara sobre a morte de dom Romero:

> Em 1979, o presidente do país foi deposto por golpe militar. A ditadura se instalou e, pouco a pouco, se acirrou a violência. Reinava o caos político, econômico e institucional. De janeiro a março de 1980, foram assassinados 1.015 salvadorenhos. Os responsáveis pertenciam às forças de segurança e às organizações conservadoras do regime militar instalado no país.
>
> Nessa ocasião, dois sacerdotes foram assassinados por defenderem os camponeses que foram pedir abrigo em suas paróquias. Um deles era o jesuíta Rutilio Grande. Diante de seu cadáver, dom Romero experimentou profunda conversão. Deixou sua posição moderada e, com impressionante coragem, colocou-se sem medo no epicentro do conflito, falando e atuando. Sua intenção não era acirrar os ânimos, mas conscientizar as pessoas, sobretudo os responsáveis pelo poder, de que a paz só poderia vir pela via da justiça. E que os pobres não podiam ser massacrados pela injustiça e pela violência.
>
> No dia 24 de março de 1980, dom Romero foi fuzilado em meio aos doentes de câncer e enfermeiros, enquanto celebrava missa na capela do Hospital da Divina Providência, na capital de El Salvador. Enterrado pelo povo dilacerado pela dor e pela orfandade, seu nome foi incluído na relação dos 1.015 salvadorenhos assassinados, em 1980.

Pouco antes do assassinato, o jornalista José Maria Mayrink, enviado de *O Estado de S. Paulo* a San Salvador, entrevistou em 22 de março o arcebispo no Seminário São José, onde, segundo o repórter, ele acolhia os refugiados.

— O senhor não tem medo de morrer, dom Oscar?
— Em El Salvador, todos têm medo de morrer.

Escreve Mayrink em *Vida de repórter*: "Três dias depois, ele foi assassinado durante uma missa, no Hospital da Providência. Eu já estava de volta a São Paulo e ouvi a notícia pelo rádio. Reconstituí, de minhas anotações, em perguntas e respostas, a última entrevista do arcebispo mártir. Em minha bagagem trouxe também um bilhete dele para dom Paulo Evaristo Arns."

Em 22 de março de 2011, o presidente dos Estados Unidos, Barack Obama, visitou seu túmulo durante viagem oficial a El Salvador.

Numa fase de poucas estrelas, o colégio dos bispos procura manter acesa sua vocação pastoral de zelar pelo rebanho. Na Guatemala, um comunicado da Conferência Episcopal condenou energicamente a pena de morte e pediu sua abolição.

O texto, assinado por dom Pablo Vizcaino Prado, presidente da entidade, circulou em 22 de novembro, com o título "Não matarás", e afirma: "Censuramos como moralmente irresponsável a promoção da pena de morte como propaganda política, pois o desespero do cidadão pela ineficiência do sistema judicial se combate melhorando o sistema judicial e penitenciário e não aplicando a pena capital." (Zenit)

Nos Estados Unidos, dom Robert Bowman, bispo de Melbourne Beach, na Flórida, teve a coragem de enviar carta aberta ao então presidente Bill Clinton, em fins do ano 2000, comentando os ataques terroristas contra seu país.

> O senhor disse que somos alvos de ataques porque defendemos a democracia, a liberdade e os direitos humanos. Que piada! Somos alvos dos terroristas porque, em boa parte do mundo, nosso governo defende a ditadura, a escravidão e a exploração humana. Somos alvos de terroristas porque nos odeiam. E nos odeiam porque nosso governo faz coisas odiosas.

A CONVERSÃO DOS BISPOS

Piloto de caça do Exército americano e conhecido por ter realizado 101 missões de combate durante a guerra do Vietnã, o bispo Robert Bowman elenca uma série de ações bélicas equivocadas no mundo. Disse que em vez de "matar árabes e de patrocinar rebeliões, a desestabilização e o terror no mundo inteiro, deveríamos abolir a CIA", financiar agências humanitárias e mandar os jovens americanos para alimentar as crianças famintas. Isso tudo ele escreveu antes do atentado de 11 de setembro de 2001, contra as Torres Gêmeas, em Nova York. (*National Catholic Reporter*, 2/10/1998)

No Brasil, a CNBB liderou, em 2010, uma impressionante campanha popular que coletou mais de um milhão de assinaturas contra a corrupção na política, que resultou no projeto da Ficha Limpa, mais tarde aprovada pelo Congresso. Pela nova lei, não podem disputar as eleições candidatos condenados pela Justiça.

Apesar de o Supremo Tribunal Federal haver decidido, cinco meses depois das eleições de outubro de 2010, que a Ficha Limpa só valeria para o pleito de 2012, o então secretário-geral da CNBB, dom Dimas Lara, disse que ela é "um patrimônio ético da soberania popular e da sociedade brasileira". Segundo ele, "a consciência ética brasileira, através de seus organismos mais significativos, aqui incluída a CNBB, saudou a mencionada lei como um valioso instrumento de aperfeiçoamento das instituições e da credibilidade dos representantes da soberania popular".

Outro exemplo: 14 bispos da Regional 5 da CNBB divulgaram, no início de 2011, carta criticando a situação de pobreza do estado do Maranhão, administrado pela governadora Roseana Sarney, filha do ex-presidente da República e todo-poderoso presidente do Senado José Sarney. O documento é intitulado "Ao ver as multidões, Jesus encheu-se de compaixão" (Mt 9,36).

Diz a carta:

> Sentimos que chegou a hora de não mais aceitar que se jogue com os sentimentos e as expectativas de nosso povo, vendendo-lhes promessas mirabolantes de que tudo, a partir de agora, vai melhorar. Estamos às vésperas da comemoração dos quatrocentos anos da chegada

dos europeus a essas terras. É um momento oportuno de se fazer um resgate histórico das formas de luta por liberdade, de resistência à escravidão, de testemunho de coerência de grupos sociais e de evangelizadores que têm marcado positivamente a história de nosso Estado. Esse resgate nos ajudará a fortalecer um projeto popular independente e soberano.

Sem fazer alusão ao clã dos Sarney, que domina a política estadual há décadas, os bispos prosseguem:

> A história do Maranhão, do Brasil, tem sido marcada pela apropriação por parte de pequenos grupos, mediante influências políticas e corrupção ativa, daquilo que pertence a todos. Esses pequenos grupos fazem do bem público um patrimônio pessoal. Talvez por esse motivo, a maioria da população cuide tão mal de nossas praças e ruas, de nossas escolas e hospitais, de tudo aquilo que deveria estar a serviço de todos. Seria talvez uma maneira de reagir — certamente equivocada! — a esse tipo de apropriação indébita.

Os bispos pedem um tempo novo, mais ético: "Não podemos deixar que o Estado continue colocando sua estrutura a serviço quase exclusivo dos grandes exportadores de minério, de soja, de sucos e carnes, construindo-lhes as infraestruturas necessárias para obter sempre maiores dividendos."

Eles se dizem preocupados com que,

> em nome de um ilusório e equivocado desenvolvimento, entendido de forma redutiva como desenvolvimento exclusivamente econômico — e não na sua acepção integral —, empresários, quadrilhas de colarinho branco, setores do Estado e do Judiciário pisoteiem direitos básicos, transgridam impunemente normas ambientais, desconsiderem medidas básicas de prevenção de saúde pública, agridam povos e territórios tradicionais, rios, matas e seres vivos em geral.
>
> Por isso, como pastores — juntamente com as nossas comunidades, pastorais e movimentos —, queremos apostar no surgimento de uma

A CONVERSÃO DOS BISPOS

nova consciência para que o direito e a justiça se unam definitivamente; para que aquelas instituições públicas que são chamadas a defender os direitos coletivos de nosso povo — Ministério Público, Defensoria Pública, Conselhos e outros — não se omitam. E que assim, como fruto deste esforço e compromisso coletivo, ninguém tenha poder de matar os sonhos e os desejos de felicidade de cada criança, de cada mãe e pai, de cada jovem do nosso estado.

Assinam a carta, datada de São Luís do Maranhão, em 14 de fevereiro de 2011: Armando Martín Gutierrez (bispo de Bacabal); Carlo Ellena (bispo de Zé Doca); Enemésio Ângelo Lazzaris (bispo de Balsas); Franco Cuter (bispo de Grajaú); Gilberto Pastana de Oliveira (bispo de Imperatriz e presidente da Regional NE-5); Henrique Johannpetter (bispo emérito de Bacabal); José Belisário da Silva (arcebispo de São Luís do Maranhão); José Soares Filho (bispo de Carolina); José Valdeci Santos Mendes (bispo de Brejo); Ricardo Pedro Paglia (bispo de Pinheiro); Sebastião Bandeira Coêlho (bispo de Coroatá); Sebastião Lima Duarte (bispo de Viana); Vilsom Basso (bispo de Caxias); Xavier Gilles de Maupeou d'Ableiges (bispo emérito de Viana).

Esses são alguns exemplos que remetem a imaginação à época da safra episcopal de grande brilho. Mas na atualidade os ecos do Concílio Vaticano II, que restabeleceu o papel colegiado dos bispos, tornaram-se inaudíveis. Grandes linhas de ação, como a importância do colégio episcopal na condução da Igreja, o ecumenismo, a opção preferencial pelos pobres, parecem ter sido substituídas pelo autoritarismo de Roma que enquadra e pune os discordantes.

Sucessores dos Apóstolos, os bispos são chamados a servir de luz no mundo, principalmente em tempos de escuridão. Como nos dias atuais, em que, segundo os teólogos Hans Küng e Leonardo Boff, a Igreja Católica vive uma de suas piores crises, em decorrência da "acumulação de poder da Santa Sé", bem como em consequência dos casos de pedofilia praticados por sacerdotes.

Durante a conferência "Igreja e Novos Desafios", realizada em dezembro de 2010, na Cidade do México, Boff afirmou que "esta profunda crise que a Igreja está enfrentando, com a migração de um número cada vez maior de fiéis para outros cultos, é pior do que a da Reforma".

Boff responsabilizou "os bispos, cardeais e presbíteros" pela situação, lembrando que o Vaticano procurou, de todas as maneiras, aliviar a responsabilidade do padre mexicano Marcial Maciel, fundador dos Legionários de Cristo, envolvido em crimes de pedofilia (agência Efe).

Hans Küng também identifica nos crimes de pedofilia clerical a chaga e a raiz da crise da Igreja. Mas ele vai mais distante. Em carta aberta aos bispos católicos de todo o mundo, de enorme crueza e frieza maior ainda, publicada no jornal italiano *La Repubblica* (15/4/2010), Hans Küng faz um diagnóstico impiedoso da Igreja, ora conduzida por Bento XVI, seu velho conhecido.

"Entre os anos de 1962 a 1965, Joseph Ratzinger, hoje Bento XVI, e eu éramos os dois mais novos teólogos do concílio. Hoje, somos os mais anciãos e os únicos em plena atividade", escreveu. Por sempre entender seu "compromisso teológico como um serviço à Igreja", Hans Küng disse ter decidido enviar carta aberta aos bispos do mundo inteiro, "movido pela preocupação com a crise de confiança que atinge essa nossa Igreja, a mais profunda que recordamos desde os tempos da Reforma".

A ponta do iceberg dessa crise, compreendida pelos leigos, são os sucessivos escândalos de pedofilia por parte de sacerdotes, que no dizer do velho teólogo "são devastadores". Em consequência, "a suspeita generalizada já golpeia indiscriminadamente inúmeros educadores e pastores de grande compromisso e de conduta irrepreensível".

Para ele, só os bispos podem salvar a barca de Pedro, ameaçada de afundar em meio aos escândalos que prosperam, com a violência de um *tsunami*. O papa Bento XVI também pensa assim. Em 16 de maio de 2011, a Congregação para a Doutrina da Fé enviou, em nome do papa, uma carta circular às conferências episcopais de todo o mundo com orientações claras e públicas de como tratar os casos de abuso sexual contra menores por parte de clérigos.

A CONVERSÃO DOS BISPOS

A carta começa assim: "Entre as importantes responsabilidades do bispo diocesano para assegurar o bem comum dos fiéis, e especialmente das crianças e dos jovens, existe o dever de dar uma resposta adequada aos eventuais casos de abuso sexual contra menores, cometidos por clérigos na própria diocese."

E prossegue:

> Tal resposta implica a instituição de procedimentos capazes de dar assistência às vítimas de tais abusos, bem como a formação da comunidade eclesial com vistas à proteção dos menores. Tal resposta deverá prover à aplicação do direito canônico neste campo e, ao mesmo tempo, levar em consideração as disposições das leis civis.

De modo surpreendentemente claro, o Vaticano enfrenta o problema:

> A Igreja, na pessoa do bispo ou de um seu delegado, deve se mostrar pronta para ouvir as vítimas e seus familiares e para se empenhar na sua assistência espiritual e psicológica. No decorrer das suas viagens apostólicas, o Santo Padre Bento XVI deu um exemplo particularmente importante com a sua disposição para encontrar e ouvir as vítimas de abuso sexual.
>
> Por ocasião desses encontros, o Santo Padre quis se dirigir às vítimas com palavras de compaixão e de apoio, como aquelas que se encontram na sua "Carta Pastoral aos Católicos da Irlanda" (n. 6): "Sofrestes tremendamente, e por isto sinto profundo desgosto. Sei que nada pode cancelar o mal que suportastes. Foi traída a vossa confiança e violada a vossa dignidade (VIS).

A carta de Hans Küng aos bispos é anterior, mas revela a gravidade do momento vivido pela Igreja. Por isso conclama: "É vossa tarefa, estimadíssimos bispos, perguntar-se qual será o futuro de vossas dioceses e o da nossa Igreja." Diz que não pretende "vos propor um programa de reformas. Já fiz isso mais de uma vez, quer antes, quer depois do concílio. Quero limitar-me, aqui, a apresentar-lhes seis propostas, as quais, estou convencido, são partilhadas por milhões de católicos que não têm voz".

Na primeira proposta ele pede aos bispos:

Não se calem. O silêncio frente a tantos gravíssimos abusos vos torna responsáveis. Ao contrário, toda vez que pensam que determinadas leis, disposições ou decisões vão ter efeitos contraproducentes, deveriam declará-lo publicamente. Não escrevam cartas a Roma para fazer ato de submissão e devoção, mas para exigir reformas.

A segunda proposta vem com um conselho:

Tomem as rédeas para iniciativas reformadoras. Muitos, na Igreja e no episcopado, se queixam de Roma; nunca, porém, tomam a iniciativa. Mas se hoje, nesta ou naquela diocese ou comunidade, os paroquianos param de frequentar a missa; se a atividade pastoral não dá resultados; se falta abertura para os problemas e os males do mundo; se a cooperação ecumênica está reduzida ao mínimo, não se pode descarregar todas as culpas sobre Roma. Todos, desde o bispo até o padre e o(a) leigo(a), devem comprometer-se com a renovação da Igreja em seu ambiente de vida, pequeno ou grande que seja. Muitas coisas extraordinárias nasceram nas comunidades e, em geral, no seio da Igreja, em nível pessoal ou de pequenos grupos. É vossa tarefa na qualidade de bispos promover e sustentar tais iniciativas, assim como responder, sobretudo nesse momento, às justificadas queixas dos fiéis.

A terceira proposta é para

agir colegiadamente. O concílio decretou, após forte debate e contra a tenaz oposição curial, a colegialidade dos papas e dos bispos em analogia à história dos Apóstolos: o mesmo Pedro não agia fora do colégio dos apóstolos. Mas no período pós-conciliar o papa e a cúria ignoraram esta fundamental decisão conciliar. Desde que, somente dois anos depois do concílio, e sem nenhuma consulta ao episcopado, Paulo VI promulgou uma encíclica em defesa da controvertida lei do celibato, a política e o magistério pontifício voltaram a funcionar segundo o velho estilo não colegiado. Na mesma liturgia o papa se apresenta como um autocrata, diante do qual os bispos, dos quais ele gosta de se rodear, são meros comparsas sem voz ou voto. Portanto, amadíssimos bispos, não podem agir só individualmente, mas comunitariamente com outros bispos, com padres, com as mulheres e os homens que formam o povo da Igreja.

Na quarta proposta, Hans Küng diz aos bispos que

> a obediência absoluta se deve somente a Deus. Vocês todos, no momento da solene consagração à dignidade episcopal, juraram obediência incondicional ao papa. Todavia, também sabem que a obediência absoluta deve-se não tanto ao papa, mas somente a Deus. Por isso, não devem ver aquele juramento como um obstáculo que os impeça de dizer a verdade sobre a atual crise da Igreja, da vossa diocese e do vosso país. Sigam o exemplo do apóstolo Paulo, que se opôs a Pedro "abertamente, porque ele se tornara digno de censura" (Gal. 2,11). Pode ser legítimo fazer pressão sobre as autoridades romanas, em espírito de fraternidade cristã, quando elas não aderem ao espírito do Evangelho e de sua missão. Numerosas conquistas — como o uso das línguas nacionais na liturgia, as novas disposições sobre os casamentos mistos, a afirmação da tolerância, da democracia, dos direitos humanos, do entendimento ecumênico e de muitas outras coisas — foram alcançadas graças a uma tenaz pressão de baixo.

Sua quinta proposta é para os bispos procurarem soluções regionais:

> O Vaticano mostra-se, muitas vezes, surdo a justificadas exigências dos bispos, dos padres e dos leigos(as). Uma razão a mais para caminhar para soluções regionais. Como bem sabem, um problema particularmente delicado é constituído pela lei do celibato, uma norma de origem medieval que, com razão, é agora colocada em discussão em todo o mundo precisamente no contexto do escândalo suscitado pelos abusos sexuais. Uma mudança em contraposição a Roma parece praticamente impossível; mas não é por isso que estão condenados à passividade. Um padre que depois de sérias reflexões tenha amadurecido a decisão de casar não deveria ser obrigado a se demitir automaticamente de seu cargo, se pudesse contar com o apoio de seu bispo e da comunidade. Uma conferên-

cia episcopal sozinha poderia abrir a estrada a caminho de uma solução regional. Melhor seria, porém, visar a uma solução global para a Igreja no seu conjunto.

Na sexta proposta, ele sugere:

> Por isso, peça-se a convocação de um concílio: se para chegar à reforma litúrgica, à liberdade religiosa, ao ecumenismo e ao diálogo inter-religioso foi necessário um concílio, o mesmo vale hoje frente aos problemas que se apresentam em termos tão dramáticos. Um século antes da Reforma, o Concílio de Constança tinha decidido a convocação de um concílio a cada cinco anos, decisão que, porém, não foi atendida pela Cúria Romana, que, sem dúvida, também hoje fará tudo que puder para evitar um concílio do qual possa temer uma limitação de seus poderes. É responsabilidade de todos vocês conseguir que se aprove a proposta de realização de um concílio, ou pelo menos de uma assembleia episcopal representativa.

Hans Küng conclui seu artigo profético:

> Diante de uma Igreja em crise, este é o apelo que dirijo a vocês, estimadíssimos bispos: convido-vos a colocar na balança o peso de vossa autoridade episcopal, revalorizada pelo concílio. Na difícil situação que estamos vivendo, os olhos do mundo estão dirigidos para vós. Inúmeros são os católicos que perderam a confiança em sua Igreja; e o único jeito de contribuir para restaurá-la é o de enfrentar honesta e abertamente os problemas para adotar as reformas necessárias. Peço-lhes, respeitosamente, que façam o que lhes corresponde; quando possível, em colaboração com outros bispos; mas se necessário, também sozinhos, com apostólica "coragem" (At 4,29.31). Deem um sinal de esperança aos vossos fiéis; deem uma perspectiva à nossa Igreja.

O clamor de Hans Küng não foi lançado às pedras do deserto. Em 22 de março de 2011, os bispos da Irlanda divulgaram em carta pastoral seu compromisso de proteger as crianças e protegê-las de qualquer forma de abuso.

Intitulado "Towards Healing a Renewal" — para a cura e a renovação —, o documento da Conferência Episcopal Irlandesa foi publicado por ocasião do primeiro aniversário da carta do papa Bento XVI à população católica da Irlanda sobre o abuso sexual de crianças por parte do clero (Zenit). Uma das medidas anunciadas para a quantia de 10 milhões de euros para apoio às vítimas.

O bispo de Rustenburg, dom Kevin Dowling, da África do Sul, segundo a publicação americana *National Catholic Reporter* (8/7/2010), acha que a Igreja, por falta de liderança e tentada pelo triunfalismo, realmente anda fraca num céu sem estrelas:

> Onde é que, hoje, podemos encontrar os grandes líderes teológicos e pensadores do passado, como o cardeal (Joseph) Frings de Colônia (Alemanha) e (Bernard Jan) Alfrink (Utrecht, Holanda), na Europa, e os grandes bispos profetas cujas vozes e testemunhos foram um chamado de trombeta pela justiça, direitos humanos e uma comunidade global de distribuição justa — o testemunho do arcebispo (Oscar) Romero, de El Salvador, as vozes dos cardeais (Paulo Evaristo) Arns e (Aloísio) Lorscheider, e os bispos (dom) Helder Câmara e (Pedro) Casaldáliga, do Brasil?

A fala do sul-africano, que discursava a um grupo de católicos na Cidade do Cabo, repercutiu com força. Ele disse mais:

> Novamente, quem no mundo de hoje, "por aí", ainda dá ouvidos, ou pelo menos aprecia ou permite ser desafiado pela liderança da Igreja na atualidade? Acho que a autoridade moral da liderança da Igreja nunca esteve tão fraca. É, portanto, importante, do meu ponto de vista, que a liderança da Igreja, ao invés de dar uma impressão do seu poder, privilégio e prestígio, deveria ser experimentada como ministério humilde, em busca juntamente com as pessoas, para discernir a resposta mais apropriada ou viável que pode servir para complexificar as questões éticas e morais — uma liderança, portanto, que não presume ter sempre todas as respostas.

Além de criticar a Cúria Romana por apropriar-se de tarefas do colégio episcopal, conforme denunciara o cardeal de Viena, dom Franz König, em 1999, dom Kevin Dowling lamentou o retrocesso da Igreja após o Vaticano II e botou o dedo na ferida da questão da nomeação dos bispos, na atualidade:

> Por isso, tornou-se cada vez mais difícil ao longo dos anos, para todo o colégio de bispos, ou particularmente em um território, exercitar sua liderança teologicamente embasada no serviço, discernir respostas apropriadas em relação à sua realidade e necessidades socioeconômicas, culturais, litúrgicas, espirituais e pastorais; muito menos discordar de alguma coisa, buscar alternativas a políticas e decisões tomadas em Roma.

Categórico, afirma:

> E o que parece cada vez mais a política de designar bispos "seguros", inquestionáveis, ortodoxos, e até muito conservadores para preencher dioceses vagas nos últimos trinta anos, apenas faz com que cada vez menos o colégio de bispos — mesmo em conferências poderosas como nos Estados Unidos — questione o que sai de Roma, e certamente não publicamente. Em vez disso, haverá todo o esforço para tentar encontrar uma adaptação com os que estão no poder, o que significa que a posição romana ao final prevalecerá. E, levando isso adiante, quando um único bispo fizer algum questionamento, especialmente em público, a impressão ou julgamento será de que ele está "desrespeitando a hierarquia" em relação aos outros bispos e causaria apenas confusão aos fiéis leigos — assim dizem —, pois parecerá que os bispos não possuem unidade em relação aos ensinamentos e ao seu papel como líderes. A pressão, portanto, é para que cada um se adapte, não crie ou suscite problemas.

Para o padre casado João Tavares, que ajudou Lucas Schlupp na tradução desse texto (uma palestra a católicos na Cidade do Cabo, na África do Sul), o pensamento de dom Kevin Dowling demonstra que "o profetismo ainda não acabou".

A CONVERSÃO DOS BISPOS

Aqui e ali, em diversas partes do mundo, vários bispos, tanto da ativa como aposentados, estão dando vazão às suas reais ideias sobre a realidade da Igreja hoje no mundo, nesta primeira década do século XXI. Ainda não são maioria, mas seu número e qualidade estão crescendo.

Esperançoso, João Tavares conclui: "O Espírito não falha à sua Igreja. E há que ter esperança, apesar de tudo, numa Igreja e numa Hierarquia de que Jesus e o Povo de Deus não se envergonhem" (padrescasados@grupos.com.br).

Tem razão o secretário da Congregação para os Bispos e ex-núncio apostólico no Brasil, dom Lorenzo Baldisseri, bispo titular de Diocleciana, formado pela Pontifícia Academia Eclesiástica, com passagens pelo serviço diplomático da Santa Sé na Guatemala, em El Salvador, no Japão, no Paraguai, na França, em Moçambique, no Zimbábue, no Haiti, na Índia e no Nepal. No processo da nomeação de um bispo, "a escolha é humana, mas com a participação do Espírito Santo", garantiu.

É surpreendente a força do Espírito. No Brasil, Ele acaba de revelar, mais uma vez, a graça de sua luz, iluminando a Igreja Católica a ordenar o primeiro bispo nipo-brasileiro após um século de presença japonesa no país.

Dom Júlio Ende Akamine, nomeado bispo auxiliar de São Paulo, foi sagrado em 9 de julho de 2011 pelo cardeal arcebispo dom Odilo Scherer. Ex-provincial da Sociedade do Apostolado Católico, os palotinos, aos 48 anos, dom Akamine assim contou ao repórter Edvaldo Bertioli Filho, editor do blog Diálogo Vivo, sua ordenação episcopal acompanhada por grande número de representantes da comunidade japonesa e de religiões orientais:

> O cardeal dom Odilo Scherer observou que sou o primeiro nipo-brasileiro nomeado bispo e que essa nomeação manifesta a função missionária da Igreja. Concordo plenamente com ele. Sou neto de imigrantes japoneses. Meus avós partiram de Okinawa e vieram para o Brasil, em 1930, trazidos pelo navio *Plata Maru*. De Santos, embarcaram no trem que os trouxe até a hospedaria dos imigrantes, no Bairro do Brás, e depois foram, também de trem, para o interior de São Paulo.

O prelado acrescentou:

Meus avós vieram ao Brasil em busca de riqueza. No Japão, eles tinham lido num panfleto: 'No Brasil, há uma árvore com frutos de ouro. Basta estender a mão para colhê-los!' Aqui, eles não encontraram a riqueza que lhes tinha sido prometida. Encontram, porém, outra árvore: a árvore da cruz e da vida. Meus avós, talvez, nunca teriam conhecido o Cristo se não tivessem vindo ao Brasil e se não tivessem encontrado aqui cristãos que testemunharam, de maneira viva, a beleza e a felicidade da fé em Cristo.

Emocionado, concluiu: "O que sou hoje e o que sou chamado a ser para a arquidiocese de São Paulo, eu o devo aos cristãos que trouxeram meus avós e minha família para a fé. Assumo e abraço essa dívida como dívida de amor. Desejo fazer dela o impulso e a motivação para o apostolado e o serviço que assumo com o episcopado."

É bom e comovente pegar em flagrante o Espírito Santo, em gesto aparentemente desimportante e corriqueiro, renovando a face da Terra e da Igreja.

Talvez Ele, e somente Ele, seja capaz de unir o alto e o baixo clero nessa controvérsia sem fim chamada nomeação de bispos.

Referências bibliográficas

"Il vescovo Mogavero veste Armani". *Corriere del Mezzogiorno*. Palermo, Itália, 2 de maio de 2011.
"Não se fazem mais bispos como antigamente!", disponível em www.cebs-sul1.com.br.
"Nomeação dos bispos". Revista *Razón y Fe*, junho de 1982, nº 1.009, t. 205.
"O crime do padre Hosaná". Revista *O Cruzeiro, Jornal do Commercio*.
"Os 100 brasileiros mais influentes em 2009". *Época*, edição especial, São Paulo, 5 de dezembro de 2009.
"Padres recusam 'promoção' e dioceses ficam sem comando no Brasil". *Folha de S.Paulo*, São Paulo, 25 de maio de 2007.
AGÊNCIA SENADO. "Bispo recusa comenda em plenário". *Jornal do Senado*, Brasília, 21 de dezembro de 2010.
ALMEIDA, Dom Luciano Mendes de. *Nossa missão política — Reflexões e orientações para o presbitério da Arquidiocese de Mariana*, 2004.
ANTONIAZZI, Alberto (org.). *A Igreja Católica face à expansão do pentecostalismo*. Petrópolis: Vozes, 1994.
_____. *Por que o panorama religioso no Brasil mudou tanto?*. 3ª ed. São Paulo: Paulus, 2004.
Anuário do Museu Imperial, vol. XVIII. Rio de Janeiro: MEC, 1957.
Anuario Pontificio 2010. Roma: Libreria Editrice Vaticana, 2011.
ARNS, Dom Paulo Evaristo. *Da esperança à utopia — testemunho de uma vida*. Rio de Janeiro: Sextante, 2001.
ARNS, Dom Paulo Evaristo e BEOZZO, José Oscar. *O que é Igreja*. São Paulo: Abril Cultural/Brasiliense, 1985, Coleção Primeiros Passos.
BARRUCHO, Luís Guilherme. O "fabuloso FAB". *Veja*, ed. 2.163, ano 43, nº 18, seção Economia, São Paulo, 5 de maio de 2010, p. 112 e 113.
BENTO XVI. *Caritas in Veritate*. Roma, 2009. Disponível em: http://www.vatican.va/holy_father/benedict_xvi/encyclicals/documents/hf_ben-xvi_enc_20090629_caritas-in-veritate_po.html.

BEOZZO, José Oscar. *A Igreja do Brasil — de João XXIII a João Paulo II, de Medellín a Santo Domingo*. Petrópolis: Vozes, 1994.

_____. *História da Igreja no Brasil*. 4ª edição. Petrópolis: Vozes, 2008.

BETTO, Frei. *Batismo de sangue: Guerrilha e morte de Carlos Marighella*. 14ª edição. Rio de Janeiro: Rocco, 2006.

BIFFI, Giacomo. *Memorie e digressioni di un italiano cardinale*. Siena: Edizioni Cantagalli, 2007.

BOFF, Clodovis; LESBAUPIN, Ivo e STEIL, C. *Uma análise da conjuntura da Igreja Católica no final do milênio*. Petrópolis: Vozes/ISER, 1996.

BOHN, Dom Aloisio Sinésio. *O bispo emérito*. CNBB, Artigos dos Bispos, 21/11/2008, disponível em: http://www.cnbb.org.br/site/articulistas/dom-aloisio-sinesio-bohn/2408-o-bispo-emerito.

BOWMAN, Robert. "Why the US is hated". *National Catholic Reporter*, 2 de outubro de 1998.

Carta de Dom José Hergesse ao povo de Vitória, disponível em http://www.aves.org.br/noticias,1,3130,novo_bispo_auxiliar_em_vitoria.html.

CARVALHO, José Geraldo Vidigal de. *A escravidão. Convergências e divergências*. Viçosa: Editora Folha de Viçosa, 1988.

_____. *A Igreja e a escravidão — uma análise documental*. Rio de Janeiro: Presença/Pro-Memória/Instituto Nacional do Livro, 1985.

_____. *Temas de História da Igreja no Brasil*. Viçosa: Editora Folha de Viçosa, 1994.

Código do Direito Canônico. 18ª edição. Com notas do padre Jesús Hortal, S.J. São Paulo: Loyola, 2008.

COMBLIN, Joseph. *O povo de Deus*. São Paulo: Paulus, 2002.

CONY, Carlos Heitor. *Informação ao crucificado*. 4ª edição. Rio de Janeiro: Civilização Brasileira, 1996.

CUSTODE, Angelo. "Chi preme su Ratzinger". *Panorama*, nº 31, 6 de agosto de 2007.

Diário de Minas, 4 de novembro de 1970, sobre o desmoronamento de igreja em Itabira.

Diário do Minho, Braga, Portugal, agosto de 2006.

DRUCKER, Peter F. *O melhor de Peter Drucker*. São Paulo: Exame/Abril, 2002.

Entrevista com padre João Batista Libanio. *Jornal de Opinião*, Arquidiocese de Belo Horizonte, junho de 2002.

Entrevista de Dom Jayme Chemello. *Veja*, 6 de março 2002.

Estado de Minas, 5 de dezembro de 2004, sobre casamento do embaixador Tilden Santiago em Havana, Cuba.

REFERÊNCIAS BIBLIOGRÁFICAS

FAUS, José Ignacio González. *Ningún obispo impuesto (San Celestino, Papa) — Las elecciones episcopales en la historia de la Iglesia*. Santander: Editorial Sal Terrae, 1992.

FRENCKEN, G. (org.) *Mantenham as lâmpadas acesas — revisitando o caminho, recriando a caminhada, diálogo com Dom Aloísio Lorscheider*. Fortaleza: Edições UFC, 2008.

Igreja no Brasil — Anos 80; Evolução da CNBB; documentos e posições, 1995.

ISNARD, Dom Clemente. *Reflexões de um bispo sobre as instituições eclesiásticas atuais*. São Paulo: Olho d'Água, 2008.

JOÃO PAULO II. *Constituição Apostólica Pastor Bonus*. Roma, 1988. Disponível em: http://www.vatican.va/holy_father/john_paul_ii/apost_constitutions/documents/hf_jp-ii_apc_19886028_pastor-bonus_po.html.

_____. *Pastores Gregis*, 2003. Disponível em: www.vatican.va/holy_father/john_paul_ii/apost_exhortations/documents/hf_jp-ii_exh_20031016_pastores-gregis_po.html.

Jornal *Decisão*, Associação dos Magistrados Mineiros, abril de 2005.

Jornal *Revolucionário*, órgão oficial do comando das forças revolucionárias em Barbacena, Barbacena, 1930. Arquivo Público Mineiro.

KÜNG, Hans. *My Struggle for Freedom: Memoirs*. Grand Rapids, Michigan: William B. Eerdmans Publishing Company, 2003.

La Gregoriana. Roma, nº 36, de novembro de 2009.

LARA, Dom Lelis. *O Direito Canônico em cartas. O Bispo*. Brasília: Edições CNBB, 2008.

LIMA, Rogério Medeiros Garcia de. "Fé e Liberdade". Jornal *Decisão*, Associação dos Magistrados Mineiros, Belo Horizonte, 2005, e *Revista da Academia de Letras de São João Del-Rei*, São João del-Rei-MG, Ano III, nº 3, 2009.

LURO, Clelia. *Jerónimo obispo: un hombre entre los hombres*. Buenos Aires: Ediciones Fabro, 2011.

MARTINI, Carlo Maria. *Diálogos noturnos em Jerusalém*. São Paulo: Paulus, 2008.

Martyrologio Romano. Catálogo de mártires e de santos, atualizado em 2001. Disponível em: http://www.vatican.va/roman_curia/pontifical_academies/cult-martyrum/martiri/009.html.

MAYRINK, José Maria. "Discriminação contra negros nas congregações religiosas do Brasil". *O Estado de S. Paulo*, 18 de novembro de 2007.

_____. *Vida de repórter*. São Paulo: Geração Editorial, 2002.

NABUCO, Joaquim. "No Vaticano". In: *Minha formação*, 1900, cap. XXIV.

NETO, Lira. *Padre Cícero — poder, fé e guerra no sertão*. São Paulo: Companhia das Letras, 2009.

NIEMEYER, Alda. "150 anos de nascimento do inventor do rádio". *Revista da AMIRT*, nº 165, Belo Horizonte, 2011.

NORONHA, Marcos Antonio. *Marcos Noronha e a Igreja*. Petrópolis: Vozes, 2001.

OLIVEIRA, Dom Oscar de. *Os dízimos eclesiásticos do Brasil — Nos períodos da Colônia e do Império*. Belo Horizonte: UFMG, 1964.

PAGOLA, José Antonio *Jesús. Aproximación histórica*. 4ª ed. Madri: Editora PPC, 2007.

PALÚ, Padre Lauro, C.M. *Dom Antônio Ferreira Viçoso, C.M.* Curitiba: Editora Vicentina, 2003.

PAULO VI. *Christus Dominus*. Roma, 1965. Disponível em: www.vatican.va/archive/hist_councils/ii_vatican_council/documents/vat-ii_decree_19651028_christus-dominus_po.html

_____. *Lumen Gentium* — Constituição dogmática. Roma, 1964. Disponível em: http://www.vatican.va/archive/hist_councils/ii_vatican_council/documents/vat-ii_const_19641121_lumen-gentium_po.html.

REESE, Thomas. *O Vaticano por dentro — a política e a organização da Igreja Católica*. Bauru: Edusc, 1998.

_____. "Ubi Episcopus, ibi Ecclesia". *Church 10*, 1994.

RESENDE, Maria Efigênia Lage e VILLALTA, Luiz Carlos (coord.). *História de Minas Gerais — As Minas Setecentistas*, volumes 1 e 2. Belo Horizonte: Companhia do Tempo/Editora Autêntica, 2007.

Revista *Concilium*, nº 281, junho de 1999.

Revista da Academia de Letras de São João del-Rei, nº 3, 2009.

Revista do Centro de Estudos do Ciclo do Ouro da Casa dos Contos, ano III, nº 7, maio de 2009, Ouro Preto, Minas Gerais.

Semanário *Iglesia en Camino*, 1997.

TKHOROVSKYY, Mykhaylo. *Procedura per La nomina dei Vescovi. Evoluzione dal CIC 1917 al CIC 1983*. Roma: Universidade Gregoriana, 2004.

TRINDADE, Raymundo. *Breve Notícia dos Seminários de Mariana*. Arquidiocese de Mariana, 1951.

VIDIGAL, Padre Pedro Maciel. *No seminário e no clero*. Belo Horizonte: Canal Zero, 1993

VILLAÇA, Antônio Carlos. *O pensamento católico no Brasil*. Rio de Janeiro, Civilização Brasileira, 2006.

ZICO, José Tobias, C.M. *Congregação da Missão no Brasil — Resumo histórico: 1820-2000*. Belo Horizonte: Lithera Maciel Editora Gráfica, 2000.

Sites

http://www.catholic-hierarchy.org
Site com informações atualizadas, diariamente, sobre a hierarquia da Igreja Católica no mundo

http://www.grupos.com.br/group/padrescasados
Movimento dos Padres Casados no Brasil

http://curascasados.blogspot.com
Site dos padres casados na América Latina

http://www.vatican.va
Site da Santa Sé

http://www.paraibaonline.com.br

http://www.catholicity.com

http://www.adital.com.br
Agência de Informação Frei Tito para a América Latina

http://www.periodistadigital.com/religion/

http://www.adistaonline.it
Agência on-line italiana

http://www.zenit.org
Agência católica on-line

http://ncronline.org
National Catholic Reporter

http://www.ihuonline.unisinos.br
Revista do Instituto Humanitas Unisinos, São Leopoldo, Rio Grande do Sul

http://www.brasildefato.com.br
Agência *Brasil, de Fato*

http://www.repubblica.it
La Reppublica

http://gaudiumpress.org
Gaudium Press, agência de notícias católicas

http://www.efe.com/
Agência EFE

http://www.agencia.ecclesia.pt
Ecclesia, agência católica de Portugal

http://www.clarin.com/
Clarin.com

http://sur.elargentino.com/
Miradas al Sur

O texto deste livro foi composto em Sabon,
desenho tipográfico de Jan Tschichold de 1964,
baseado nos estudos de Claude Garamond e
Jacques Sabon no século XVI, em corpo 11/15.
Para títulos e destaques,
foi utilizada a tipografia Frutiger, desenhada
por Adrian Frutiger, em 1975.

A impressão se deu sobre papel off-white
80g/m² pelo Sistema Cameron da
Divisão Gráfica da Distribuidora Record.